금융기관과
ESG 리스크 관리

기후변화 리스크를 중심으로

이음연구소

이 책의 한국어판 저작권은 대니홍 에이전시를 통해
Chuokeizai Sha사와 독점계약한 주식회사 이음연구소에 있습니다.
저작권법에 의해 한국내에서 보호를 받는 저작물이므로 무단전재와 복제를 금합니다.

들어가기

　2019년 여름, 벨기에 브뤼셀에서 글로벌 금융기관들이 참여하는 GFMA(Global Financial Markets Association; 세계금융시장협회)의 이사회가 개최되었다. 당시는 5월에 유럽의회 선거가 치뤄진 후 소집된 첫 정기회가 진행되고 있었다. 필자는 GFMA 이사회로부터 초대받아 참석하게 되었는데, 네덜란드의 클라스 노트 중앙은행 총재와의 면담이 회의 참석의 가장 큰 목적이었다.

　「5월 실시된 유럽의회 선거에서 이른바 『녹색당』이 각국에서 의석을 크게 늘린 것을 보면, 지구온난화 및 기후변화 리스크 대응을 포함한 지속가능정책이 향후 유럽의회에서 최우선 정책과제로 다루어질 가능성이 매우 크다. 이미 EU는 『녹색자산』의 정의(제4장 참조)를 공표한 바 있으며, 이와 함께 파리협약 준수 등의 목표도 내걸고 있다. 이러한 흐름 속에서 향후 기후변화 파이낸스에 대한 논의도 점차 활발해 질 것이다」.

　위와 같은 기후변화 리스크와 관련한 EU 내 논의 분위기는 국내(일본)의 사정과는 크게 달라 당혹스러울 정도였다. 이사회에 출석한 미국 및 유럽의 글로벌 금융기관들, 이른바 G-SIB의 CRO(Chief Risk Officer)들도 차이는 있었지만, 「깜짝 놀란 표정으로 눈을 동그랗게 뜬」 얼굴을 하고 있었던 점을 감안하면, 유럽의회의 분위기가 그들에게도 예상을 뛰어넘는 일이었던 것 같다. 전문가 중심의 토론 세션 이후 이사회 논의는 기후변화 리스크 대응 일색이 되었다.

　귀국해서 지구온난화, 기후변화 리스크, ESG 등의 용어를 단서 삼아 관련 자료를 조사해 보니, 끝이 없을 정도로 많은 자료가 검색되었다. 지구서밋, 교토의정서, 책임투자원칙, 파리협정, TCFD (Task force on Climate-related Financial Disclosures-제3장 참조), 택소노미(Taxonomy) 등 일일이 셀 수 없을 정도였다. 글로벌 차원에서도 다양한 움직임이 평행적으로 진행되고 있을 뿐만 아니라 그러한 전개가 매우 빨라서 그런지 전체 모습을 파악하는 것이 용이하지 않았다.

　그렇지만, 인내심을 가지고 조금씩 정리를 해 나가자, 개별적으로 진행되는 것처럼 보이던 현상들로부터 몇 가지 공통된 흐름이 드러났다. 예를 들어, 기업과 관련해서는 온실가스 배출 감축을 위한 대응 및 ESG 평가가, 금융기관과 관련해서는 국제연합의 책임원칙에 대한 대응 및 TCFD 제언에 기초한 정보 공개 및 기후변화 리스크 시나리오 분석이, 그리고 금융감독 당국과 관련해서는 NGFS (Network for Greeting the Financial System)를 둘러싼 움직임 등을 중심으로 주요 흐름이 파악되었다.

　이와 같은 기후변화 리스크 관련 논의 중에서 특히 주목받고 있는 부분이 금융 및 금융기관의 역할이다. 금융기관은 금융중개기능을 통해 기업 및 조직의 자금 및 자본조달을 지원할 뿐만 아니라, 주식 보유를 통한 거버넌스기능 발휘 등 경제 전반에 폭넓은 영향력을 미친다. 금융기관이 경제 전반의 기후변화 리스크 관리에 미치는 영향이 매우 크기 때문에 기대 또한 큰 상황이다.

　한편으로 기후변화 리스크에 어떻게 대응해야 할 지 심각하게 고민하는 금융기관들도 많을 것으로 생각된다. 기후변화 리스크 관리는 기간이 길고, 미래의 온난화 및 기술혁신을 정확히 예측하기 어렵기 때문에 통상적인 금융리스크 관리와 상이한 측면이 많다. 불확실성이 높은 상황에서의 리스크 관리라는 이제까지 경험하지 못한 상황에 대해 적절한 대응이 요구되고 있다. 그래서 이를 감안하여 본서는 금융기관의 기후변화 리스크 관리라는 관점에서, 주요 트랜드별 동향을 조망하고, 이를 기반으로 기후변화 리스크 관리 실무에 요구되는 체제정비 부분을 상세하게 다루고 있다.

본서의 구성과 관련, 제1편에서 지구온난화 및 기후변화 리스크를 둘러싼 큰 흐름(제1장)을 파악한다. 그리고 기후변화 리스크 관리를 위한 주요 이니셔티브인 국제연합의 책임원칙과 ESG시장(제2장), TCFD(제3장), EU 택소노미(제4장), NGFS(제5장)를 순서대로 살펴본다.

다음으로 제2편에서는 기후변화 리스크 관리를 논의한다. 우선 금융기관의 리스크 관리 틀을 총괄(제6장)한 후에, 금융기관의 기후변화 리스크 관리체제를 살펴본다(제7장). 그 중에서 특히 시나리오 분석을 위한 접근법을 중심으로 논의한다(제8장). 마지막으로 대출업, 보험사, 자산소유자 및 자산운용사를 비롯한 금융기관 업태별로 기후변화 리스크 관리상 주의점에 대해서도 살펴본다(제9장).

지구온난화 및 기후변화 리스크와 관계된 개별적 흐름에 대한 이해를 깊게 하고자 하는 독자는 제1장에서 큰 흐름을 파악한 후, 제1편의 개별 장을 「취사선택」하여 읽어보면 도움이 될 것이다.

한편, 제2편은 기후변화 리스크 관리를 위한 실무적인 측면에 중점을 두고 있기 때문에 금융기관의 기후변화 리스크 관리 및 대응에 흥미가 있는 독자들은 제1편의 제1장을 읽은 후 바로 제2편으로 건너뛰어도 좋다.

2020년에 접어들면서 전세계는 신형 코로나 바이러스의 감염문제로 급변했다. 이러한 배경에서 기후변화 리스크는 불요불급하지 않고, 지금 당장 대처해야 하는 문제도 아니라고 말하는 사람들이 나타나기 시작했다. 그렇지만 절대 그렇지 않다. 유럽에서는 대형 항공사에 대한 구제융자 조건에 탄소배출 감축을 위해 근거리 이동은 철도 부문으로 대체하는 것을 조건으로 내거는 움직임도 확인되었다. 갑작스

럽게 멈추어 선 2020년 전반의 국경간 이동 상황을 10년간 지속하지 않는다면 파리협정은 실현할 수 없다는 조사결과가 발표되기도 했다. 기후변화 리스크 대응은 신형 코로나 바이러스에 의해 위기에 처한 비즈니스 운영과 매우 밀접하게 연결되어 있다. 패러다임의 변화는 근본적 변경을 가능케 한다. 그러한 의미에서 2020년은 오히려 기후변화 대응 원년이 될 가능성도 있다.

   기후변화 리스크 관리를 둘러싼 주변 환경은 시시각각 변하고 있을 뿐만 아니라 변화의 속도는 더욱 빨라지고 있다. 그렇기 때문에 본서는 「최신 논의 동향」을 소개하는데 특별히 신경을 썼다. 한편으로 리스크 관리 프레임워크에는 쉽게 변경할 수 없는 「원칙」도 존재한다. 금융기관이 기후변화 리스크 관리를 위한 체제정비를 추진함에 있어 흔들리지 않는 「원리원칙」을 확립하는 데 본서가 일조할 수 있다면 더할 나위 없겠다.

후지 켄지

차례

01 | 기후변화 리스크와 대응

들어가기 4

제1장 지구온난화와 기후변화 리스크 13
- 제1절 자연재해와 지구온난화 17
- 제2절 국제연합 IPCC 보고서와 기후변화 리스크 23
- 제3절 국제연합 주도의 지구온난화 대책 30
- 제4절 기후변화 리스크의 종류와 금융기관 38
- 【BOX1】『불편한 진실』 - 엘 고어 41

제2장 국제연합의 책임원칙과 ESG시장 43
- 제1절 국제연합의 책임원칙 47
- 제2절 ESG시장의 확대 59
- 【BOX2】『단 한 사람의 파업』 - 그레타 툰베리 83

제3장 기후변화 관련 재무정보공개 협의체(TCFD) 85
- 제1절 TCFD 제언과 구성 88
- 제2절 기후변화 관련 리스크와 기회 그리고 재무적 영향 93
- 제3절 기후변화 관련 재무보고 공개 4항목 100
- 제4절 전 업종 대상 가이던스 106
- 제5절 금융업종 대상 보조 가이던스 112
- 제6절 비금융업종 대상 보조 가이던스 121

제7절 중요 검토 사항과 추가 작업 필요 분야　　127
　　제8절 TCFD제언 관련 최근 동향　　133
　　【보론】 TCFD제언과 일본의 대응　　137
　　【BOX3】 호라이즌의 비극 – 마크 커니　　140

제4장　유럽 내 동향과 EU 택소노미(녹색분류체계)　　143
　　제1절 기후변화를 둘러싼 EU의 동향　　146
　　제2절 EU의 「지속가능금융 실행계획」(2018년)　　152
　　제3절 EU 택소노미　　159
　　제4절 EU 녹색채권 기준　　172

제5장　녹색금융 협의체(NGFS)　　179
　　제1절 NGFS 종합보고서　　183
　　제2절 금융리스크로서의 기후변화 리스크　　185
　　제3절 중앙은행 및 감독당국에 대한 NGFS의 제언　　189
　　제4절 NGFS의 작업 방향성과 향후 계획　　197
　　【BOX4】 「그린 스완 보고서」 – 국제결제은행　　209

02 | 금융기관의 기후변화 리스크 관리

제6장 금융기관의 리스크 관리 어프로치 211

제1절 금융기관 리스크 관리의 기본적 시각 214
제2절 리스크 관리 실무: 시장리스크 관리 224
제3절 리스크 관리 실무: 신용리스크 관리 236
제4절 평판리스크 관리 243
제5절 종합리스크 관리 / 리스크 거버넌스 247
제6절 금융감독 관련 규제 256

제7장 기후변화 리스크 관리 실무 261

제1절 기후변화 리스크 관리와 금융리스크 관리 264
제2절 기후변화 리스크 관리체제의 구축: 리스크 거버넌스 274
제3절 기후변화 리스크 관리체제의 구축: 리스크 관리 실무 283

제8장 기후변화 리스크 시나리오 분석 301

제1절 TCFD의 기후변화 관련 시나리오 분석 304
제2절 UNEP FI의 분석 어프로치 312
제3절 잉글랜드 은행의 기후변화 시나리오 316
제4절 유럽의 각국 주도 스트레스 테스트 323
제5절 NGFS의 기후변화 리스크 시나리오 326
제6절 민간 금융기관의 대응과 기후변화 리스크 시나리오 분석 339

제9장　기후변화 리스크 관리 총괄과 업태별 대응 방향성　347

제1절 기후변화 리스크 관리법　350

제2절 발행자의 시점　354

제3절 대출업의 시점　357

제4절 보험업의 시점　361

제5절 자산소유자의 시점　364

제6절 자산운용사의 시점　366

기후변화 리스크 관련 용어집　369

제1장

지구온난화와 기후변화 리스크

제1절 자연재해와 지구온난화

제2절 국제연합 IPCC 보고서와 기후변화 리스크

제3절 국제연합 주도의 지구온난화 대책

제4절 기후변화 리스크의 종류와 금융기관

【BOX1】『불편한 진실』 - 엘 고어

제1편 기후변화 리스크와 대응

제1장 지구온난화와 기후변화 리스크

최근 들어 세계 각지에서 대규모 자연재해가 끊임없이 이어지고 있다. 2019년 가을 수 십년에 한 번 정도로 발생하는 것으로 알려진 대형 태풍이 연이어 일본 열도를 덮쳤다. 같은 해 11월에는 호주에서 대규모 산림 화재가 발생하여 New South Wales(NSW)주 전역으로 퍼졌으며, 이는 막대한 재산적 피해를 초래했다.

한편, 전세계 정치, 경제 및 학계의 리더들이 모인 2020년 다보스회의에서는 기후변화와 대응이 논의의 중심 주제였다. 다보스회의를 주최한 세계경제포럼은 「2020년 글로벌 리스크 보고서」를 통해 향후 10년 안에 발생할 수 있는 10대 리스크를 발표했으며, 이 중 상위 5개가 기후변화에서 비롯된 환경 관련 리스크들이었다(도표 1-1 참고).

이처럼 글로벌 차원의 이상기후 현상을 초래한 원인으로 알려진 것은 이산화탄소를 중심으로 한 온실가스의 급속한 증가와 이에 기인한 지구온난화의 심화이다. 많은 과학자들은 2100년경에는 산업혁명 이전과 비교해 지구의 평균기온이 2도 이상 상승하고, 이로 인해 이상기후 현상 및 자연재해가 더욱 증가할 것으로 전망하고 있다.

그간 지구온난화문제에 대해서는 국제연합을 중심으로 온난화 대책이 논의되어 왔다. 1992년의 리오데자네이로 국제회의, 1998년의 교토의정서를 거쳐, 2015년에는 파리협정이 채택되는 등 세계는 지구온난화 방지와 저탄소경제로의 이행을 향해 꾸준히 움직여왔다. 이러한 움직임은 산업계 대응뿐만 아니라 금융기관 및 금융시스템의 설계 및 운영방식까지 변경할 필요가 있다는 논의로 확대되었다.

도표 1-1 세계경제포럼이 발표한 10대 리스크 (2020년~2030년)

순위	리스크 내용	요인	개요
1	극단적인 기상 변화	환경	태풍, 홍수 등 극단적인 기상 변화에 의한 자산, 인프라, 인명 및 환경상 손실
2	기후변화 대응의 실패	환경	기후변화 리스크 저감을 위한 효과적인 시책의 도입 실패
3	대규모 자연재해	환경	대규모 지진, 해일 및 화산 분화 등의 자연재해에 의한 자산, 인프라, 인명 및 환경상 손실
4	생태계 파괴와 멸종위기	환경	생태계 파괴와 멸종위기로 인한 인류 및 산업에의 악영향 발생
5	인위적 환경파괴와 재해 발생	환경	인간에 의한 환경파괴가 초래하는 인명 및 건강, 자산, 인프라, 경제활동 및 환경에 미치는 악영향
6	대규모 데이터 부정 및 도난	IT	예상을 뛰어 넘는 규모로 공공 및 민간의 데이터 부정 및 도난 발생
7	대규모 사이버 공격	IT	대규모 사이버 공격에 의한 경제적 손실, 지정학적 긴장 및 인터넷에 대한 신뢰 저하
8	수자원의 위기	사회	수자원의 질적 저하로 위생 및 경제 분야에서 악영향이 발생
9	글로벌 거버넌스 문제	지정학	글로벌 조직 및 단체가 경제, 지정학, 환경분야 문제 해결에 대한 효과적 대응 실패
10	자산 버블	경제	주요 경제권에서 코모더티, 주택 및 주식 등이 지속 가능하지 않은 수준으로 과대 평가

출처: 2020년 세계경제포럼 보고서에서 필자 작성

제1절 자연재해와 지구온난화

태풍

2019년 9월 태풍 15호가 동일본을 덮쳤다. 중심 기압이 960 헥토파스칼, 관측된 최대 순간풍속이 57.5미터에 달했으며, 93만 가구의 정전 및 4만 가구를 넘는 주택에 대한 재산상 피해를 초래했다. 또한, 불과 1개월 후에 상륙한 태풍 19호는 전국 각지에서 기록적인 폭우를 뿌렸으며, 이로 인해 71개 하천이 붕괴되고 140곳의 제방이 파괴되었을 뿐만 아니라 952건의 토양유실이 발생하는 등 기록적인 피해를 남겼다(도표 1-2 참조).

도표 1-2 태풍 15호와 19호의 피해 상황

항목	태풍15호	태풍 19호
시간당 최대 강수량	109mm	95mm
최대 강수량(24시간)	441mm	942mm
최고 순간 풍속	57.5m/s	43.8m/s
사망자 및 행방불명자 합계	1명	102명
주택 피해 (전파 및 반파)	4,269채	32,918채
침수	245채	20,929채

출처: 일본 정부 내각부 자료

미국에서는 2005년 남동부 뉴올리언스시에 막대한 홍수피해를 끼친 허리케인 카트리나가 유명하지만, 카트리나 이후에도 카테고리4 및 카테고리5의 강력한 세력을 동반한 태풍이 연례행사처럼 미국 동남부 및 카리브해 연안국들에게 피해를 미치고 있다(도표 1-3 참조).

도표 1-3 미국에서 발생한 거대 태풍(예)

명칭	발생 년월	분류[1]	주요 피해지	사망자 수	피해 총액(달러)
허리케인 엔드루	1992년 8월	5	플로리다주 루이지애나주 등	65명	265억 달러
허리케인 카트리나	2005년 8월	5	뉴올리언스시 루이지애나주 등	1,335명	1,080억 달러
허리케인 샌디	2012년 12월	3	뉴욕주 뉴잉글랜드 지방 등	170명	750억 달러
허리케인 하비	2017년 8월	4	텍사스주	107명	1,250억 달러
허리케인 어마	2017년 9월	5	쿠바 플로리다주	134명	646억 달러
허리케인 플로렌스	2018년 9월	4	노스캐롤라이나주 등	57명	240억 달러
허리케인 도리언	2019년 9월	5	파나마	73명	47억 달러

출처: 각종 웹 사이트에서 필자 작성

열파[2]

2019년 7월 유럽 전역에 열파가 발생하여, 7월 25일에는 많은 지역에서 기온이 40도를 상회했다. 독일 북서부와 파리에서는 42.6도, 벨기에 서부에서는 40.7도, 네덜란드 남부지역에서는 40.7도를 보이는 등 각지에서 관측사상 최고 기온을 기록하였다. 유럽 각지에서는 원자로의 냉각수 온도 상승으로 냉각수 취수가 불가능해져 일시적으로 가동이 중지된 원자력발전소도 크게 증가했다.

---

1. 허리케인의 세력을 나타내는 지표로 최대 순간 풍속을 기준으로 분류. 카테고리1(33~42m), 카테고리2(43~48m), 카테고리3(49~57m), 카테고리4(58~68m), 카테고리5(69m 이상)
2. 여름철에 고온이 수일간 지속되는 현상(역자 주)

산림화재

　2019년 8월 미국 캘리포니아주에서는 대규모 산림화재가 발생하여 70만 헥타르가 넘는 지역에 피해가 발생하였고, 전력회사의 계획 정전으로 인해 80만 가구에 전력 공급이 끊어지는 사태가 발생했다. 산림화재 책임을 추궁받은 전력회사 PG&E사(Pacific Gas & Electric Company)는 경영파탄 상황까지 몰렸다. 한편, 브라질 아마존유역에서도 2019년 연초부터 가을에 걸쳐 대규모 산림화재가 발생하여 90만 헥타르가 넘는 지역에 피해가 발생했다. 또한, 2019년 11월에는 호주 NSW주에서 산림화재가 발생하여 540만 헥타르를 상회하는 지역에 피해를 끼쳤고, 이는 수도인 시드니의 대기오염문제까지 야기시켰다[3].

홍수 · 고조(高潮)[4]

　대규모 홍수는 유럽에서 2005년과 2016년에, 중국 및 방글라데시에서는 2017년에 발생한 바 있다. 2011년에 태국에서 발생한 대규모 홍수는 태국의 주요 수출품인 쌀 생산에 막대한 피해를 끼쳤을 뿐만 아니라, 부품의 서플라이 체인이 단절됨에 따라 도요타 및 혼다 등 일본 자동차업체의 조업이 중단되는 사태도 발생했다. 세계은행은 서플라이 체인 단절로 인한 손해 등을 포함해 홍수의 피해금액을 총 450억 달러로 추정했다.

가뭄

　2018년부터 2019년에 걸쳐 아프리카 남부지역에는 1981년 이래 최소 강수

---

3. 산림화재는 2020년 2월에 30년만의 호우로 진화되었으나, 호우는 각지에서 홍수피해를 야기시켰다.
4. 태풍 등으로 해안의 수위가 비정상적으로 상승하는 현상(역자 주)

량을 기록하여 대규모 가뭄피해가 발생하였다. 특히 피해가 컸던 짐바브웨에서는 곡물생산이 전년 대비 53% 감소하였고, 잠비아도 수확량이 15% 감소하는 등 심각한 식량부족 사태가 초래되었다. 일부 국가에서는 가뭄에 더해 싸이클론 및 홍수피해가 겹치는 등 복합적인 기후변화 피해 상황도 확인되었다. 일본의 농업·식품산업기술총합연구기관은 기후변화에 동반한 이상기상 현상의 출현 빈도가 증가하고 있다고 주장하면서, 1983년부터 2009년까지 27년간 전세계에서 가뭄으로 인한 수확량 피해를 1회 이상 받은 곡물의 재배 면적에 대한 수확 면적 비율이 밀가루는 75%, 옥수수는 82%, 대두는 91%, 쌀은 62%에 달하며, 총 피해액 규모는 1,660억 달러에 달한다고 발표했다.

이러한 자연재해가 단순히 수십 년에 한번정도 발생하는 「이상 기상」이 우연히 겹친 것인지, 아니면 인류가 일으킨 지구온난화에 기인한 것인지에 대해서는 다양한 연구 결과가 진행되고 있지만, 지구적 차원에서 진행되는 지구온난화 현상과 밀접하게 연관되어 있다고 보는 시각이 다수를 차지하고 있다고 생각된다.

온실가스

지구온난화를 가속화시키는 원인은 석탄 및 석유 등 「화석연료」 사용에 의한 대기중 이산화탄소 배출 증가다. 지구는 태양으로부터 적외선을 포함한 방사에너지를 받고 있다. 이 방사에너지는 지구를 따뜻하게 하는 역할을 하지만, 일부 에너지는 지구의 표면에서 반사되어 대기권 밖의 우주로 되돌아간다. 지구를 따뜻하게 하는 방사에너지와 반사되어 우주로 되돌아 가는 적외선, 그리고 따뜻해진 대기를 유지하는 대기층 등 3가지 요소의 밸런스 유지로 대기권 온도는 안정된다.

이와 관련 대기권 내에 존재하는 이산화탄소는 태양으로부터 지구가 받는 방사에너지를 통과시키는 한편, 지구의 표면에서 발생하는 적외선의 방사열을 대기중으로 흡수시키는 기능을 한다. 대기중 이산화탄소가 기존의 밸런스를 무너뜨릴 정도로 증가하면 종래 우주로 되돌아 가야할 적외선과 그 열이 이산화탄소의 흡수력에 의해 대기권 내에 머무는 양이 증가하게 된다. 대기권 내에 머물게 된 적외선과 방사열은 대기 온도를 상승시키게 된다. 결과적으로 이산화탄소는 대기를 온실처럼 만드는 가스로서 「온실가스[5]」로 불리며 지구온난화의 주요 요인으로 알려져 있다(도표 1-4 참조).

도표 1-4 온실가스에 의한 지구온난화 메커니즘

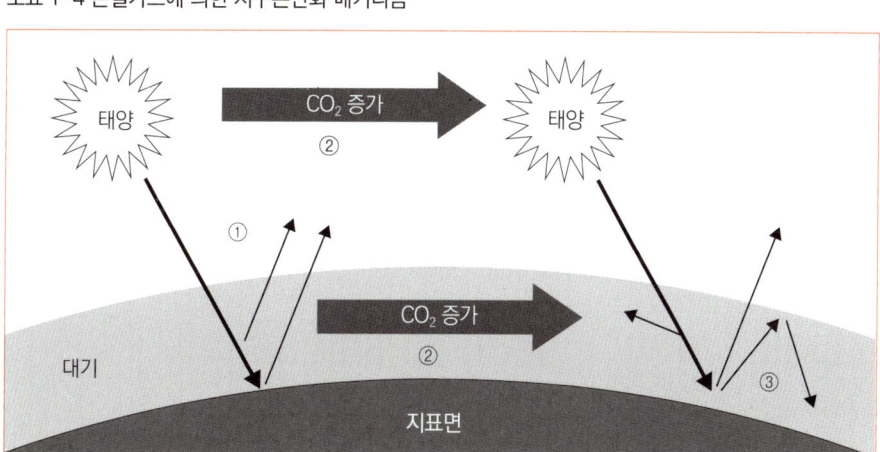

① 태양에너지중 적외선은 지표를 따뜻하게 하며, 반사된 적외선의 일부는 대기권 밖으로 방출
② 인간의 활동으로 적외선의 일부를 흡수하는 온실가스가 증가
③ 온실가스에 의해 대기 내에 머무는 적외선이 증가하고 이로 인해 대기온도가 상승 (지구온난화)

---

5. 「온실가스」는 유사한 효과를 가진 메탄 및 프레온 등도 포함하는 용어이지만, 이산화탄소가 차지하는 비중이 약 60%로 가장 크다.

대기 중 이산화탄소의 평균 농도는 과거 65만년 동안 전반적으로 안정된 추이를 보였지만, 산업혁명 후에 급증하였다는 것이 과학자들의 공통된 의견이다(도표 1-5). 산업혁명 후 경제활동 활성화의 기반이 되었던 석탄 및 석유 등의 화석연료 연소와 그것에 동반되는 이산화탄소 배출량 증가가 주요 원인이기 때문에 결국 지구온난화는 인간활동의 결과로 이해할 수 있다.

이산화탄소가 초래하는 온실효과는 대기 온도의 상승에 그치지 않는다. 대기 중으로 배출된 이산화탄소의 약 90퍼센트는 지구 면적의 약 70%를 차지하는 해면을 경유해서 해수로 흡수된다. 그 결과, 해수의 수온 상승, 해수 중 산소 감소 및 해수의 산성화 등이 발생하고 해양생태계의 변화를 포함한 광범위하게 생태계에 영향을 미치게 된다.

도표 1-5 대기 중 이산화탄소의 평균 농도 추이

출처: 미국 항공우주국(NASA) 홈페이지, 도쿄리스크매니저협의회 세미나(「ESG 금융의 동향」) 자료

제2절 국제연합 IPCC 보고서와 기후변화 리스크

국제연합의 「기후변화에 관한 정부간 패널(IPCC: Intergovernmental Panel on Climate Change)」은 2019년에 제6차 평가보고서인 「기후변화에 있어서의 해양과 설빙권」(이하, IPCC보고서)를 공표했다. IPCC는 동 보고서를 통해 기후변화 관련 최근 상황과 향후 예상되는 영향에 대한 전망을 공개했다. IPCC는 세계기상기관(WMO: World Meteological Organization) 및 국제연합환경계획(UNEP)에 의해 1988년에 설립된 기관이다. 동 기관은 지구온난화에 관한 과학적 및 사회적 평가를 실시하고 그 결과를 공표하는 것을 임무로 하는 국제연합의 부속기관으로, 금번 보고는 제6차 보고서에 해당한다[6].

IPCC보고서는 향후 탄소배출 경향 전망과 관련하여 수 개의 시나리오를 상정하고, 각각의 시나리오가 발생한 경우의 전세계 평균기온 변화 및 북극권 빙하와 고산의 빙하와 같은 설빙권의 변화, 혹은 해양과 해양생태계에 미칠 수 있는 영향 가능성에 대해 분석하고 있다[7].

기온 상승

IPCC보고서는 국제연합이 지원하는 세계기후연구프로그램 워킹그룹이 마련한 기후변화 예상 모델에 기초한 온실가스의 대표농도경로(RCP:

---

6. 과거 1990년, 1995년, 2001년, 2007년, 2014년에 평가보고서를 공표했다. IPCC는 기후변화가 미치는 주요한 영향으로 해면 상승과 고조 피해, 홍수피해, 기상현상에 의한 인프라 기능정지, 식량부족, 수자원 부족, 해양생태계 상실, 육상 생태계 상실 등을 들고 있다.
7. IPCC보고서 공표와 같은 날에 세계기상기관(WMO)는 2015년부터 2029년까지 대기중에 배출된 이산화탄소는 2015년까지의 5년간과 비교해 20% 증가하였고, 온실가스의 영향으로 전세계 평균기온이 과거 5년간 관측사상 가장 더웠던 것 등 지구온난화의 징조 및 그 영향이 가속화되고 있다는 내용을 담은 보고서를 공표했다.

Representative Concentration Pathways)에 대한 시나리오를 담고 있다. 시나리오는 RCP8.5, RCP6.0, RCP4.5, RCP2.6의 4가지로 분류되어 있다. 이러한 RCP 시나리오는 2100년까지 온실가스의 예상 배출량 및 집중 정도에 지표의 이용 상황을 고려해서 작성되었다. 먼저, RCP8.5시나리오는 향후 온실가스 배출 감축을 위한 추가적인 정책적 노력이 전혀 없는 고탄소배출 상황을 상정한다. 한편으로 RCP2.6시나리오는 온실가스 대책이 조기에 취해져 이산화탄소 배출이 2020년 이후 감소로 전환되는 상황이다. RCP6.0시나리오와 RCP4.5시나리오는 RCP8.5시나리오와 RCP2.6시나리오의 중간에 위치해 있으며, 각각 온실가스의 배출 최고 시점이 2060년 내지 2040년이 된 후, 점차 배출이 감소되는 상황을 전제로 한 시나리오이다(도표 1-6 참조).

도표 1-6 각 RCP시나리오에 기초한 기온 정보 경로

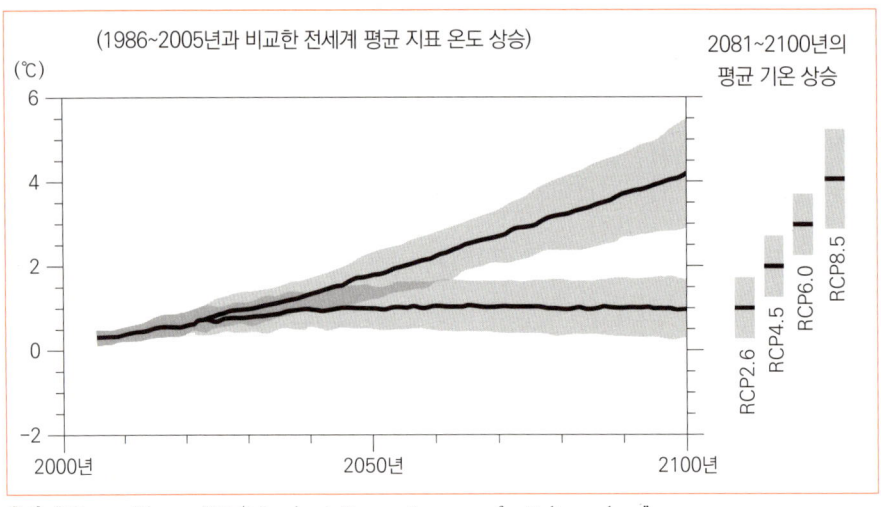

출처: "Climate Change 2014: Synthesis Report Summary for Policymakers"

IPCC보고서는 RCP2.6시나리오가 현실화 된 경우, 산업혁명 이전과 비교한 평균기온 상승은 약 3분의 2의 확률로 1.6도로 억제될 수 있다고 밝히고 있다. 한편, RCP8.5시나리오에서는 2100년까지 지구온난화에 의한 평균기온 상승은 4.3도, 일부 지역에서는 5.3도까지 상승할 것으로 예상했다(도표 1-7 참조).

도표 1-7 IPCC 보고서의 탄소배출 시나리오와 평균기온 상승 전망

구분	21세기 중반 (2031~2050)		21세기 후반 (2081~2100)	
	평균기온 상승	상승 범위	평균기온 상승	상승 범위
RCP2.6시나리오 (탄소배출 억제 가정)	1.6도	1.1 ~ 2.0도	1.6도	0.9 ~ 2.4도
RCP8.5시나리오 (정책적 대응없는 고탄소배출 지속 가정)	2.0도	1.5 ~ 2.4도	4.3도	3.2 ~ 5.3도

설빙권

지구온난화와 동반하여 빙하, 빙산, 유빙 및 영구 동토 등의 설빙권(눈과 얼음으로 덮인 지역-역자 주)이 큰 영향을 받고 있다. 북극권의 설빙권은 1967년부터 2018년까지 약 50년 동안 10년당 8.9%에서 18.8%, 전체로 250만km^{2}가 감소했다. 이러한 경향은 대기의 온도 상승으로 인해 적어도 2050년까지는 지속될 것으로 전망되고 있으며, 특히 그린란드와 북극의 설빙권은 2050년 이후 더욱 축소할 것으로 예상되고 있다. 또한, 영구 동토는 이산화탄소가 RCP2.6시나리오에서는 8%~40%, RCP8.5시나리오에서는 49%~89% 감소할 것으로 예상되고 있다. 영구 동토가 이러한 속도로 융해된다면, 지중에 갇혀있는 이산화탄소 및 메탄 등의 온실가스가 2100년까지 최대 1조 톤이 대기중으로 방출되어

지구온난화가 가속화될 것이라는 조사 결과도 있다. 북극권 및 고산지대 빙하는 2100년까지 RCP2.6시나리오에서는 11%~25%가, RCP8.5시나리오에서는 25%~47%가 감소되고, 이는 해면 수위를 약 10cm에서 20cm 상승시키는 요인으로 작용할 것으로 예상된다. 또한 고산지방에서는 빙하 및 설빙권의 축소로 사면이 불안정해 지고 홍수 및 산사태, 토사 붕괴가 증가함과 동시에 빙하의 융해로 인해 고지대 호수가 증가할 것으로 예상된다.

해면 상승

빙하 및 빙산 등의 설빙권의 축소로 인해 전세계 평균 해면은 1902년부터 2015년까지 약 16cm 상승했다. 최근인 2006년부터 2015년까지의 10년간에는 연평균 3.6mm이라는 무서울 정도의 빠른 속도로 상승했다. 또한, 2100년까지를 시야에 넣고 전망한다면, 북극과 그린란드의 설빙권 축소로 인해 전세계적으로 해면의 상승 경향은 더욱 가속화될 것으로 예상된다. 한 연구결과에 따르면, RCP2.6시나리오에서는 평균 43cm, RCP8.5시나리오에서는 평균 84cm 상승할 것으로 예상되고 있다. 한편, 해면 상승은 전세계에서 균등하게 발생하는 것이 아니라 30%정도의 지역적 차이가 있는 것을 고려하면, RCP8.5시나리오에서의 최대 해면 상승은 1.1m에 달할 가능성도 부정할 수 없다. 해면 상승은 강수량의 증가 및 고조(高潮)현상의 증가, 나아가서는 강력한 태풍의 증가와 함께 대규모 수해 피해의 요인이다. 이로 인해 이제까지 100년에 한 번 빈도로 발생했던 대규모 고조 피해가 2100년 이후에는 거의 매년 발생할 가능성도 배제할 수 없다.

해수 온도의 상승

대기중에 배출된 이산화탄소의 약 90%는 지표의 70%를 차지하는 해수로 흡수된다. 해면에 가까운 해수의 온도가 수 개월에 걸쳐 상승하는 해수 온도의 이상 상승 현상은 1982년 이후 급증하고 있으며, 특히 남반구에서 두드러지고 있다. 또한, 대기중에 배출된 이산화탄소의 흡수로 해수의 산성도가 현저히 높아지고 있으며, 산성도의 상승은 장소에 따라서는 해면에서 1,000m의 깊이까지 영향을 미치고 있다. 1970년부터 2000년까지 해면에서 1,000m이내 해수에 포함된 산소는 0.5%에서 3.3%로 감소했다.

2100년까지를 염두에 두고 생각하면, 해수 온도의 상승은 향후 지속될 것으로 예상되며, 산성도는 2006년부터 2015년까지의 수치에 비해 PH 기준 0.3정도 악화될 것으로 예상된다. 해면에서 600m 깊이까지의 산소량은 2050년까지 RCP8.5시나리오하에서는 59%에서 최악 80%까지도 감소할 가능성이 있다. 이러한 해수 온도의 상승으로 엘리뇨현상 및 라니냐현상이 빈발하고 세계적으로 자연재해가 증가할 가능성이 높다. 태풍의 평균 세력 확장 및 특히 세력이 강한 카테고리4 이상 태풍의 비율이 점차 높아질 것으로 예상된다.

생태계 및 인간생활에의 영향

이와 같은 자연환경의 변화는 광범위한 생태계에 영향을 미친다. 빙하 및 설빙권의 축소 및 대기 온도의 상승으로 인해 많은 지역에서 눈이 내리지 않는 시기가 길어지고 있다. 또한, 고산지방에서는 저지대에 서식하는 생물종이 고지로 서식지를 옮기고 있으며, 냉한지의 생물종이 감소하고 있다. 이로 인해, 결과적으로 생물의 종류가 감소하고 있다.

산림화재의 증가 및 영구 동토의 융해도 생태계의 변화에 박차를 가하고 있다. 영구 동토의 융해로 인해 저지대 목지가 북극 툰드라지대의 24%에서 52%를 침식하고, 북방림은 보다 북쪽으로 내몰릴 것으로 예상된다. RCP8.5시나리오에서는 한냉지에 위치한 호수가 현재보다 50%정도 증가하는 한편, 북극 툰드라지대 및 북방림에서의 산림화재는 증가할 것으로 나타났다.

해수 온도의 상승 및 해면 상승은 해양 열파의 증가 및 해수 내 산소 감소, 산성화 등을 통해 해안지역의 생태계에 영향을 미치고 있다. 산호초 및 해초, 해안 식물 등은 해안의 생물종을 유지하고 해안지역을 자연재해로부터 지키는 역할을 담당해 왔지만, 과거 100년의 환경변화로부터 생물종은 약 50%가 감소했다. 특히 산호초는 1997년이후 전세계적으로 쇠퇴하고 있다. 연안지역은 태풍, 고조 및 홍수 등 자연재해에 보다 노출되기 쉽다. RCP8.5시나리오 하에서는 해양 생물은 2100년까지 20세기 말 대비 9.1%~20.9% 감소할 가능성이 있다. 또한, 물고기의 생태계 변화에 의해 어획량은 같은 기간에 20.5%에서 24.1%로 3.6%P 감소할 가능성이 있다(도표 1-8 참고).

도표 1-8 RCP8.5시나리오 상 2100년 시점 영향

항목	영향
해면 수위	평균 해면 수위는 최대 1m 상승
연안습지	연안 습지는 해면 상승으로 20~90% 상실
빙하	유럽 및 아시아 등의 규모가 작은 빙하의 80% 이상 융해
해상 생태계	해수 온도 상승에 의한 생태계에의 영향으로 어획량은 최대 24% 감소
연안 침수피해	1년당 연안 침수 피해는 현재의 100배~1,000배 증가
해양 열파	해양 열파가 현재의 약 50배 빈도로 발생
영구 동토	영구 동토의 융해로 작은 호수가 증가 툰드라 및 남극의 빙상 융해가 가속화

출처: IPCC보고서 「기후변화의 해양과 설빙권」

설빙권의 축소 및 해양생태계의 변화는 관련 토지 및 자원에 의존해서 생활하고 있는 사람들에게도 영향을 미친다. 설빙권의 축소는 수자원 및 수력발전에 영향을 미칠 가능성이 높고 홍수 및 산림 화재, 토사 붕괴의 증가는 인프라 및 관광업 등에도 영향을 미친다. 어획량의 감소는 이들 자원에 의존해 온 지역사회의 수입 및 생활, 식생활의 안정 등에 영향을 미친다. 산호초의 감소도 그것이 유지시켜 온 식료 및 관광업에 영향을 미친다. 또한 해면 상승으로 일부 섬은 인간이 거주할 수 없는 땅이 될 가능성도 있다. 인간사회에 미치는 영향을 고려하는 경우, 가장 크게 영향받는 사람들은 상대적으로 대응력이 약한 사람들일 가능성이 높다는 점에는 주의가 필요하다.

IPCC보고서는 설빙권 및 해면 상승 등은 비교적 천천히 진전될 가능성이 높기 때문에 사회 차원에서 대응할 시간이 남아있다는 시각도 가능하다. 하지만, 이러한 기후변화 사이클은 인간사회의 의사결정 사이클보다도 긴 경우가 많고 사회적 차원의 일관된 대응이 지속될 수 있을지에 대한 문제 역시 존재한다는 점에도 주의할 필요가 있다.

제3절 국제연합 주도의 지구온난화 대책

지구서밋에서 교토의정서까지

그간 지구온난화 대응에 대해서는 국제연합을 중심으로 지구온난화 억제 시책 및 방향성이 제시되어 왔다. 1992년 브라질에서 개최된 리우 환경회의는 「환경과 개발에 관한 국제연합회의」로 「지구서밋」으로도 불리었다. 동 서밋에서는 기후변화 악영향을 완화시키기 위한 온실가스의 배출 억제 방향성이 제시되었다. 또한 온실가스 농도를 낮추기 위한 국제연합 기후변화협약도 채택되었고, 이후 동 협약 체결을 계기로 국제적인 대응이 본격적으로 추진되었다. 동 협약의 구체적인 내용은 협약 체결국으로 구성된 기후변화협약국회의(COP: Conference of Parties)에서 규정된다.

그 후, 1997년 교토에서 개최된 제3회 국제연합 기후변화협약국회의(COP3)에서는 협약에 참가하는 모든 선진국에 대해 온실가스 배출을 2008년에서 2012년까지 1990년 대비 약 5% 삭감할 것을 요구한 「교토의정서」가 채택되었다(도표 1-9 참조).

도표 1-9 교토의정서의 주요 내용

	내용
제3조	2008년부터 2012년까지 선진국(부속서 I 국) 전체의 온실가스의 합계배출량을 1990년 대비 적어도 5% 삭감하는 것을 목표로 정한다.
제4조	각 협약국은 온실가스의 감축 목표를 별도로 규정(일본은 6%, 미국은 7%, EU는 15개국 전체에서 8%)
제6조	온실가스의 배출감축사업을 통해 얻게 되는 감축된 배출량을 관계국간 이전하는 것을 인정하는 제도를 규정한다.

제12조	개발도상국(비부속서 I 국)이 지속가능한 개발을 실현하고 그것이 선진국의 배출감축사업에서 생긴 것으로 증명되는 경우, 인증된 감축 배출량을 선진국이 획득할 수 있는 「청정개발체제(Clean Development Mechanism)」를 규정
제17조	선진국 간에는 배출량 중 일부를 이전하여 배출량 거래를 인정하는 제도를 규정

교토의정서는 선진국의 의무와 관련, 일본은 6%, 미국은 7%, EU는 주요 15개국 합계로 8%로 정했다. 국가별 온실가스 배출량에 대해 구체적인 감축 목표가 정해졌다는 점에서 큰 진전을 보였다고 할 수 있다.

교토의정서에서 정해진 국가별 감축 목표는 「공통적이나 차이가 있는 책임원칙」에 기초하여 감축량에 대한 국가간 차이를 인정하는 내용이다. 즉, 산업혁명 이후의 온실가스 배출의 주요한 책임을 지는 선진국은 감축을 의무화하는 한편, 개발도상국에게는 감축 의무가 부과되지 않았다.

교토의정서는 2000년에 개최된 COP6에서 강한 규제를 요구하는 EU 및 개발도상국 진영과 경제성장에 대한 부정적 영향을 우려하는 미국 및 일본의 대립 구도로 인해 상세 규칙에 대한 합의에는 이르지 못했다. 또한 부시정권 하 미국 정부가 교토의정서체제로부터 이탈을 선언하는 등 국제적 합의가 이루어지기 어려운 상황이었다. 또한, 선진국에게만 감축 목표를 설정한다는 점은 최근 경제발전으로 개발도상국의 탄소배출이 증가하면서 시대의 흐름과도 부합하지 않는 상황이 연출되었다(도표 1-10, 도표 1-11 참조). 2004년 러시아의 비준으로 교토의정서는 2005년에 발효 되었지만, 상세 규칙의 합의에 이르지 못한 채로 2012년 기한을 맞이하게 되었고 결과적으로 당초 제시되었던 목표는 달성하지 못하고 실패했다.

도표 1-10 국가별 온실가스 배출량 비중

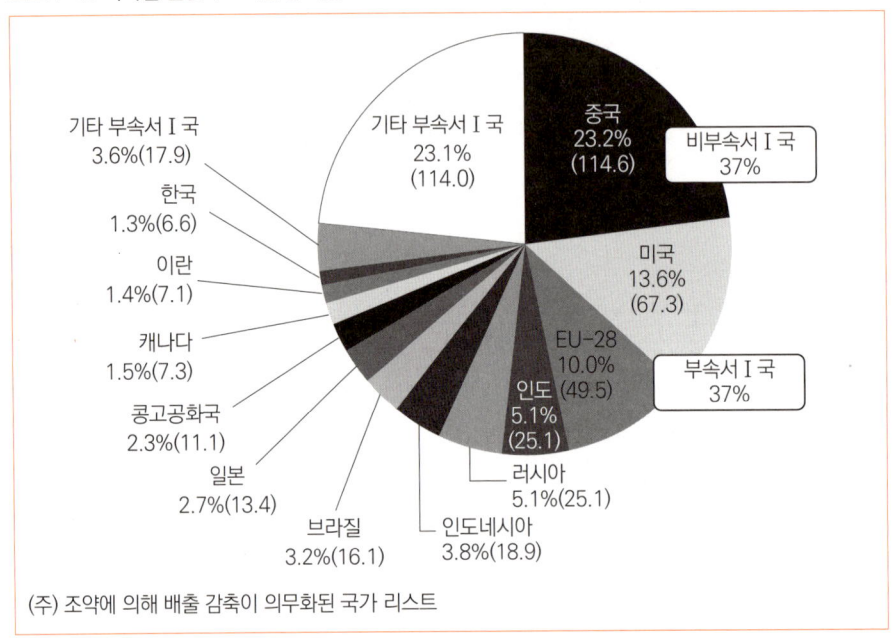

(주) 조약에 의해 배출 감축이 의무화된 국가 리스트

출처: IEA, "CO₂ Emissions from Fuel Combustion(2016)". 경제산업성 「장기지구온난화대책 플랫폼 보고서」

도표 1-11 국가별 온실가스 배출량 비중 추이

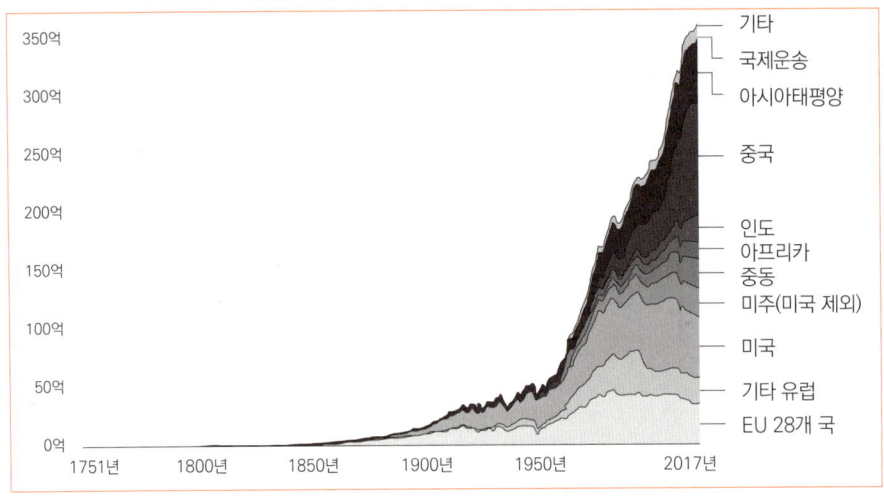

출처: Hannah Ritchie & Max Roser, "CO2 and Greenhouse Gas Emissions"

32 | 금융기관과 ESG 리스크 관리

이러한 온실가스 감축을 위한 국제적 움직임과 병행하여 국제연합은 2000년 이후 책임투자원칙 및 지속가능한 보험원칙 등을 공표했다. 이들은 투자자 및 금융기관이 투자활동 및 금융활동 수행 시 장기적인 지속가능성을 중시하여 의사 결정을 내릴 것을 요구하는 내용이다. 이러한 흐름을 배경으로 지구온난화 및 ESG에 대한 문제의식은 점차 강화되었고, 2015년에는 후술하는 지속가능한 개발목표(SDGs)로서 채택되게 되었다.

파리협정

교토의정서에 기초한 대응책 추진이 난항을 보이는 가운데, 2010년 멕시코 칸쿤에서 개최된 COP16과 2011년 남아프리카의 더반에서 개최된 COP17을 거치면서 새로운 국제교섭 프로세스가 협의되었다. 이를 기반으로 2015년 프랑스 파리에서 개최된 COP21에서는 새로운 협력체제로서「파리협정」이 성립되었다.

도표 1-12 파리협정의 주요 합의 내용

주요 내용
전세계 공통의 장기 목표로 평균기온 2도 목표를 설정. 1.5도 이하 억제를 위해 노력할 것
주요 배출국을 포함하여 모든 국가가 감축 목표를 5년 마다 제출 및 갱신할 것
모든 국가가 공통 또한 유연한 방법으로 실시 상황을 보고하고 검토 받을 것
적응을 위한 장기 목표의 설정과 각국의 적응 계획 프로세스 및 행동의 실시, 적응보고서의 제출과 정기적 갱신을 실시할 것
이노베이션의 중요성 인식
5년 마다 전세계의 실시 상황을 검토하는 체제를 도입할 것
선진국이 자금의 제공을 지속할 뿐만 아니라, 개발도상국도 자주적으로 자금을 제공할 것
양국간 크레딧제도 포함한 시장메커니즘을 활용할 수 있게 할 것
협약 발효 조건에 국가 수 및 배출량을 이용할 것

출처: 일본 외무성 홈페이지에서 필자 작성

파리협정은 아래 두 가지를 장기 목표로 설정하고 있다.
① 전세계 평균기온 상승을 산업혁명 이전과 비교해서 2도보다 충분히 낮도록 유지하고, 가급적 1.5도로 억제하도록 노력한다.
② 이를 위해 가능한 빠른 시기에 전세계 온실가스 배출량을 감축시키고, 21세기 후반에는 온실가스 배출량과 (산림 등에 의해) 흡수량의 균형을 확보한다.

파리협정의 근저에 깔린 사고는 다음과 같다. 2100년 시점에서 전세계 평균기온 상승을 산업혁명 이전 대비 2도 미만으로 억제하기 위해서는 누적 이산화탄소 배출량을 약 3조 톤 이하로 조절해야 한다. 한편, 2011년 시점까지의 누적 배출량은 약 2조 톤으로 추산되고 있다. 배출량을 지금 당장 급격하게 감축하는 것은 현실적이지 않기 때문에 2도 목표를 달성하기 위해서는 우선 대표적인 온실가스인 이산화탄소 배출량을 감축시키고, 상한까지 남은 배출량 1조 톤을 배출하는 시간을 연장시켜야 한다. 최종적으로는 온실가스 순배출 제로 내지는 마이너스로 전환시켜 2도 이하 시나리오를 달성한다는 것이다.

파리협정은 목표 달성을 위해 인간의 활동에서 기인한 온실가스 배출량을 2010년 대비 2050년까지 40%에서 70% 감축[8]을 목표로 설정하고 있다. 또한 교토의정서가 온실가스 감축을 선진국에게만 의무화한 반면, 파리협정은 개발도상국을 포함한 모든 참가국과 지역을 대상으로 2020년 이후 「온실가스 감축 및 억제 목표」를 결정하도록 요구한다는 점에서 교토의정서와 크게 상이하다[9].

---

8. 온실가스 배출량과 관련, 자사의 공장, 사무실 및 차량 등 기업이 직접 배출한 것을 「사업장 내 직접배출(Scope 1)」, 전력소비량과 같이 자사에서 소비한 에너지를 「사업장 내 전력 사용에 의한 간접배출(Scope 2)」, Scope1과 Scope2를 제외한 「공급망 전체에서 발생한 간접배출(Scope3)」로 분류된다.
9. 국가별 감축 및 억제 목표는 각국의 사정을 고려하여 자주적으로 수립하는 것이 인정된다.

파리협정은 2015년 12월에 합의되었으며, 협정의 발효 조건은 ①55개국 이상의 참가, ②온실가스 전세계 배출량의 55% 이상을 부담하는 국가가 비준할 것의 두 가지이며, 이는 협정 합의 후 1년 정도의 시간이 지난 2016년 11월에 발효되었고, 2019년 말 현재 전세계 197개국이 협정을 체결하였다.

SDGs(Sustainable Development Goals)

파리협정 성립과 같은 시기인 2015년 9월 개최된 국제연합 총회에서는 SDGs(지속가능 개발목표)가 채택되었다. SDGs는 2000년에 국제연합 총회에서 채택된 MDGs(밀레니엄 개발목표)의 후속 목표로 채택된 것으로, 2030년까지 지속가능하고 보다 나은 세계를 실현하기 위해 새롭게 설정되었다. SDGs는 도표 1-13와 같이 17개 세부 목표로 구성되어 있으며, 이 중 목표 13의 기후변화에의 구체적 대책을 시작으로 목표 6의 안전한 수자원과 화장실의 보급, 목표 7의 클린에너지, 목표 14의 바다의 풍요로움 보전 등은 지구온난화 및 기후변화 리스크와 상당 부분 겹친다고 생각된다. 기후변화 리스크에 대한 대응이 환경문제 및 ESG과제와 상호 영향을 주면서 진전되는 상황에서 SDGs도 중요한 움직임으로 관심을 받게 되었다고 할 수 있다.

도표 1-13 SDGs의 17 항목

번호	목표	번호	목표
1	빈곤을 없애자	10	사람 및 국가의 불평등을 없애자
2	기아를 근절하자	11	계속 주거할 수 있는 동네 만들기
3	모든 사람들에게 건강과 복지를	12	만드는 책임 사용하는 책임
4	질 높은 교육을 모두에게	13	기후변화에 구체적인 대책을
5	젠더 평등을 실현하자	14	해양의 풍요로움을 지켜내자

번호	목표	번호	목표
6	안전한 물과 화장실을 전세계로	15	육지의 풍요로움을 지켜내자
7	에너지를 모두에게 그리고 클린하게	16	모든 사람들에게 평화와 공정을
8	일하는 보람도 경제성장도	17	파트너십으로 목표를 달성하자
9	산업과 기술혁신의 기반을 만들자		

출처: 국제연합 웹사이트

파리협정 후 대응

파리협정 이후 국제연합은 2019년 9월에 미국 뉴욕에서 기후행동 정상회의를 개최했다. 동 회의에서는 전세계 65개국이 2050년까지 온실가스 순배출량 제로 실현을 선언하였고 70개국은 2020년까지 자국의 행동계획을 강화하겠다고 밝혔다.

2019년 12월 파리협정 합의 내용을 실천하기 위한 추가 논의 사항 결정과, 온실가스 감축을 위한 구체적 감축목표 합의를 위해 마드리드에서 COP25가 개최되었다. 추가 논의 사항으로는 예를 들어 시장 메커니즘을 활용하여 온실가스 감축량을 국제적으로 이전 및 거래하는 양국간 메커니즘의 구체적인 틀 및 기후변화 영향이 대응 가능한 범위를 넘어서 발생하여 실제로 「손실과 피해」가 발생한 경우에 어떻게 대응할 것인가가 대표적이다. 그렇지만 COP25는 최종 합의에 도달하지 못하고 2021년에 영국 글래스고에서 개최된 COP26으로 논의가 연기되었다[10]. 또한 이산화탄소 농도의 증가와 평균기온 상승의 가속을 배경으로 논의되었던 각국의 온실가스 배출량 감축목표 강화에 대해서도 합의에 도달

---

10. COP26는 당초 2020년 개최가 예정되었지만 코로나19의 영향으로 2021년 11월 개최로 연기되었다. COP26에서는 세계 각국이 석탄 발전을 단계적으로 감축하고, 선진국은 2025년까지 기후변화 적용기금을 2배로 확대하기로 합의하였다.

하지 못했다.

  2020년은 파리협정이 개시됨과 동시에 협정 참가국이 온실가스 배출량 감축 목표를 포함한 국가별 목표(NDC)를 제출해야 하는 해로 각국의 대응이 주목을 받고 있다.

제4절 기후변화 리스크의 종류와 금융기관

지구온난화로 인해 생긴 기후변화 「리스크」는 크게 물리적 리스크와 이행리스크로 분류할 수 있다(도표 1-14 참조).

도표 1-14 물리적 리스크와 이행리스크

물리적 리스크		목표기후변화로 인해 발생하는 직접적인 손실. 기후변화 자체에 의해 자산에 가해지는 직접적인 손해 및 서플라이 체인 단절 등으로 발생하는 간접적인 손실로 구분
	급성리스크	태풍 및 홍수 등 기상현상에 기인하는 리스크
	만성리스크	지구온난화에 동반한 해면 상승 등 기후의 장기적 변화에 기인하는 리스크
이행리스크		기후변화에 대한 대응을 위해 저탄소경제로 이행해 가는 과정에서 발생하며, 정책의 도입, 기술혁신, 시장의 변화 등에 기인한 리스크

물리적 리스크

　기후변화에 기인한 직접적인 손실은 물리적 리스크로 정의하고, 이는 기후변화 자체에 의해 자산에 가해지는 직접적인 손상과 서플라이 체인의 단절 등으로 발생하는 간접적인 재무영향으로 분류된다.

　물리적 리스크는 리스크의 성격을 기준으로 급성리스크와 만성리스크 두 종류로 분류될 수 있다.

　급성리스크는 태풍 및 홍수의 발생 등 기상현상에 기인하는 리스크이다. 한편, 만성리스크는 기후의 장기적 변화에 기인하는 리스크로, 예를 들어 기후변화와 동반하는 장기적 해면 상승으로 특정 지역에의 거주가 불가능해짐으로써 손실이 발생하는 경우가 이에 해당한다.

이행리스크

　이행리스크는 기후변화에 대한 대응 차원에서 저탄소경제로 전환해가는 과정에서 발생하는 리스크로 정책 및 법제도, 기술혁신 및 시장의 변화로 인해 발생한다. 예를 들어, 저탄소경제로 이행하는 과정에서 탄소 배출에 대한 징벌적인 과세가 부과되는 정책이 실시되고, 이에 따라 세금 부담이 증가하는 등의 손실이 발생하는 경우가 이에 해당한다.

기후변화 리스크에 대한 대응과 금융기관

　기후변화 리스크에 적절히 대응하기 위해서는 민간업계뿐만 아니라 개별기업 수준에서도 다양한 형태의 대응책이 요구된다. 파리협정이 목표로 하는 2100년 「2도 시나리오」를 실현하기 위해서는 온실가스의 배출억제뿐만 아니라 감축을 위한 다양한 대응방법이 요구된다. 즉, 기업 및 개인이 이른바 「에너지절약」 활동을 수행하는 것만으로는 충분하지 않고 재생가능에너지원으로의 과감한 전환 등 상황에 따라서는 상당한 「고통을 동반하는」 여정이 될 수도 있다.

　직접적인 「고통」으로는 사업법인 및 금융기관의 손익 및 재무에 영향을 미치는 재무상의 손실[12]이 발생하는 경우를 생각할 수 있다. 지구온난화에 동반하여 발생하는 자연재해로부터의 손해 및 기후변화 리스크에 대응하는 과정에서 필요하게 된 자산 처분과 이로 인한 손실 등이 이에 해당한다.

　기후변화 리스크는 모든 사업 법인과 관련이 있는 리스크이지만, 농업 및 식품, 운수 및 교통 등 기후변화 리스크에 보다 노출되어 있는 업종을 중심으로 리

---

12. 경제적 손실을 동반하여 기업의 손익 및 재무(재무상태표)에 직접적인 영향을 미치는 리스크를 「재무상 리스크」로 지칭한다. 이에 대해 비재무적 리스크를 포함한 금융기관의 리스크 관리 대상을 총칭하여 「금융리스크」로 지칭한다(제6장 참조).

스크에 대한 인식과 대응책 검토가 진전을 보이고 있다. 특히, 온실가스의 배출 상황과 관련하여 기관투자자의 엄격한 평가가 내려지는 사업 법인은 「지속가능 보고서」를 발표하는 등 자사의 사업이 어떠한 기후변화 리스크에 노출되어 있는가를 파악하고 이에 대한 구체적인 대응 상황을 공개하고 있다.

기업활동을 금융 측면에서 지원하는 금융기관과 관련해서는, 점포, 영업소 및 IT 시스템 등 본래의 사업활동에서 발생하는 온실가스의 배출 억제에 더해, 자산 및 부채의 포트폴리오가 노출되어 있는 기후변화 리스크 관리, 투융자활동을 통해 거래처의 기후변화 리스크 대응에 영향을 미치는 효과, 금융시스템적 리스크의 가능성 배제 등이 기대되고 있다.

먼저, 금융기관 본래의 사업활동에서 생긴 온실가스 배출에는 점포 등의 보유 부동산 및 IT 시스템센터의 냉난방 등이 포함되지만, 배출량 규모는 공장 등의 생산시설을 보유하는 제조업만큼 크지는 않다. 하지만 전력 및 자원(종이)의 절약, 나아가 비행기를 이용한 출장의 억제 등 온실가스 억제를 위한 꾸준한 대응책이 요구된다.

다음으로 금융업을 수행하는 과정에서 보유하게 된 자산부채 포트폴리오가 노출되는 기후변화 리스크가 있다. 예를 들어, 보험사의 경우, 태풍 및 홍수 등 물리적 리스크의 발생으로 예상을 뛰어넘는 보험금의 지불 채무가 발생할 리스크가 있다. 예를 들어 은행의 경우, 태풍 및 홍수 등 물리적 리스크의 발생으로 피해를 입은 주택이 대여한 주택대여금이 불량채권으로 변질될 리스크가 있다. 또한, 거래처가 장래의 법규제 변경 및 기술혁신 등의 이행리스크에 적절하게 대응할 수 없는 경우, 이들 거래처에 대한 대출 채권이 위험해지거나 보유 주식의 주가가 하락하여 예상 외의 손실이 발생할 가능성이 있다.

금융기관에 대해서는 투융자활동을 통해 거래처 및 투자처의 사업활동 및 거버넌스에 영향을 미치기때문에 거래처 및 투자처가 기후변화 리스크에 적절하게 대응해야 한다. 예를 들어, 은행은 환경에 악영향을 미치는 대여 안건에는 투융자를 포기함으로써 기업의 사업활동에 영향을 미칠 수 있다. 혹은 금융기관은 기관투자자로서 투자대상 기업이 기후변화 리스크 완화에 공헌하고 있는지 여부를 평가하고 주주로서의 제언 및 의결권 행사를 통해 기업 운영에 영향력을 행사할 수도 있다.

마지막으로 특히 은행 및 보험사에 대해서는 기후변화 리스크로 인해 발생하는 예상외 손실리스크가 금융시스템적 리스크로 확대될 가능성에 대해서도 대응 방안을 마련해야 한다. 금융기관에게 요구되는 대응에 대해서는 제2편에서 상세하게 다루기로 한다.

BOX1 『불편한 진실』 - 엘 고어

2006년에 공개된 영화 「불편한 진실」은 지구온난화 문제를 일반 대중에게 널리 알리는 것에 크게 공헌하였다. 1992년부터 2000년에 걸친 미국 클린턴 정권(민주당)에서 부통령을 역임한 엘 고어씨가 지구온난화의 실태를 설명하는 강연에 그의 성장과정을 되돌아보는 영상을 혼합한 구성의 다큐멘터리 영화다.

영화제작 당시 공화당 부시 정권은 「지구온난화는 단순한 학문상의 가설로 온난화현상은 현실에서 확인할 수 없다」라는 공식적인 견해를 발표하고, 지구온난화 현상을 공식적으로 부정했다. 이에 대해 엘 고어씨는 『불편한 진실』이라는 영화를 통해 전 지구적 규모로 온난화가 진전되고 있다는 것을 주장했다.

『불편한 진실』은 당초 4개 극장의 상영으로 시작되었지만, 최종적으로는 587관까지 확대되어 상영되었다. 북미지역 누적 흥행수입은 241만 달러로 북미 다큐멘터리영화 흥행수입으로는 역대 6위를 기록했으며, 제79회 아카데미상 장편다큐멘터리 영화상도 수상했다. 또한 환경문제 계몽에 대한 공헌이 평가받아 엘 고어씨는 2007년 노벨 평화상까지도 수상했다.

『불편한 진실』은 부시 정권의 공식 견해에 정면으로 반하는 주장을 하고 있어 「정치적 의도가 의심된다」는 비판도 있었다. 또한 내용 및 데이터에 대한 일부 오류가 있다는 비판도 제기되었다. 한편, 영국에서는 내용이 정치적 활동이라고 간주되어 보호주의자들로부터 제소되어 상영금지 청구도 있었다. 또한, 엘 고어씨는 지구환경문제에 적극 대처하는 기업을 대상으로 한 투자회사를 설립하여 이산화탄소 거래시장, 태양광발전 및 전기자동차 등의 환경 시장에 출자하는 등 세계 최초의 환경장자(환경을 돈 벌이에 활용하여 큰 부자가 된 상황을 비꼬는 의미로 사용-역자 주)가 되었다고 보도되는 등 일부 매스컴으로부터 비판받기도 했다. 이와 같이 영화의 구체적인 내용에 대해서는 논쟁의 여지가 있었지만 일반 대중이 지구온난화 문제에 대해 눈을 뜨게 한 점에 대한 공헌은 매우 크다고 할 수 있다.

『불편한 진실』은 도서로도 출판되었다. 출판한 후 거의 14년이나 지난 지금 시점에서, 도서 중에 집중 거론된 기후변화 관련 「예언」 및 「우려」는 최근의 지구온난화 논의의 내용과 크게 다르지 않다는 점에 다시금 놀라게 된다. 본서에서 다룬 2019년 IPCC보고서와 대비해도 크게 차이가 나지 않는다.

도서 중에는 지구온난화와 동반하여 모기, 진드기 및 박쥐 등 감염병을 옮기는 생물이 인간과 접촉할 기회가 증가하여, 새로운 병원균이 출현하거나 해결했다고 간주되었던 역병이 새로운 형태로 진화할 가능성이 증가하고 있다고 언급하고 있다. 예를 들면 결핵 및 뎅기열, 인플루엔자에 더해 코로나 바이러스도 거론된 것은 흥미롭다.

엘 고어씨는 지금도 환경문제에 적극적으로 관여하고 있다. 최근에는 화석연료 사업과 관련한 자산을 2008년 금융위기의 발단이 된 「서브프라임론」에 빗대어 「세계는 화석연료라는 이름의 거대한 『서브프라임 버블』이 시작하는 위기에 직면해 있다」고 주장하기도 했다. 미국에서는 『불편한 진실』을 접하고 나서 비로소 지구온난화 문제를 알게 된 사람들도 적지 않다. 구체적인 내용에 대해서는 관련 분야 전문가들의 객관적인 평가가 필요하겠지만, 일반 대중의 관심을 지구온난화 문제 및 환경문제로 돌리게 했다는 점은 평가받아야 한다고 생각한다.

제2장

국제연합의 책임원칙과 ESG시장

제1절 국제연합의 책임원칙

제2절 ESG시장의 확대

【BOX2】『단 한 사람의 파업』 - 그레타 툰베리

제1편 기후변화 리스크와 대응

제2장 국제연합의 책임원칙과 ESG시장

2006년 4월 국제연합의 환경계획·금융이니셔티브("UNEP FI"[1])는 「책임투자원칙(PRI: Principles for Responsible Investment)」을 공표하고, ESG투자에 대한 기본 개념을 제시했다. PRI는 투자자들에게 장기적인 관점에서 지속가능 시점을 중시한 투자를 촉진하는 내용이다. 이후 UNEP FI는 2012년 지속가능한 보험원칙("PSI: Principles for Sustainable Insurance")에 이어 2019년 책임은행원칙("PRB: Principles for Responsible Banking") 공표를 통해 금융 3원칙이라고 불리는 책임원칙을 확립했다.

국제연합 주도의 이니셔티브에 대해, 수많은 민간 금융기관은 참여 의사를 표명했으며, 이와 함께 이니셔티브에 의해 제시된 원칙을 실제 업무의 운영체제에 반영하려는 시도가 이어졌다. 즉, 전형적인 사례로 평가되는 ESG채권 시장은 매년 확대를 거듭하여 2019년에는 누적 발행액이 1조 달러에 달하는 수준까지 급성장하였다.

한편, 이러한 금융기관의 움직임을 제3자적 입장에서 평가 및 검증하려는 노력도 확대되었다. 민간 신용평가기관은 독자적인 기법으로 금융기관 및 기업의

---

1. United Environment Programme Finance Initiative. 1992년에 UNEP와 글로벌 금융업계와의 파트너십에 의해 설립되었으며, 민간자본의 지속가능 부문 투자 촉진이 주요 목적.

ESG대응체제를 평가함으로써 지속가능성을 중시하는 투자자의 의사 결정을 위한 벤치마크(기준이 되는 지표)를 제공했다.

이하에서는 국제연합의 책임원칙을 중심으로 한 이니셔티브와 시장관계자의 대응 상황을 순차적으로 살펴보기로 한다.

제1절 국제연합의 책임원칙

책임투자원칙(PRI)

2006년 4월 UNEP FI는 6개 항목으로 구성된 「책임투자원칙(PRI)」을 공표했다. 이것은 UNEP FI가 국제연합 글로벌 컴팩트("UNGC[2]")와의 공동 작업을 통해 수립한 것으로, ESG투자와 관련한 기본 원칙을 정리한 것이다. PRI는 자산소유자 및 기관투자자(자산운용업자 등)들에게 기업분석 및 평가 시, 장기적 관점에서 지속가능성을 중시한 투자를 하도록 요구하고 있다. 투자자에게 지침을 제시함으로써 투자 대상이 되는 기업 및 조직의 행동에 영향을 미치고, 나아가 사회전체의 지속가능성 강화를 촉진하고자 한 것이다. 책임투자와 관련된 6가지 원칙은 도표2-1과 같으며, 원칙별 투자자에게 기대되는 구체적인 행동은 다음과 같다.

도표 2-1 국제연합의 책임투자원칙 (PRI)

번호	원칙
1	우리들은 투자 분석과 의사결정 과정에 ESG 이슈를 통합한다.
2	우리들은 적극적인 자산소유자가 되며, 투자 철학 및 운용 원칙에 ESG 이슈를 통합한다.
3	우리들은 투자 대상에게 ESG 이슈에 대한 적절한 정보공개를 요구한다.
4	우리들은 자산운용업계가 PRI원칙을 준수하고 이행하도록 노력한다.
5	우리들은 PRI의 이행 효과를 증대시킬 수 있도록 상호 협력한다.
6	우리들은 PRI 이행에 대한 세부 활동과 진행 사항을 보고한다.

출처: 국제연합 웹사이트 "Principles for Responsible Investment"

---

2. United Nations Global Compact. 2000년에 발족했으며 인권 보호, 부당 노동 배제, 환경 대응 등 UNGC의 10원칙에 찬동하는 기업 및 단체가 지속가능한 성장 실현을 목적으로 조직한 자발적 기구

원칙 1 　투자 분석과 의사결정 과정에 ESG 이슈를 통합

- 투자 방침에 ESG 이슈를 반영시킨다.
- ESG 관련 기법, 지표 및 분석 기법의 발전을 지원한다.
- 사내 투자담당자가 ESG 이슈에 대한 대응 능력을 평가한다.
- 외부의 투자담당자가 ESG 이슈에 대한 대응 능력을 평가한다.
  (투자분석가, 조사기관, 신용평가기관 등) 투자서비스 제공자가 제공하는 조사 및 분석에 ESG 이슈를 통합하도록 요구한다.
- ESG 이슈에 대한 학계의 연구를 촉진한다.
- 투자전문가의 ESG관련 연수를 지원한다.

원칙 2 　투자 철학과 운용 원칙에 ESG 이슈를 통합

- PRI와의 정합성 확보를 전제로 적극적 투자 철학의 정립과 공개
- 의결권 행사와 (외부 위탁의 경우) 의결권 행사 방침의 준수를 위한 모니터링
- (주주권 촉진 등) 관련 규제 및 기준 형성 논의에의 참가
- 인게이지먼트[3]의 강화와 투자대상 기업에 대한 인게이지먼트 실시
- 장기적 차원의 ESG문제와 정합성을 가진 주주권 행사
- 협동적 인게이지먼트에의 참가
- 투자 담당자들이 ESG관련 인게이지먼트를 수행하고 이를 보고하도록 독려

원칙 3 　투자 대상에 대해 적절한 ESG 이슈들의 정보공개 요청

- ESG 이슈에 관한 표준화된 보고의 요청
- ESG 이슈에 대해 연차재무보고와 통합된 보고의 요청

---

3. 투자대상 기업의 경영진 및 이사회와의 직접적인 커뮤니케이션을 수행하는 것

- 투자 대상에 대해 관련 행동규약 및 국제적 이니셔티브(예: UNGC: UN Global Compact)의 채택 및 준수 요청
- ESG 공개 촉진에 필요한 주주 요청 활동에 대한 지원

원칙 4   자산운용업계의 PRI 준수 및 이행을 위한 노력

- 투자제안서("RFP") 요청 시, PRI 관련 요건을 반영
- 투자 책무(mandate), 모니터링 절차 및 실적 지표의 통합
- ESG 관련 기대를 투자 서비스 제공자에게 전달
- ESG 통합적 도구 개발을 지원
- PRI 실행을 가능하게 하는 규제 및 정책적 논의 지원

원칙 5   PRI 이행 효과를 증대시키기 위한 상호 협력

- 정보 공유, 자원 공유 등의 시점에서 네트워크 참가 및 지원
- 새로운 이슈에 대한 협력적인 대응 실시 및 지원

원칙 6   PRI 이행에 대한 세부 활동과 진행 사항 보고

- ESG 이슈가 여타 투자 실무와 통합되어 있다는 것을 공개
- (의결권 행사, 인게이지먼트 등) 오너십(Ownership) 활동의 공개
- PRI과 관련하여, 투자서비스 제공자가 요구하는 내용의 공개
- ESG 이슈 및 PRI의 수익자와 커뮤니케이션의 수행
- PRI와 관련한 진전 상황 및 달성 상황에 대해 「규칙을 준수하든지 아니면 설명하든지 (Comply or explain)」 방식에 입각한 보고 실시
- PRI 영향의 규명
- 보다 넓은 범위의 관계자들에게 PRI에 대한 인식 향상을 위해 보고를 활용

이처럼 PRI 자체는 간단한 내용으로 구성되어 있지만, 실제 행동으로 구체화하기 위해서는 보다 상세한 행동이 요구된다.

지속가능 보험원칙 (PSI)

UNEP FI는 2012년 6월에 PSI를 공표했다. PSI는 전세계 민간 보험사의 실무진이 중심이 되어 수립한 것으로, 2012년 국제연합 지속가능개발회의에서 공개되었다. PSI은 민간 보험사의 자발적 제창으로 법적 강제력은 없지만 PSI에 참여한 보험사가 자발적으로 체제정비를 추진하면서 구체화해 나가는 실무적 성격의 원칙이다. PSI에 참여한 보험사는 대표자가 서명한 서류를 UNEP FI에 송부하고 PSI에 기초하여 매년 정보 공개 실시한다.

4가지 원칙은 도표2-2와 같으며, 각 원칙별로 보험사의 준수가 기대되는 구체적인 행동 사례를 살펴보기로 한다.

도표 2-2 국제연합의 지속가능 보험원칙 (PSI)

번호	원칙
1	우리들은 보험사의 의사 결정 시 ESG를 고려한다.
2	우리들은 고객 및 비즈니스파트너들과 ESG에 대한 의식을 고양시키고 리스크 관리 및 솔루션 개발을 함께 한다.
3	우리들은 정부, 규제당국 및 주요 이해관계자와 협력하여, 사회 전반에 걸쳐 ESG 이슈와 관련된 광범위한 행동을 촉진한다.
4	우리들은 PSI 실행과 관련, 이행 성과를 정기적으로 공개하여 신뢰성과 투명성을 확보한다.

출처: 국제연합 UNEP FI 웹사이트 "Principles for Sustainable Insurance"

원칙 1 보험사의 의사 결정 시, ESG 이슈를 고려

- (전략면) 이사회에서 ESG 이슈에 대한 인식, 관리 및 모니터링에 대한 전략을 수립한다.
- (전략면) ESG 이슈와 회사 전략과의 관계에 대해 주주와 대화한다.
- (전략면) ESG 이슈를 사원의 채용, 연수 및 교육과정에 통합시킨다.
- (리스크 관리면) 포트폴리오에 내포된 ESG 이슈를 인식 및 평가하고, 거래 과정에서의 ESG 관련 잠재적 영향을 인식한다.
- (리스크 관리면) ESG 이슈를 리스크 관리, 보험 인수 및 자기자본 충실도 등 관련 사항의 의사결정 프로세스와 통합한다.
- (상품 개발) ESG 이슈에 수반되는 리스크를 저감시키는 상품 및 서비스를 개발하고, 리스크 관리 개선을 추진한다.
- (상품 개발) 리스크 및 보험, ESG 이슈에 대한 의식 고양을 위한 프로그램을 개발 및 지원한다.
- (보험청구 관리) 보험 청구에 대해서는 신속 적절하고 투명하게 대응한다.
- (보험청구 관리) 수선금, 교환 등의 보험청구에 ESG 이슈를 고려한다.
- (판매활동) 영업 사원에게 ESG 이슈를 교육하고 판매전략에 통합시킨다.
- (투자전략) ESG 이슈를 투자의사 결정과 자산오너십 관련 실무에 통합시킨다.

원칙 2 고객 및 비즈니스 파트너들과 ESG 이슈에 대한 의식을 고양시키고, 리스크 관리 및 협력적인 솔루션 개발

- (고객과 판매사) 고객과 판매사를 대상으로 ESG 이슈의 중요성과 회사측 기대에 대해 대화한다.
- (고객과 판매사) 판매사 선정 과정에 ESG 이슈를 포함시킨다.
- (보험사) PSI의 채택을 촉진한다.
- (보험사) 사내·외 교육 및 윤리기준에 ESG 이슈를 포함시킨다.

원칙 3   정부 및 기타 주요 이해관계자들과 협력하여 ESG 이슈를 위한 행동을 촉진

- (정부·당국) ESG 이슈 관련 리스크 관리와 기술혁신을 가능하게 하는 규제 및 법제도를 지원한다.
- (정부·당국) 정부 및 당국자와 통합 리스크 관리 및 리스크 이전 기법에 대해 대화한다.
- (기타 관계자) 비정부기관 등과 통합 리스크 관리 및 리스크 이전 기법에 대해 대화한다.
- (기타 관계자) ESG 이슈에 대한 보다 깊은 이해를 위해 업계 단체와 대화한다.
- (기타 관계자) ESG 이슈에 대한 연구 및 교육 촉진을 위해 학계 및 과학계 관계자와 대화한다.

원칙 4   PSI 이행 성과를 정기적으로 공개하여 신뢰성과 투명성을 확보

- 사내에서 ESG 이슈의 진전 상황을 평가 및 모니터링하고 관련 정보를 정기적으로 발표한다.
- 고객, 당국자, 신용평가기관 및 기타 관계자와 대화하여, PSI 기반 공개가 갖는 의미를 정확히 이해한다.

책임은행원칙(Principles for Responsible Banking)

  은행업은 간접금융을 통해 금융중개 기능을 담당하는 업종이다. 또한, 금융중개 기능을 통해 대출 대상인 기업에 대해 영향력을 행사할 수 있는 입장에 있기도 하다. UNEP FI는 2019년 6월에 책임은행원칙(PRB)을 제정했으며, 동 원칙에 앞서 2003년에는 대규모 인프라건설 프로젝트 융자에 대한 자발적 가이던스 격인「적도원칙」이 성립되었다.

① **적도원칙**

  1990년에 접어들면서 전세계적으로 석유, 가스개발, 댐 및 플랜트건설 등의 대규모 개발프로젝트가 무분별하게 추진되어 자연환경 및 지역사회에 대한 악영향이 우려되는 상황이 조성되었다. 이에 대한 대응으로 세계은행그룹의 국제개발공사(IFC)와 유럽·미국의 주요 은행들이 자발적 가이던스 수립에 착수하여, 2003년 6월에 대규모 프로젝트 융자 시에는 환경 및 사회측면 리스크를 관리하기 위해 금융기관의 자발적 가이던스로「적도원칙」을 수립했다. 현재에는 100개가 넘는 세계의 주요 금융기관들이 동 원칙을 채택하고 있다.

  적도원칙에서 정의된 대규모 프로젝트란 다음의 기준을 충족시키는 프로젝트를 의미한다.

(a) 프로젝트 규모가 1,000만 달러 이상 프로젝트 금융의 재무대리인("FA: Fiscal agent") 업무

(b) 프로젝트 규모가 1000만 달러 이상의 프로젝트 금융

(c) 총 차입금 규모가 1억 달러 이상이며, 당해 은행의 융자액이 5천만 달러 이상, 대출기간이 2년 이상이고, 대출 대상이 실질적 지배권을 보유하는 프로젝트를 위한 기업 대출

(d) 대출기간이 2년 미만으로, (b) 또는 (c)에서 리파이낸스(재금융)될 것이 예상되는 브릿지론

적도원칙은 ①프로젝트 검토 및 등급 분류, ②사회·환경 평가, ③적응되는 환경 및 사회측면 기준, ④사회·환경 매니지먼트시스템 및 적도원칙 행동계획, ⑤이해관계자 인게이지먼트, ⑥고충처리 메커니즘, ⑦독립적인 사회·환경 컨설턴트에 의한 검토, ⑧서약 조항, ⑨독립적인 사회·환경 컨설턴트에 의한 모니터링과 보고의 검증, ⑩정보공개 및 투명성 등 10가지 원칙으로 구성되어 있다. 또한, 프로젝트에 대한 융자 실시 전 듀 딜리전스(자산 실사)의 실시와 함께 융자 실시 후 독립적인 모니터링을 요구하고 있다.

② 책임은행원칙(PRB)

UNEP FI는 2019년 9월에 6개 항으로 구성된 책임은행원칙(PRB)을 제정했다(도표 2-3 참조).

도표 2-3 국제연합의 책임은행원칙(PRB 원칙)

번호	원칙
1	【정합성】 우리들은 비즈니스전략을 SDGs 및 파리협정, 혹은 기타 국가별 내지 지역에서 제시된 개인 및 사회의 목표와 정합성을 갖도록 공헌한다.
2	【영향과 목표 설정】 우리들은 제공하는 활동, 상품 및 서비스가 사람 및 환경에 미치는 긍정적인 영향을 증대시키고, 부정적인 영향을 줄임과 동시에 리스크를 관리한다. 이를 위해 주요한 영향이 미칠 수 있는 분야에 대해 목표를 설정하고 공표한다.

3	【고객과 거래처】	우리들은 고객 및 거래처와 협동하고 지속가능한 관행을 촉진함과 동시에, 현재 및 장래 세대에게 번영을 가져다 주는 경제활동을 수행한다.
4	【이해관계자】	우리들은 사회의 목표를 달성하기 위해 관련한 이해관계자와 적극적이고 책임감 있게 협력, 관여 및 연대한다.
5	【거버넌스와 기업문화】	우리들은 효과적인 거버넌스와 신뢰할 수 있는 은행의 조직문화를 통해 PRB에 대해 선언하고 실행한다.
6	【투명성과 설명 책임】	우리들은 PRB에 대한 개별 혹은 업계 전체의 실시 상황을 정기적으로 확인하고, 사회의 목표에 대한 공헌, 긍정적 혹은 부정적 영향에 대한 투명성과 설명 책임을 수행한다.

출처: 국제연합 UNEP FI 웹사이트 "Principles for Responsible Banking"

PRB도 강제력을 가진 법규제는 아니고 각 은행이 PRB에 대한 참가 의사 표명 후 자발적으로 체제정비를 하게 된다. 의사를 표명한 은행은 표명 후 18개월 이내에 PRB원칙에 대한 실시 상황을 공표하고 이후 매년 정기적으로 보고하도록 요구된다. 또한, 표명 후 4년 이내에 PRB의 모든 항목을 충족시켜야 한다. 의사 표명 은행은 이하의 3단계 수행이 기대된다.

1단계 영향분석

은행은 자사의 핵심 비즈니스와 관련하여 ESG 이슈에 대해 자사가 미칠 수 있는 긍정적 및 부정적 영향을 분석하여, 긍정적 영향을 늘리고 부정적 영향을 줄일 수 있는 방안을 검토한다. 검토 작업에서는 다음 사항이 고려된다.

- 은행 활동이 각 산업, 기술 및 지리적으로 미치는 영향의 정도
- 은행이 업무를 수행하는 국가 및 지역에서 지속가능한 발전을 목표로 하기 위한 우선 순

위 및 이슈의 검토
- 인식된 ESG 이슈의 규모와 내용에 대한 인식

2단계 목표 설정과 실행
- 1단계에서 인식한 주요 이슈에 대해 해소 목표를 내걸고 실행에 옮긴다.

3단계 설명 책임
- PRB 충족과 관련된 진전 상황에 대해 매년 보고한다.

UNEP FI는 참가 은행이 자기평가에 필요한 템플릿(서식 문서 – 역자 주)을 제공하여 은행의 PRB 충족 노력을 지원하고 있다. 자기평가 템플릿에 포함되어 있는 요소는 도표 2-4와 같으며, PRB의 각 항목에 따라 ①영향 분석, ②목표 설정, ③목표실행 계획, ④진전 상황, ⑤거버넌스 체제, ⑥PRB 충족 상황을 평가하는 내용으로 되어 있다.

도표 2-4 자기평가 템플릿

번호	원칙
1. 정합성	1. 은행의 비즈니스 모델, 주요 고객 세분시장, 고객 섹터, 상품 타입, 제공서비스, 업무를 수행하는 지역별 투융자 대상 섹터 및 기술 2. 은행의 전략이 SDGs 목표 및 파리협정, 혹은 여타 프레임워크에서 제시된 사회의 목표와 정합성을 확보하고 있는지 그리고 그것에 공헌하고 있는지 여부
2. 영향과 목표설정	1. 영향분석 아래 관점에서의 영향 분석을 통해 어느 부분에 가장 긍정적 및 부정적 영향을 미치고 있는지, 그리고 향후 증감을 전망

2. 영향과 목표설정	(a) 범위: 은행의 비즈니스 분야, 상품, 제공 서비스, 지역 (b) 금융기관의 기업대출/주식/회사채 보유 규모 (c) 관련 분야: 업무를 수행하는 국가 및 지역에서 지속가능한 발전을 지원한다는 관점에서 가장 관련성이 있는 우선적 과제 (d) 강도: 은행업무에서 국가 및 지역에 미치는 SDGs상 영향 강도를 고려 **2. 목표 설정** · 은행업무가 영향을 미치는 분야와 관련, 최소 2건 이상 정성적 내지 정량적인 「SMART[4]」한 목표를 설정한다 · 해당 목표가 SDGs 목표 및 파리협정, 혹은 여타 프레임워크에서 제시된 사회의 목표와 정합성이 있음을 제시 · 이들 목표가 SDGs의 여타 측면에 초래할 수 있는 부정적인 영향에 대해 검토한 것을 제시할 필요가 있다. **3. 목표달성 계획과 모니터링** · 목표달성을 위해 행동계획과 중요 단계를 설정하고 진전 상황을 모니터링하고 있다는 것을 투명하게 보여줘야 한다 **4. 목표달성을 위한 진전** · 개별 목표별로 목표달성을 위한 행동이 구체적으로 실행되었다는 것을 제시한다. 달성이 어려운 경우는 수정 계획을 제시한다. · 진전 상황에 대해서는 PRB 찬성 이후 18개월 이내에, 이후는 연차보고 시 보고할 것
3. 고객과 거래처	1. 은행이 고객을 대상으로 PRB에 기초한 책임있는 관계를 구축해 가기 위한 방침과 실무를 설명한다. 2. 은행이 고객과 협력하면서 고객에 지속가능한 업무 및 활동을 촉진하고 있는지 여부 혹은 촉진 계획을 설명한다.
4. 이해관계자	1. 은행은 PRB 도입 시, 어느 이해관계자와 협의, 인게이지먼트, 파트너십을 구축할 지에 대해서 명확하게 설명할 필요가 있다.

---

4. Specific, Measurable, Achievable, Relevant, Time-bound

5. 거버넌스와 기업문화	1. 은행은 설정한 목표달성을 위해서 어떠한 거버넌스체제 및 방침·절차로 되어 있는지에 대해 제시할 필요가 있다. 2. 은행은 PRB를 기업문화로서 정착시키기 위해. (연수, 평가, 보수체계 등) 어떠한 시책을 시행하고 있는지를 제시할 필요가 있다. 3. 은행은 PRB 도입을 위해 적절한 거버넌스체제를 보유하고 있는지를 제시할 필요가 있다.
6. 투명성와 설명 책임	1. PRB 실행의 진전 · PRB 실행에 소요되는 과거 12개월(당초는 18개월)의 진척 상황 보고. 이 경우, 종래의 실무에서 변경된 점에 대해서도 다룰 것

출처: 국제연합 UNEP FI 웹사이트 "Principles for Responsible Banking: Key Steps to be Implemented by Signatories"

이와 같이 PRB는 은행의 대출 업무와 관련된 SDGs의 고려에 그치지 않고, 금융 중개를 통해 영향력을 갖는 은행업계가 고객 및 거래 대상에 대해 영향력을 행사하여, 결과적으로 각 경제주체가 SDGs목표를 향하도록 촉진하는 기능을 수행하고 있다고 이해할 수 있다.

국제연합의 책임원칙은 투자원칙, 보험원칙, 은행원칙의 3원칙으로 구성된다. 각각과 관련한 금융업계는 참여한 책임원칙의 충족을 추진하게 된다. 책임투자원칙이 처음 공표된 이후 약 15년이 경과한 지금, 각 금융업계에 대한 책임원칙의 침투는 눈부실 정도로 진전된 면이 있다. 이하에서는 이러한 움직임을 「ESG시장의 확대」라는 관점에서 살펴 보기로 한다.

제2절 ESG시장의 확대

국제연합을 중심으로 한 이니셔티브에 민간의 이해관계자들도 적극적으로 참여하고 있다. 이에 따라, ESG는 기업 행동 및 금융 행동, 나아가 금융시장 및 자본시장을 포함한 범위로까지 발전하여 ESG시장이라고 불러야 할 정도의 규모를 형성하게 되었다. 여기에는 기관투자자 및 금융기관, 피투자처인 일반기업뿐만 아니라 신용평가기관 및 회계감사인 등 금융기능을 수행하는 다양한 이해관계자가 참가하게 되었다. 특히, ESG시장에서의 NPO조직 및 NGO조직의 주도적 역할은 주목할만한 특징이라고 할 수 있다. 이하에서는 ESG시장의 주목할만한 움직임을 주제별로 정리해 보기로 한다.

ESG 투자기법

지속가능한 투자를 향한 움직임과 관련, 먼저 어떠한 투자가 지속가능한 투자에 해당되는가라는 문제를 생각해 볼 수 있다. 이 점에 대해서는 지속가능한 투자관련 국제조직인 GSIA(Global Sustainable Investment Alliance)가 정리한 7가지 투자기법 분류법이 일반적으로 통용되고 있다(도표 2-5 참조).

도표 2-5 ESG 투자기법의 분류

ESG 기법	내용
네거티브 스크리닝	특정 분야 및 기업 또는 주식 및 채권 등을 투자 대상에서 제외하는 투자기법
포지티브 스크리닝 (Best-in-class)	ESG에 뛰어난 종목만을 선택해서 투자하는 기법
국제규범 스크리닝	환경파괴 및 인권침해 등 국제적인 규범을 기초로 기준에 미달한 분야 및 기업을 투자 대상에서 제외하는 기법
ESG 인테그레이션	투자판단 시, 재무분석뿐만 아니라 비재무적 정보, 특히 ESG 정보를 포함하여 판단하는 투자기법
테마투자	지속가능성에 관한 특정 테마 및 자산에 투자하는 기법
임팩트투자	사회문제 및 환경문제 해결을 목표로 투자 대상을 선정하는 기법
인게이지먼트 / 주주권 행사	투자처 기업과의 직접 대화, 주주 제안의 제출 및 의결권 행사 등을 통해 기업 행동에 영향을 미치는 기법

출처: GSIA 웹사이트, 도쿄리스크매니저협의회 개최 세미나 「ESG 금융 동향에 대해」

① 네거티브 스크리닝

특정 분야 기업 또는 조직이 발행하는 주식 및 채권 등을 투자 대상에서 제외하는 투자기법을 지칭한다. 제외되는 업계는 무기, 담배, 포르노, 도박, 동물실험 및 화석연료 등이 대표적이다. ESG 투자기법으로 가장 큰 부분을 차지한다.

② 포지티브 스크리닝(Best-in-class)

ESG에 우수한 종목을 선택하여 투자하는 기법이다. 인권, 환경, 다양성 등의 ESG 주제별로 기준을 설정하여 스코어가 높은 분야, 기업 또는 프로젝트를 선정하여 투자하는 것이 일반적이다.

③ 국제규범 스크리닝

환경파괴 및 인권침해 등 국제규범을 기반으로 기준에 미치지 못하는 분야 및 기업을 투자대상에서 제외하는 기법이다. 일반적으로 참고되는 국제규범의 예로는 아동노동 및 강제노동 등의 규범, OECD 및 국제연합이 정한 환경 관련 규범 위반 등이 거론된다.

④ ESG인테그레이션

자산관리자에 의한 기존 투자처 판단 기준인 재무분석뿐만 아니라 비재무정보, 특히 ESG 정보를 반영하여 새롭게 판단하는 기법이다. 구체적으로 어떠한 비재무정보를 고려할 것인가는 개별 투자자에 의해 달라질 수 있다. ESG 투자 중에서 두 번째로 큰 운용 규모를 보이고 있다.

⑤ 테마투자

지속가능성에 관한 특정 테마 및 자산에 투자하는 기법이다. 대표적인 예로는 「에코펀드」, 「물펀드」, 「재생가능에너지펀드」, 「그린테크놀로지펀드」 등이 있다.

⑥ 임팩트투자/커뮤니티투자

사회문제 및 환경문제 해결을 목표로 투자 대상을 선정하는 기법. 특정 분야의 개인 및 커뮤니티에 투자하는 커뮤니티투자 및 명확한 환경 및 사회적 목적을 갖는 사업에 자금을 배분하는 임팩트 투자 등이 대표적이다.

⑦ 인게이지먼트/주주권 행사

투자 대상 기업과 직접 대화하는 인게이지먼트 및 주주 제안의 제출, ESG 가이드라인에 기초한 의결권 행사 등 주주권 내지 「주주책임」을 행사하여 기업 행동에 영향을 미치는 기법이다. 투자기법이라기 보다는 투자처와의 연계 방법을 제시하는 기법이라고 할 수 있다.

ESG 투자기법과 관련된 구체적인 투자행동 사례는 도표 2-6과 같다.

도표 2-6 ESG 투자기법 행동 이미지(예)

ESG 기법	투자행동 (예)
네거티브 스크리닝	사업 구성의 화석연료사업 비율에 기초하여 특정 기업에 대한 투자 철회 및 주식 매각
포지티브 스크리닝 (Best-in-Class)	연금기금에 의한 ESG 지표 선정과 이에 기초한 종목 선정
국제규범 스크리닝	오슬로조약에 기초하여, 클러스터폭탄을 제조하는 기업을 투자 대상에서 제외
ESG 인테그레이션	환경규제 강화의 영향을 포함한 기업의 장래 수익 예측을 기준으로 포트폴리오를 선정
테마투자	재생가능에너지 펀드에의 투자
임팩트 투자/ 커뮤니티투자	발전도상국 마이크로파이낸스(저소득자 대상 소액 금융 서비스) 지원하는 기업에 대한 투자
인게이지먼트/ 주주권 행사	기후변화 정책의 영향에 관한 분석 및 공개를 요청하는 주주 제안

출처: GSIA 웹사이트, 도쿄리스크매니저협의회 세미나(「ESG금융 동향에 대해」) 제출 자료

ESG 스코어링

① CDP (Carbon Disclosure Project)

　CDP(탄소정보 공개 프로젝트)는 기업 및 각종 기관에 환경관련 정보 공개를 촉진시키기 위해 설립된 국제NGO다. CDP는 전세계 주요 기업이 공시한 환경정보를 수집·분석한 다음 기업의 대응 상황을 동일한 척도로 평가하여 그 결과를 공개하고 있다. CDP는 대상 기업 및 기관에게 환경 관련 질문표를 송부하고 송부된 답변에 기초하여 A에서 F의 점수를 매겨서 결과를 공표하고 있다(도표 2-7 참조). 구체적인 질문 내용은 ①Scope1에서 Scope3까지 Scope별 탄소배출량, ②SBT 설정 상황, ③카본 프라이싱시책의 도입 상황, ④사내 카본 프라이싱의 도입 상황, ⑤시나리오 분석의 도입 상황 등으로 구성되어 있다. 한편, CDP는 전세계 50개 국에 거점을 두고 있으며 9,000을 넘는 기업 및 기관이 CDP 제공 정보개시 결과를 채택하고 있다. CDP 정보를 기업과의 대화에 이용하는 기관투자자의 운용자산 총액은 100조 달러를 넘어서는 것으로 알려져 있다.

　기업이 CDP를 통해 환경정보를 공개하는 것은 ①외부 이해관계자에게 해당 기업이 환경문제에 적극적으로 대처하고 있다는 점을 각인시킬 수 있고, ②환경문제에 대해 동종업계 경쟁사와의 벤치마킹이 가능할뿐만 아니라, ③기후변화문제에의 대응 관련 이슈를 인식하는데 도움이 되는 등의 장점이 있다. 2019년 CDP 기후변화보고서에서는 스코어링 대상 기업 약 8,000개사 중 A 평가를 받은 기업은 179개 사로 약 2% 수준이며, 이 중 38개 사가 일본기업이며, 뒤를 이어 미국이 35개사를 기록하고 있다.

도표 2-7 CDP 스코어링 사례

회사명	평균기온 상승	상승 범위	평균기온 상승	상승 범위
업종	운송기기 제조	석유/가스	전력	일반
2019년 스코어	A	B	B	A
2018년 스코어	A-	C	B	B
Scope 1 배출량	2,554,576.66	5,050,599.77	84,335,000	15,007
Scope 2 배출량(1*)	L: 5,238,108.05	L: 2,328.01 M: 38,320.98	L: 3,400,000 M: 3,500,000	L: 67,203 M: 63,868
Scope 3 배출량(2*)	15	15	15	15
SBT설정	2년 이내	2년 이내	No	SBT 설정 완료
카본 프라이싱 시책	Yes	Yes	Yes	Yes
사내 카본 프라이싱	2년 이내	Yes	Yes	Yes
시나리오 분석 도입	정량/정성	정성	정량	정량/정성

(1*) GHG 프로토콜 정의에 입각하여, [L]은 로케이션 기준 산출배출량, [M]은 마켓기준 산출배출량을 지칭
(2*) GHG 프로토콜 정의에 입각하여 Scope 3 배출량 카테고리 수
출처:「CDP기후변화 보고서 2019」

② AODP(Share Action Asset Owners Disclosure Project)

AODP는 자산소유자 및 자산운용자를 비롯한 운용 기관을 대상으로 기후변화 문제에의 대응 상황에 대한 평가를 목적으로 한 NGO로 영국 런던에 본사를 두고 있다. AODP는 운용 기관에 대해 37개질문으로 구성된 질문표를 보내고 그 대답 내용에 기반하여, ①투자 거버넌스, ②기후변화에의 대응, ③인권문제에의 대응, ④생태계에 대한 배려 등 4개 분야 점수를 기초로 종합스코어링 평가를 하고 있다(도표 2-8 참조). 2019년의 평가보고서에 의하면 전세계 75개 운용 기관을 대상으로 AAA에서 E까지의 평가가 내려졌으며, 1위는 네덜란

드 로베코사(운용자산 1,932억 달러)이고 일본의 운용회사로는 에셋매니지먼트 One의 27위(운용자산 5,039억 달러)가 최고 순위였다.

도표 2-8 AODP 스코어링 사례

순위	운용사	국가	평가	거버넌스	기후변화	인권	생태계	운용자산(달러)
1	로베코	네덜란드	A	74.85	72.86	83.14	79.72	1,932
2	BNP빠리바스 에셋매니지먼트	프랑스	A	75.44	71.31	62.92	77.02	6,831
27	에셋매니지먼트 One	일본	CCC	44.31	25.58	41.57	29.72	5,039
47	블랙록	미국	D	20.95	35.65	25.84	5.40	63,778

출처: AODP 홈페이지, "Point of No Return: Ranking of 75 World Asset Managers"

ESG평가-MSCI (Morgan Stanley Capital International Index)사

평가기관들은 ESG적 요소를 가미한 평가방식으로 빠르게 대응했다. MSCI사는 2007년 1월 이후 5,500 이상의 주식종목에 대해 AAA에서 CCC까지의 평가를 부여하고 있다(도표 2-9 참고). MSCI사의 특징은 각 기업의 수익과 비즈니스 모델을 기초로 한 익스포저(위험노출 금액) 리스크를 평가 모델에 반영한다는 점이고, 기업의 공개 정보 및 제3자 정보에 기초하여 환경(E), 사회(S), 거버넌스(G)의 각각의 요소에 산업 분야별 독자적인 가중치를 부여하여 스코어를 산출하고 있다. 예를 들어 광산운영회사인 경우, 환경면(E)평가 중에는 「유해물질과 폐기물관리」, 「수자원」, 「생태계의 다양성과 토지 이용」이, 사회면(S)평가에는 「노무관리」, 「노동안전 및 위생」이, 거버넌스(G)평가에서는 「부정부패와 정치불안」 등의 항목에 초점이 맞추어져 있다.

ESG평가와 관련, 신용평가기관인 S&P사도 유사한 ESG평가를 실행하고 있지만, 앞 항목의 ADOP의 평가도 포함하여 신용평가기관별로 ESG평가 기준 및 가중치가 상이하기 때문에 신용평가기관 간 비교가 어려운 것이 현실이다. 이러한 상황을 감안하여 EU는 ESG 관련 벤치마크를 공통화하려는 움직임도 확인되고 있다(제4장 참고).

도표 2-9 MSCI 평가 사례(자동차 부문, 2015)

회사명	평가	경향	환경		사회		거버넌스
			탄소 발자국 (20%)	클린기술 기회(20%)	노무관리 (20%)	상품안전성 (24%)	거버넌스 체제 (16%)
테슬러 모터스	AAA	↑	최상위 25%	최상위 25%	상위 25~50%	최상위 25%	상위 25~50%
혼다	AA	↓	최상위 25%	상위 25~50%	최상위 25%	상위 75~100	상위 50~75%
도요타 자동차	BBB	→	상위 25~50%	최상위 25%	최상위 25%	상위 75~100%	상위 75~100%
GE	CCC	↓	상위 75~100%	상위 50~75%	상위 50~75%	상위 75~100%	상위 50~75%
폭스바겐	CCC	↓↓	상위 75~100%	상위 25~50%	상위 50~75%	상위 50~75%	상위 75~100%

출처: MSCI 웹사이트

기업 행동-온실가스 감축 목표

① SBT(Science-Based Target)

ESG 활동에 대해, 각 기업별로 독자적으로 행동 목표를 설정하고 달성을 위해 노력하는 사례도 있다. 이와 관련, 국제적으로 조직화하는 움직임의 대표적인 사례가 SBT, 즉 「과학 기반 온실가스 배출 감축목표(Science-based Target)」이다.

SBT는 IPCC가 제시한 2도 시나리오와 정합성을 가지고, 기업 단위의 목표 설정을 지원하는 국제적인 프로젝트로, CDP 및 국제연합(글로벌 콤팩트), 세계자원기구("WRI") 및 세계자연보호기금("WWFN")이 공동으로 운영하는 기관이다. SBT에 참여하는 기업은 (a)실행 레터를 SBT사무국에 제출하고, (b)Scope1에서 Scope3까지의 온실가스 감축 목표를 설정하고 SBT 인정을 신청, (c)SBT 사무국에 의한 확인을 거쳐, (d)온실가스 배출량의 진전 상황을 매년 보고 및 공개, (e)감축 목표와 계획의 타당성 검증 이라는 심사 과정을 거치게 된다. SBT에 참가하는 것은 IPCC 및 파리협정의 목표와 정합적인 활동을 추진하는 기업이라는 것을 외부 이해관계자에 인지시키는 장점이 있다. 이외에도, ESG 투자 촉진에도 도움이 될 가능성이 있다. 2019년말 기준으로 SBT가 인정한 기업은 전 세계에 312개 사이며, 이 중 미국은 59개사 그리고 일본은 58개 사가 등록되어 있다.

SBT인증 취득과 관련, 금융기관의 접근이 어렵다는 지적이 있다. 실제로 SBT에 참여한 은행 및 보험사 등의 금융기관은 53개사에 이르지만, 2019년말 시점에서 SBT로부터 인정을 받은 금융기관은 극히 일부에 불과하다. 이는 유가증권 투자 및 프로젝트 파이낸스 등 다양한 금융중개 거래를 수행하는 금융기관에게 Scope3의 배출량 목표를 어떻게 설정해야 파리협정과 정합적인 것으로 인정받을 수 있는지에 대한 명확한 기준이 결여되어 있기 때문이라는 지적이 있다. 이러한 우려를 감안하여 SBT는 2020년 중에 금융기관을 위한 기준 및 가이던스를 공표하기로 결정했다. 향후 금융기관 대상의 SBT 기준이 제시되고 기준 달성을 목표로 하는 금융기관이 증가하게 되면, 금융기관의 활발한 인게이지먼트 활동을 통해 기업측도 대응을 요구받는 상황이 조성될 것으로 예상된다.

② RE100 (Renewable Energy)

RE100은 국제환경분야 NGO인 기후변화그룹(The Climate Group)이 CDP와 파트너십을 체결하여 2014년부터 시작한 활동이다. SBT가 파리협정의 2도 미만 시나리오와 정합적인 온실가스 감축을 목표로 하는 것에 비해, RE100은 사업운영에 필요한 에너지 모두(100%)를 재생가능에너지로 조달하는 것을 목표로 내건 기업 중심 이니셔티브라 할 수 있다. RE100 참여 기업은 2050년까지 사업활동에 필요한 에너지 모두를 재생가능에너지로 조달해야 하며, 매년 전력조달 데이터와 재생가능에너지로의 전환을 향한 진전 상황을 공표해야 한다. 2021년 초 시점에서 전세계 284개사가 참여하고 있다.

기업행동-협력 인게이지먼트

앞서 살펴본 GSIA의 ESG 투자기법 중 엔게이지먼트 기법은 투자자로부터 투자처인 기업에 직접 대화하거나 권리를 행사하는 것으로 매우 강한 메시지가 될 수 있는 반면, 투자자 단독의 인게이지먼트는 한계가 분명하다. 이러한 점에서 복수의 투자자들이 협력하여 개별 혹은 복수의 기업에 대해 인게이지먼트를 실현하는 「협력적 인게이지먼트」가 확대되고 있으며, 이를 조직화하는 움직임도 나타나고 있다.

① IIGCC (Institutional Investors Group on Climate Change)

IIGCC (「기후변화에 관한 기관투자자 그룹」)는 유럽의 기관투자자들에 의해 2006년에 설립된NGO로 기후변화에 관한 협력적 인게이지먼트 활동에 중점을 두고 있다. 2020년 4월 시점에서 230개의 유럽 내 기관투자자가 참가하고 있고, 총 운용자산 규모는 30조 유로에 달한다. IIGCC는 기업, 당국 및 기관투자자가 협력하여 저탄소경제로의 이행을 위한 자본이동 촉진을 활동 목적으로 설정하고 있다. 또한, 기후변화에 동반한 리스크와 기회에의 대응을 실현시키는 공공정책, 투자 실무 및 기업의 실천을 촉진하고 있다. IIGCC가 내건 2020년 활동 목표는 도표 2-10과 같다.

IIGCC는 2020년 2월에 일본정부를 상대로 이산화탄소 배출을 2030년까지 26% 감축한다는 현행 목표를 상향 조정할 필요가 있다는 내용을 담은 레터를 발신했다. 또한, 영국이 2050년에 이산화탄소 순배출 제로 사회 실현을 정책목표로 설정하는 과정에도 중요한 영향을 미쳤다고 알려져 있다.

도표 2-10 IIGCC의 2020년 활동 목표

번호	2020년 활동 목표
1	회원사가 포트폴리오를 파리협정에 합치되도록 조정하도록 지원한다.
2	회원사에 의한 기후변화리스크 평가, 관리 및 추진을 지원한다.
3	회원사가 기후변화에 의한 물리적 리스크를 이해하도록 지원한다.
4	COP25 및 COP26을 통해 당국, 투자가, 기업에 대한 인게이지먼트를 강화한다.
5	EU이 2050년까지 이산화탄소 배출 순제로 사회를 실현하도록 협동한다.
6	기업의 기후변화에 관한 공개 활동을 강화하기 위한 활동을 추진한다.
7	Climate Action 100+를 통해 이산화탄소 배출 순제로를 위한 활동을 추진한다.
8	파리협정의 스튜어드십 활동에 동조한다.

출처: "IIGCC-2019 Year in Review"

② Climate Action 100+

Climate Action 100+는 2017년에 IIGCC를 포함한 글로벌 투자자그룹이 중심이 되어 발족한 NGO로, 이산화탄소 배출량이 많은 글로벌 기업을 대상으로 협력적 인게이지먼트를 통해 배출량 감축을 요구하는 이니셔티브이다. 단체명에 있는 「100+」는 이산화탄소 배출량 상위 100개 기업뿐만 아니라 + 알파 기업에 대해서도 적극 독려한다는 의미를 담고 있다. 2019년 10월 공표된 보고서에서는 대상 기업이 161개사로 알려졌다. 또한 동 보고서에 따르면, Climate Action 100+에 서명한 기관투자자는 373개 기관이며, 운용자산 총액은 35조 달러에 달한다.

Climate Action 100+가 수행하는 인게이지먼트는 주로 ①기후변화 리스크 및 기회에 대한 견고한 거버넌스 체제의 구축, ②파리협정의 목표와 정합성을 갖춘 기업 밸류체인 전반에 걸친 온실가스 삭감책 도입, ③TCFD 등에 기초한 공개를 비롯한 3가지 관점에서 추진되고 있다.

지속가능 보고

이상과 같이 ESG 이슈에 대한 대응에 대해 다양한 이해관계자가 주목하고 있는 추세에 대해, 대부분의 회사는 지속가능보고서, 종합보고서 및 ESG 보고서 등의 비재무보고의 형태로 대응하고 있다. 또한, 기업의 사회적 책임에 대해서는 ISO(국제표준화기구)가 2010년 11월에 기업의 사회적 책임에 관한 국제규약으로 ISO26000[5]을 작성했고 지속가능보고서를 작성할 때 ISO26000의 내용을 참고하는 기업도 많다. 한편, ESG 관련 비재무보고에 대해서는 표준화를 염두에 둔 가이드라인 제정움직임도 확인되고 있으며, 이와 관련해서는 아래 2개 단체가 논의를 주도하고 있다.

---

5. 조직의 사회적 책임에 관한 국제규범으로 조직통치, 인권, 노동관행, 환경, 공정한 사업관행, 소비자 과제, 커뮤니티에의 참가 및 커뮤니티의 발전의 7개 주제를 제시

① **GRI (Global Reporting Initiative)**

GRI는 네덜란드 암스테르담에 본사를 둔 국제 NGO로 지속가능한 경제로의 이행에 공헌하는 지속가능보고서의 표준모델 마련을 목적으로 1997년에 설립되었다. 2000년에 지속가능보고서의 가이드라인 성격의 GRI 스탠다드(초판)를 공표한 후, 개정작업을 진행하고 있으며 2016년 10월에는 제5판("G5")을 공표하였다. 또한, GRI는 국제연합 글로벌 컴팩트와 협력하여 GRI 스탠다드를 이용해서 SDGs 수행 상황을 측정 및 보고하는 기법의 개발도 진행하고 있다. 2019년 시점에서 전세계 대기업 상위 250개 사 중 92%가 지속가능보고서를 작성하고 있으며, 이 중 74%가 GRI 스탠다드에 준거하여 지속가능보고서를 발행하고 있다.

② **SASB (Sustainability Accounting Standard Board)**

SASB(지속가능회계기준기구)는 2011년에 미국 샌프란시스코에서 NGO로 설립되어 2018년 11월에 SASB스탠다드를 공표했다. SASB스탠다드의 특징은 산업 및 업종별 공개 기준을 정했다는 점이고, 총 77개 업종에 대해 중요도가 높은 공개 항목 등도 구체적으로 제시하고 있다. 2019년 시점에서 SASB스탠다드를 채택하고 있는 기업은 미국 기업을 중심으로 약 100여사에 달하고 있다.

GRI스탠다드와 SASB스탠다드를 비교한 것이 도표2-11이다. 전반적으로 GRI스탠다드가 기업의 자주적인 해석 및 활용을 존중하고 있는 것에 비해, SASB스탠다드는 보다 정형적인 기준에 중점을 두고 있다는 것을 알 수 있다. 또한 SASB스탠다드는 대응 니즈를 「투자자를 포함한 시장관계자 니즈」로, 분석 대상은 「재무적 임팩트가 큰 비재무정보」로 하고 있다. 한편, GRI스탠다드는 대조적으로 각각에 대해 「종업원 및 지역사회를 포함한 다양한 이해관계자의 니즈」와 「경제, 환경, 사회에 대한 임팩트가 큰 비재무정보」를 설정하고 있다. 이러한 의미에서 SASB스탠다드는 투자자의 활용이라는 측면을 보다 중시하고 있다고 할 수 있다.

도표 2-11 GRI 스탠다드와 SASB 스탠다드의 비교

항목	2020년 활동 목표	SASB스탠다드
본부	네덜란드 암스테르담	미국 샌프란시스코
설립	1997년	2011년
대응 니즈	종업원 및 지역사회를 포함하는 다양한 이해관계자의 니즈	투자자를 포함하는 시장관계자의 니즈
분석대상	경제, 환경, 사회에 대한 임팩트가 큰 비재무정보	재무적 임팩트가 큰 비재무정보
범용성	전 업종에 걸친 공통적인 스탠다드	7개 업종별로 개별적인 스탠다드
중요성의 특정 방법	각 기업이 자사의 중요성을 특정	업종별 중요성을 사전에 설정
중요성의 개념	각 사의 판단에 일임	미국 최고재판소의 판례에 기초하여 정의
사용방법	자유재량	미국의 회계제도에 반영할 것을 지향

출처: 국제개발센터 SDGs실 웹사이트에서 필자 작성

다이베스트먼트(투자회수) 움직임

GSIA의 ESG 투자 수법 중 네거티브 스크리닝은 ESG 기준에 기초해서 특정 부문 및 기업을 투자대상에서 제외하는 기법이지만, 그 중에서도 다이베스트먼트는 기존에 실행했던 투자를 철회하는 기법이다.

세계은행그룹은 2017년 12월에 석탄, 석유, 천연가스의 탐사 및 발굴에 대한 융자를 2019년 이후 중지할 것을 발표했다. 일본 내에서도 3개의 메가뱅크(미츠비시도쿄UFJ은행, 미쓰이스미토모 은행, 미즈호은행)는 향후 석탄화력발전

소 대상 신규 융자를 하지 않는다는 방침을 분명히했다. 화석연료 관련 프로젝트에 대한 글로벌 차원의 다이베스트먼트 사례는 도표 2-12와 같다.

도표 2-12 다이베스트먼트 사례

번호	사례
연금기금	캘리포니아주 교직원 퇴직연금기금: 2017년부터 미국뿐만 아니라 해외 지역 일반탄 관련 기업에 대해서 다이베스트먼트 실시를 결정
	노르웨이정부 연금기금: 2015년에 석탄화력관련 주식투자 약 8조 원 분의 주식을 매각
보험	석탄에 대한 다이베스트먼트를 결정: 프랑스 엑사 (2015년), 독일 알리안츠 (2015년), 스위스 튤립보험 (2017년)
	노르웨이 최대 보험회사 KLP: 2016년에 31개 사의 석탄 사업 주식 매각, 전세계 전력회사 등 36개 사가 네거티브 스크리닝을 통해 제외
은행	독일은행: 2017년 석탄 관련 사업에 대한 신규 융자 정지, 기존 융자의 단계적 축소 방침을 발표 (미국 JP 모건 체이스, 영국 스탠다드 차타드 등)

출처: 미츠비시 UFJ 리서치 겸 컨설팅 작성. 도쿄리스크매니저협의회 세미나「ESG금융 동향에 대해」제출 자료

ESG채권 · 녹색채권 시장

최근, 급속한 확대를 보이고 있는 것이 이른바 ESG채권 시장이다. ESG채권에 대해 국제적으로 통용되는 정의는 아직 확립되어 있지 않지만, 국제자본시장협회(ICMA)의 광의적 정의에 따르면, ESG채권은 환경개선 효과 및 사회개발 등에 기여하는 특징을 가지는 등 ESG 관련 이슈 해결을 목적으로 하는 채권으로 녹색채권, 소셜채권, 및 지속가능채권으로 분류된다. 이들 3가지 채권의 분류와 관련한 대략적인 이미지는 도표 2-13과 같다. 이하에서는 녹색채권을 중심으로 각 ESG채권에 대해 개략적으로 살펴보기로 한다.

도표 2-13 ESG채권의 분류

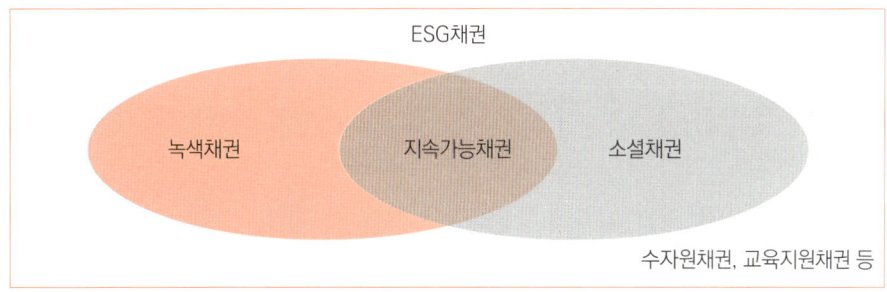

출처: 노무라자본시장연구소 자료를 참고하여 필자 작성

① ESG채권의 정의와 특징

ESG채권 중 녹색채권은 환경개선 효과를 목적으로 한 프로젝트에 필요한 자금을 조달하기 위해 발행되는 채권으로 환경채권이라고도 불린다. 2014년 1월에 공표된 ICMA의 「녹색채권의 원칙」에 따르면, 녹색채권은 조달자금 모두가 그린프로젝트의 초기 투자 혹은 리파이낸스로 충당되고, ①조달 자금의 용도, ②프로젝트 평가와 선정 프로세스, ③조달 자금의 관리, ④정기 보고의 4가지 요소 모두에 적합한 채권이어야 한다. 한편, 다양한 주체가 녹색채권에 대해 서로 다른 정의를 내리고 있는 등 전세계에 통일된 정의는 아직 확립되지 않았다고 할 수 있다. 참고로 녹색채권 발행은 2007년 6월에 유럽투자은행이 발행한 기후변화대책채권이 그 시효로 알려져 있다.

ICMA는 2017년 6월에 소셜채권의 원칙과 지속가능채권 가이드라인을 각각 공표하였다. 소셜채권에 대해서는 ICMA는 조달 자금의 전액이 적격한 소셜 프로젝트의 초기 투자 또는 리파이낸스에 충당되고 또한 녹색채권과 같은 4가지 요소에 적합한 채권으로 정의내리고 있다. 또한, 지속가능채권은 조달자금 모두가 그린 프로젝트 및 소셜 프로젝트의 초기 투자 또는 리파이낸스에 충당되는 것으로 녹색채권 및 소셜채권의 공통적인 요소에 적합한 채권으로 정의된다.

이상과 같이, ESG채권의 조달자금 용도는 그린 프로젝트 및 소셜 프로젝트 등 특정 적격 프로젝트에 한정되어 있으며, 상환 자금에 대해서는 도표 2-14와 같이 분류될 수 있다. 가장 일반적인 것은 당해 프로젝트로부터의 현금흐름뿐만 아니라 채권발행자 자체의 회사 신용력에 기초한 「표준적 ESG채권」이다.

ESG채권은 외부기관에 의한 제3자 평가 및 인정을 받는 것이 일반적이고, 발행 후에도 자금 용도 및 온실가스의 감축 효과 등 다양한 수치를 공표하도록 요구되고 있다. 한편, 통상의 채권발행시에는 발생하지 않는 기중(期中) 비용이 발생한다.

도표 2-14 ESG채권의 종류

종류	채무상환 자금
표준적 ESG채권	상환 의무는 발행자가 부담. 그렇기 때문에 평가 수준은 당해 발행자와 일치
ESG 세입채권	발행자의 일반 채무는 청구 대상이 아니고, 대상 프로젝트로부터의 사업 수입, 사용료 등 미래 예상되는 현금흐름에 의거
ESG 프로젝트채권	세입채권과 동일. 특정 프로젝트로부터의 수익만 상환 자금
ESG 유동화채권	ESG 관련 프로젝트에 드는 증명자산에서 창출되는 현금 흐름만 상환 자금

출처: 노무라자본시장연구소 자료로부터 필자 작성

② **ESG채권의 장점과 단점**

ESG채권은 발행자와 투자자 모두에게 각각 장점과 비용이 발생한다. 우선, 발행자가 ESG채권을 발행하여 얻는 장점으로는, ESG 이슈에 대해 능동적으로 대응하고 있다는 것을 투자자를 포함한 외부 이해관계자에게 어필할 수 있다는 점이다. 또한, ESG채권에 대한 관심 및 수요가 높아지는 가운데 시장 상황에 따라서는 통상의 채권발행보다 유리한 조건으로 자본조달이 가능할 수도 있다. 한편, ESG채권을 발행하기 위해서는 발행 시뿐만 아니라 기중(期中)에 외부기관의 평가를 포함한 보고 및 이를 공개해야 하며, 통상적인 채권발행보다는 많은 비용과 수고가 요구된다. 특히 ESG채권에 대한 기준이 국가 및 발행시장별로 상이한 상황에서는 이러한 추가 작업이 시장마다 다양하고 이들에 개별적으로 대응하는 것은 실무적으로 번잡한 작업이 되는 경우도 많다. 결과적으로는 최종 발행 비용이 초기 예상보다 커질 가능성도 있다.

투자자가 ESG채권 투자로 기대할 수 있는 장점은 ESG 이슈에 전향적으로 대응하고 있다는 것을 어필할 수 있다는 것이다. 또한, ESG 프로젝트채권 및 ESG 유동화채권의 경우, 전통적인 금융자산과 상관관계가 낮고 대체투자로서의 성격을 가지고 있는 것도 장점으로 거론된다. 녹색채권 투자의 경우, 기후변화 리스크에 대한 헷지 조치로 기능할 수도 있다.

한편, ESG 채권에 대해 많은 문제도 지적되고 있다. 우선 ESG채권 투자의 경우, 투자자측에서도 심사 및 투자 후 기중 모니터링에 대한 추가 비용 및 모니터링이 요구된다는 점을 들 수 있다. 여기에서도 시장별 기준의 상이는 투자자측에게 번잡한 작업을 강요한다. 또한 ESG채권은 적격 프로젝트가 충분히 존재하지 않거나 소규모라 발행액이 상대적으로 작고 유동성이 원활하지 않은 것이 해결해야 할 과제로 지적되고 있다.

③ ESG채권의 발행 상황

ESG 이슈에 대한 관심 증대를 배경으로 ESG채권 시장은 급속하게 확대되고 있다(도표 2-15 참조). 최초의 녹색채권 발행이 2007년이었던 것은 앞서 살펴보았지만, 2015년에는 누적 1,000억 달러를 기록했으며, 2019년 10월에는 1조 달러를 돌파하는 등 말 그대로 기하급수적인 성장을 보였다. ESG채권 관련 발행자의 지역별 분포는 도표 2-16과 같이 유럽의 발행자가 가장 큰 비중을 차지하고 있으며, 북미 및 아시아태평양의 발행자 증가도 두드러지고 있다. 또한 최근 각국 정부가 조달 자금의 사용을 환경관련 부문으로 한정한 「녹색채권」이 프랑스, 네덜란드 및 벨기에 등에서 발행되고 있으며, 아시아지역에서는 2019년에 홍콩이 녹색채권을 발행하였다.

녹색채권은 재생가능에너지사업, 저탄소건축물 및 에너지절약사업, 그린수송사업 등을 목적으로 주로 발행되고 있다.

도표 2-15 ESG채권의 발행 상황

출처: Climate Bonds Initiative의 데이터를 기초로 일본 환경성 작성

도표 2-16 ESG채권 발행자의 소속 국가 및 지역별 상황

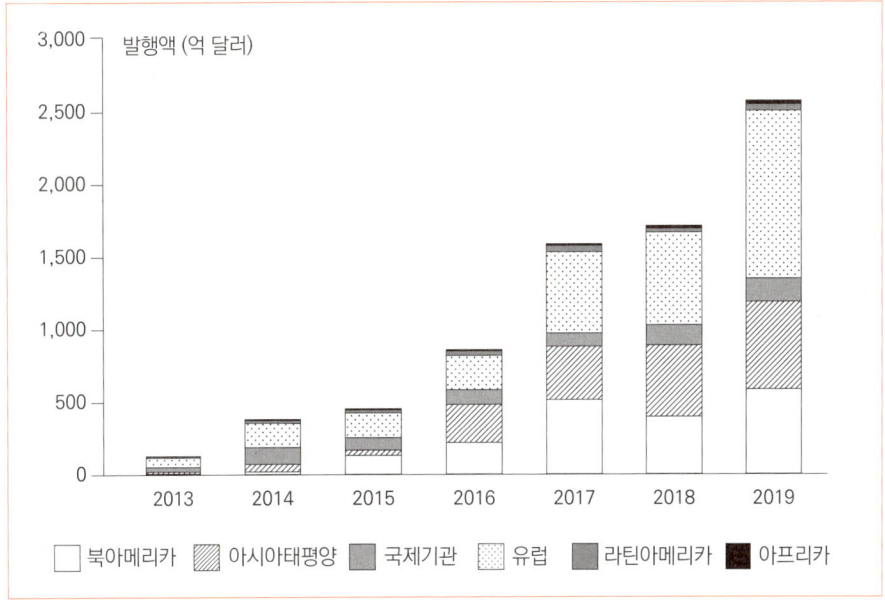

출처: Climate Bonds Initiative의 데이터를 기초로 일본 환경성 작성

　ESG채권 시장의 전반적인 성장을 배경으로 일본 내 발행자에 의한 ESG채권 발행도 확대되고 있다(도표 2-17 참조). 2019년에 환경성은 녹색채권의 발행 촉진을 위해 「녹색채권 발행 촉진 체제 정비 지원 사업」 제도를 도입했다. 동 제도는 외부 검증 및 컨설팅 등 녹색채권의 발행자에 제3자 서비스를 제공하는 업자(발행지원자)에 대해 그 비용을 보조하여, ESG채권 발행 시에 추가적으로 발생하는 외부 검증비용을 측면지원하는 것으로 발행자 입장에서는 비용절감의 효과를 기대할 수 있다.

도표 2-17 일본 내 ESG채권 발행 상황

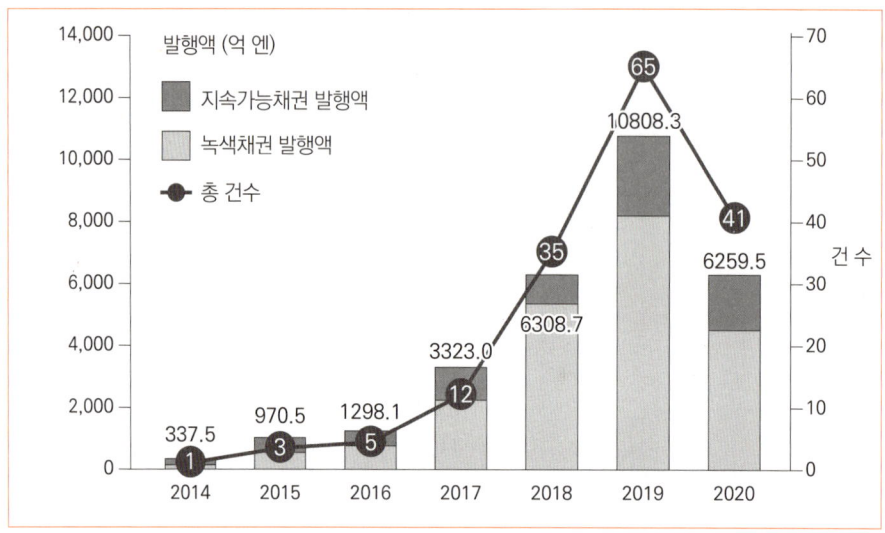

출처: 각 발행자 홈페이지 등을 기초로 일본 환경성 작성

　시장이 지속적으로 확대되면서, 해결해야 할 이슈도 분명해지고 있다. 우선 ESG채권에 대한 국제적으로 통용되는 공통된 정의 및 기준이 없기 때문에 발행시장 마다 발행된 ESG채권의 요건 및 내용이 상이하다. 또한 조달 자금의 사용처가 한정되는 ESG채권은 ESG 프로젝트 자체가 충분하지 않아 결과적으로 개별 ESG채권의 발행액은 확대되기 어렵고 유동성이 낮은 문제점이 있다. 또한 ESG 평가와 관련해서도 평가기관의 기법이 다양하고 평가기관에 의한 포트폴리오 내용도 상이할 가능성이 있다. 이러한 문제의식에서 유럽은 녹색자산에 대한 공통된 정의 및 녹색채권에 대한 공통된 기준을 제정하려는 움직임을 가속화하고 있다.

투자자의 동향

ESG 투자와 관련하여 투자자도 적극적으로 대응하고 있다. 이하에서는 세계 최대 연금기금인 연금적립금관리운용 독립행정법인(GPIF)과 미국의 블랙록의 대응을 통해 투자자 동향을 대략적으로 살펴보기로 한다.

① 연금적립금관리운용 독립행정법인(GPIF)

GPIF는 세계 최대의 연금기금으로 2019년말 운용자산액은 약 1,690조이다. GPIF는 2015년에 책임투자원칙(PRI)에 서명했으며 외부 평가 활용을 기반으로 ESG 투자를 확대시켜 왔다. GPIF는 주식을 직접 보유하지 않고 외부 운용사를 통해 투자하기 때문에 운용을 위탁하는 운용사에 ESG를 고려해서 투자하도록 요구하는 방식으로 ESG 투자를 추진하고 있다. 또한 운용사가 투자 대상 기업에게 적극적인 인게이지먼트를 시행하도록 요구하는 등 GSIA의 ESG 투자원칙에 입각하여 ESG추자를 추진하고 있다.

또한 2018년 12월에는 TCFD제언에도 참여하였고, 2019년 8월에는 평가기관인 S&P 글로벌사가 제공하는 데이터에 기초하여 포트폴리오의 ESG 분석결과를 공표하였다. 또한, 국내외 주식 및 채권의 Scope1에서 Scope3별 탄소배출량을 공표하는 등 TCFD 공개에도 적극적으로 대비하고 있다.

GPIF는 ESG 대응 상황을 매년 「ESG 활동 보고」를 통해 공개하고 있으며, 일본을 대표하는 기관투자자로서 ESS 시장을 적극적으로 견인하고 있다.

② 블랙록(Blackrock)

1988년에 창업한 블랙록은 세계 최대 자산운용사로 2019년 말 운용 잔고는 7.43조 달러로 약 8,100조 원에 달한다. 블랙록은 다양한 지수와 연동한 이른바 패시브투자(코스피 200 등 주요 지수의 등락에 따라 기계적으로 편입된 종목을 사고 파는 투자 방식-역자 주)를 주요 운용기법으로 채택하고 있다. 투자한 주식지수에는 화석연료를 사용하는 기업이 일정 수 포함되어 있어서 투자 방법상 이들 기업만을 발췌하여 제외하는 것은 용이하지 않다. 이런 이유로 패시브운용을 주요 운용 기법으로 하는 자산운용사는 환경단체의 비판의 대상이 되기 쉬운 측면이 있다. 앞서 살펴본 AODP 스코어링에서 블랙록이 75개사 중 47위로 D평가를 받은 데에도 이러한 사정이 작용했다고 할 수 있다.

한편, 블랙록은 2020년 1월에 기후변화대책을 지원하는 운용체제로 전환하겠다고 선언하고 전략적 중심축을 변경했다. 블랙록이 제창한 새로운 운용 전략은 도표 2-18과 같다. 이를 보면 ESG 이슈에 보다 적극적으로 대응하는 태도를 분명히 하고 있다는 점을 알 수 있다. 운용규모의 과반을 차지하는 패시브펀드는 대부분 대상 외이고, 다이베스트먼트의 대상은 액티브 운용펀드만으로 한다는 점에서는 일정 부분 한계가 있지만, 세계 최대 자산운용사의 전략 변경은 투자대상인 기업에게도 향후 심대한 영향을 미칠 것으로 예상된다.

도표 2-18 블랙록의 기후변화 대응책

블랙록의 공약
2020년 중에 모든 액티브 운용 방침에 ESG 이슈를 고려한다.
수입의 25% 이상을 석탄사업에서 얻고 있는 기업은 2020년 중에 액티브 운용 포트폴리오에서 제외한다.
2020년말까지 모든 투자신탁 펀드에 대해 지속가능 차원의 대응을 공개한다.
지속가능성과 관련한 모델 포트폴리오의 공개를 시작한다.
ESG 거래소에서 거래되는 ESG 신탁 규모를 2021년말까지 두 배로 늘린다.
저탄소전략의 수를 확대한다(기한 설정은 없음)
분기별로 의결권 행사의 상황을 공개한다.

투자처 기업에 대해 TCFD 공개 지침에 따라 공개하도록 촉진한다.

10년 이내에 운용 자산에 대한 지속가능한 자산 규모를 10배 그리고 1조 달러 이상으로 한다.

출처: "BlackRock takes a stand in climate struggle", Financial Times, 2020년 1월 15일

이상과 같이 국제연합의 책임원칙을 계기로 관민의 ESG를 향한 움직임은 가속화되고 있다. 국가 및 지역별 정의와 기준이 다르다는 문제점은 여전히 남아있지만, 향후 ESG시장은 지속적으로 확대됨과 동시에 전세계 규범을 형성해 나갈 가능성이 높다. 그런 가운데 국제연합의 3원칙을 추진하는 입장에 있는 금융기관의 역할 또한 더욱 의미 있고 중요해질 것이다.

BOX2 「단 한 사람의 파업」 - 그레타 툰베리

「뻔뻔하게도 그런 얘기를 잘하시네요」. 2019년 9월 뉴욕에서 개최된 국제연합 기후변화 정상회의 개막식에서 16세(당시) 소녀의 당돌한 발언이 출석자들의 귀에 꽂혔다. 발언자는 그레타 툰베리로, 스웨덴의 스톡홀름을 주무대로 활동하는 환경활동가였다. 그녀는 다음과 같이 말했다. 「우리들은 절망의 늪에 빠져있다」.

그녀는 2020년 1월 세계경제포럼이 주최하는 다보스회의에도 출석했다. 미국 트럼프 대통령의 「비관이 아니라 낙관적으로 변할 때다」라는 발언에 대해서는 다음과 같이 강변했다. 「우리들의 집은 여전히 불타오르고 있다. 어른들은 너무 비관적이 될 필요는 없다. 우리들에게 맡기라고 강요한다. 하지만, 그들은 결국 아무 것도 하지 않고 침묵하고 있을 뿐이다. 전세계 리더들에게 강력히 요구한다. 화석연료 개발에 대한 투자를 당장 동결시킬 것을. 그리고 대체에너지 개발을 추진할 것을. 그것도 지금 당장 행동으로 옮길 것을」.

2011년 초등학교 시절 한 수업에서 남태평양에 떠다니는 플라스틱 쓰레기가 멕시코보다도 더 큰 쓰레기「섬」을 만들었다는 사실을 알게 된 다음부터 지구온난화와 환경문제는 그

녀의 머리를 지배했다고 한다. 2018년 8월 그레타 툰베리는 스웨덴 스톡홀름의 국회의사당 앞에서 기후변화대책을 호소하는 「기후를 위한 학교 파업」을 홀로 시작했다. 그녀의 파업은 매스컴 및 SNS를 통해 전세계로 퍼졌으며, 이를 계기로 기후변화 정상회의 직전인 9월 20일에는 전세계 150개 국 이상 총 400만 명의 젊은이가 기후변화 대응을 촉진하는 데 모행진을 벌였다.

2019년 8월 그레타 툰베리는 뉴욕의 국제연합 기후변화 정상회의에 출석하기 위해 영국의 플리머스에서 태양광패널과 수중 터빈을 갖춘 요트를 타고 대서양을 건넜다. 또한 2019년 12월에는 COP25 개최지가 산티에고(칠레)에서 스페인의 마드리드로 변경되었을 때에도 요트로 대서양을 횡단해서 COP25에 출석했다.

그레타 툰베리의 이러한 행동에 대해 많은 「어른들」은 불편함을 느낀다. 특히 격렬한 어조로 본인의 의사를 굽히지 않고 주장하는 툰베리는 기성세대에게는 무례한 젊은 세대로 비춰지기도 한다. 국제회의 출석을 위해 대서양을 요트로 건너는 행동은 많은 사람들에게 정치적 퍼포먼스로 치부되기도 한다. 그러나, 그녀가 사회적 상황에 대해 분명하게 자신의 의견을 표명하는 것은 그 생각이 시대를 앞서 있기 때문이지 정치적으로 의도적인 목적을 가지고 말한다고 보기는 어렵다고 생각한다.

기후변화는 행동에서 결과까지의 기간이 매우 길다. 일으킨 행동의 결과를 확인할 수 없는 경우도 다반사이다. 그러한 의미에서는 차세대 젊은이야말로 지구온난화 문제에 대한 중요한 이해관계자라고 할 수 있다. 그레타 툰베리의 주장은 다음 장에서 다룰 「A Tragedy of Horizon(지평선의 비극)」과도 일맥 상통한다. 장래 기후변화의 결과를 일방적으로 받아들여야만 하는 입장에 있는 젊은 세대들의 목소리에 「어른들」은 귀 기울여야 한다고 생각한다.

제3장

기후변화 관련 재무정보공개 협의체(TCFD)

―

제1절 TCFD 제언과 구성

제2절 기후변화 관련 리스크와 기회 그리고 재무적 영향

제3절 기후변화 관련 재무보고 공개 4항목

제4절 전 업종 대상 가이던스

제5절 금융업종 대상 보조 가이던스

제6절 비금융업종 대상 보조 가이던스

제7절 중요 검토 사항과 추가 작업 필요 분야

제8절 TCFD제언 관련 최근 동향

【보론】 TCFD제언과 일본의 대응

【BOX3】 호라이즌의 비극 – 마크 커니

제1편 기후변화 리스크와 대응

제3장 기후변화 관련 재무정보공개 협의체(TCFD)

　저탄소경제로 이행해 가는 과정에는 기존 자산에 대한 시각이 바뀌고 이에 따라 자산가치의 재평가가 이루어진다. 예를 들어, 석탄화력 발전설비의 가치는 하락이 예상되는 반면, 풍력 발전설비의 가치는 적어도 당분간은 안정적으로 상승해 나갈 가능성이 높다. 이러한 단일 자산의 예는 비교적 알기 쉽지만, 기업가치에 대해서는 판단 과정이 다소 복잡해 진다. 기업이 보유한 자산의 종류 및 규모가 매우 다양하기 때문에 개개의 자산을 재평가한 다음 그것들을 합계하지 않으면 전체 자산에 대한 영향을 알기가 용이하지 않다. 또한 추진 중 사업이 기후변화 리스크에 노출된 사업인지 아니면 반대로 기후변화로 인해 새로운 기회를 얻는 사업인지에 따라서도 기업가치에 대한 평가도 크게 달라질 것이다.

　투자자는 기업의 재무보고서 등 공개된 서류에 기반하여 기업가치를 평가한다. 즉, 이는 기후변화 리스크 및 기회가 정확하게 공개되지 않으면 투자자는 기업가치를 잘못 평가할 가능성이 있다는 의미이다. 저탄소경제를 실현하는 과정에서 개별 기업의 가치가 어떻게 변화해 가는가를 올바르게 평가하기 위해서는 공개되는 서류에 기후변화 리스크 및 기회가 정확하게 기재될 필요가 있다. 이러한 문제의식에서 제안된 것이 「기후변화 관련 재무정보공개 협의체 제언」, 이른바 TCFD제언으로 기후변화 관련 문제의 공개에 임하고 있다.

제1절 TCFD 제언과 구성

2015년 G20 산하의 금융안정위원회(FSB: Financial Stability Board)는 「공공·민간부문 참가자를 모아 금융부문이 기후변화 관련 이슈에 어떻게 대응해야 하는가에 대해 검토하는」 협의체 설치를 요구했다. 이것은 기후변화 리스크에 관한 잘못된 또는 불충분한 정보 공개는 자산가치 평가 및 자본배분의 오류로 이어질 수 있으며, 잘못된 가격 신호는 시장의 메커니즘을 통해 금융시스템의 안정성을 훼손시킬 수도 있기 때문이다.

「투자자가 투융자 포트폴리오에서 탄소집중도를 정확히 파악하는 것은 투자 대상 기업의 비즈니스모델이 가진 리스크를 파악할 수 있게 할 뿐만 아니라, 기업의 시장에 대한 의견 표명도 가능하게 한다. 이처럼 기업이 기후변화 리스크에 대한 대응과 기온이 2도 상승한 세계에 대한 준비 정도를 공개하는 것은, 기업에 대한 투자 조언을 하는 애널리스트의 요구에 대응할 수 있을 뿐만 아니라 일반 투자자의 의사결정에도 도움을 줄 수 있다.」

또한, 국제연합의 기후변화 특사인 카니(Carney)는 기후변화 리스크는 통상적인 비즈니스 주기 및 선거 등의 정치 주기, 다양한 기관의 인사이동 주기를 훨씬 뛰어넘는 차원의 대응이 요구되기 때문에 「지평선의 비극(The Tragedy of Horizon)」이 발생하기 쉽다고 전제하고 다음과 같이 밝히고 있다.

「하나의 실행가능한 아이디어는 탄소를 생산 내지 배출하는 기업이 자발적으로 공개하는 데 도움이 되는 기준을 만들기 위해, 이른바 『기후변화 공개 협의회』와 같은 민간 중심 협의체를 설치하는 것이다.」 이러한 관점이 받아들여져서 민간 실무가를 중심으로 하는 협의체 설치로 이어졌다고 할 수 있다.

카니의 강연 후 3개월이 지난 2015년 12월에 미국 정치가 마이클 블룸버그를 의장으로 민간 은행, 보험사, 자산운용사, 연금기금, 감사법인 및 평가기관 등 32개 기관이 참여한 기후관련 재무정보공개 협의체(이하, TCFD)가 설치되었다. TCFD는 기업의 재무보고 시, 기후관련 정보가 공개될 수 있도록 하는 가이던스 작성에 착수하게 되었다.

TCFD제언은 기업이 정확한 정보를 공개하지 않으면 투자자 등이 자산의 가치를 오인하고 자본배분을 잘못할 가능성이 있다는 점을 인식해야 하며, 기후변화 관련 리스크는 그러한 대표적인 예가 될 수 있다고 언급하고 있다. TCFD는 투자자에게는 저탄소경제에 대해 기업이 얼마나 대비하고 있는지에 대한 적절한 정보가 제공되어야 하며, 기업의 연차재무보고를 통해 기후변화 관련 정보의 공개를 추진하는 것이 바람직하다고 제언하고 있다.

여기에서 중요한 것은 TCFD가 업종에 상관없이 모든 기업에 대해 연차재무보고에서 기후변화 관련 재무정보를 공개할 것을 제언하고 있다는 점이다. TCFD는 거의 모든 산업이 기후변화의 영향을 받을 가능성이 있다고 보고, 투자자가 가장 많이 참고하는 재무보고서상 기재를 제언하고 있는 것이다. 한편, 재무보고서 이외에도 연차보고서 등의 재무정보와 비재무정보 양쪽을 모두 담은 임의적인 보고서 외에도 환경보고서, 지속가능보고서 및 CSR리포트를 비롯한 주로 비재무정보로 구성된 임의적인 공개 매체도 존재하기 때문에, 공개되는 구체적 내용 및 형식은 각국의 규제로 정해지는 측면도 있다. 기후변화 관련 정보 공개를 재무보고 차원에서 해야하는지 아니면 임의적인 공개보고서와 통합해서 공개해야 하는지에 대해서는 어느 정도의 유연성은 인정되고 있다.

TCFD제언은 법적인 구속력이 없다. 그럼에도 불구하고, 기업, 금융기관, 증권거래소 및 평가기관 등이 TCFD제언에 적극 참여하고 있어서, 정보공개를 위해 TCFD제언을 채택하는 기업 및 조직이 확대되는 과정에서 자연스럽게 표준적인 실무 내용이 구체화될 것으로 기대된다.

TCFD제언은 2017년 6월 발표되었고, 이후 5년의 기간 동안 기후관련 리스크 공개에 대한 광범위한 이해가 형성되어 갈 것으로 기대되며, 이와 관련한 계획 일정은 도표 3-1과 같이 정리할 수 있다.

도표 3-1 TCFD제언 실시를 위한 여정

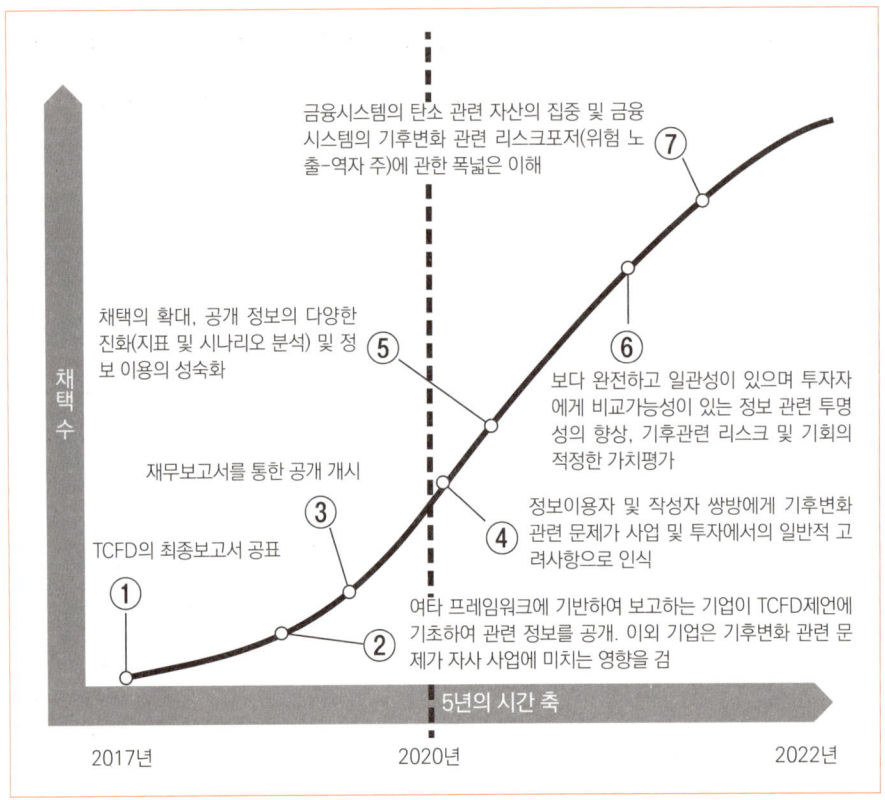

① TCFD제언
② 여타 형식으로 환경 디스클로저(공개)하는 기업이 TCFD제언에 기초하여 대응. 여타 기업은 기후변화 관련 문제가 자사에 미치는 영향을 검토
③ 기업이 기후변화 관련 재무보고서에서 공개를 시작
④ 기후변화관련 리스크가 사업 및 투자의 일반적 규칙으로 채택

⑤ TCFD 대응 개시가 대폭 증가
⑥ 비교가능한 정보제공에 의해 투명성이 강화되고 리스크의 적절한 프라이싱이 실현
⑦ 금융시스템의 탄소관련 자산의 집중 및 익스포저액에 대한 광범위한 이해가 형성

출처: 최종보고서 「기후변화 관련 재무정보공개협의회(TCFD)제언」에서 필자 작성

TCFD의 최종보고서는 다음과 같이 구성되어 있다.

① 기후변화 관련 리스크, 기회 및 재무적 영향의 특정
② 기후변화 관련 재무보고 공개에 관한 제언과 가이던스
③ 시나리오 분석
④ 중요 검토 사항과 추가 작업이 필요한 분야의 특정

우선 ①에서는 기후변화 관련 리스크와 기회를 제시하고 각각에 대해 어떠한 재무적 영향이 있을 수 있을지에 대해 제시하고 있다. 여기에서 주목할 점은 TCFD제언은 기후변화가 리스크 뿐만 아니라 새로운 비즈니스기회를 가져다 주는 계기가 될 수도 있다는 것을 강조하고 있다는 점이다. 기후변화 대응을 추진하는 과정에서 근본적인 기술 혁신을 실현해 낸 기업에게 기후변화 리스크는 큰 비즈니스 기회가 되거나, 여타 기업보다 일찍 기후변화 리스크에 대응한 기업은 경쟁사 대비 차별적인 경쟁우위를 획득할 가능성이 있다. TCFD제언에는 기업은 기후변화 관련 리스크뿐만 아니라 기회에 대해서도 평가한 후에 그 쌍방을 공개하도록 제언하고 있다.

다음으로 ②에서는 공개해야 할 항목에 대해 기재하고 있다. 특히 공개를 위한 핵심적인 요소로 「거버넌스」, 「전략」, 「리스크 관리」 및 「지표와 목표」의 4가지를 거론하고 있다.

③시나리오 분석에서는 기후변화 관련 리스크와 기회가 기업에게 어떠한 전략적 의미를 갖는지를 이해하기 위해 장래를 위한 시나리오 분석을 하는 것이 중요하다고 전제하고, 시나리오 분석 시의 유의점에 대해 해설하고 있다.

마지막으로 ④에서는 추가적인 작업이 필요한 분야로 여타 보고 관련 대응과의 연계, 시나리오 분석 기법의 추가 개발, 데이터의 이용가능성 및 데이터 품질 향상, 공개 사례의 제공을 거론하면서 TCFD제언이 지속적으로 추진되어야 하는 대응이라는 점을 강조하고 있다. 이하에서는 TCFD제언의 구성에 따라 주요 내용을 순차적으로 살펴보기로 한다.

제2절 기후변화 관련 리스크와 기회 그리고 재무적 영향

TCFD는 기후변화 관련 정보공개를 장려하기 위해 기후변화 관련 리스크와 기회를 구체적으로 제시했다.

기후변화 관련 리스크

① **이행리스크**

저탄소경제로 이행해 가는 과정에서는 정책 및 법규제에 더해 기술혁신 및 시장의 변화 등 광범위한 변화가 발생할 가능성이 있고 이러한 변화로 인해 발생하는 리스크가 이행리스크로 정의된다.

정책 및 법규제면에서는 기후변화에의 적응을 촉진하는 정책과 법규제가 있는 반면, 이와는 달리 기후변화에의 악영향을 제한하려는 법규제도 있을 수 있다. 전자의 예로는 재생가능에너지로 생산한 전력에 대한 매매가격보증제도 및 전기자동차 구입에 대한 세제 우대 등을 생각할 수 있으며, 후자의 예로는 탄소배출에 대한 과세 및 고탄소배출 자산 보유에 대한 과중 부과 등이 있을 수 있다. 이러한 법규제 준수를 위해 수반되는 세부담 및 자산 상각에 의한 손실이 이행리스크로 분류된다. TCFD는 기업의 기후변화 관련 소송리스크도 이 범주에 포함된다고 보고 있다.

저탄소경제로 이행하는 과정에서는 재생에너지, 축전지, 에너지절약, 탄소회수저장(CCS) 등 보다 에너지효율이 높은 새로운 기술을 위한 혁신활동이 기대된다. 이러한 기술 변화에 뒤쳐지는 것은 기업에게 중요한 이행리스크로 작용한다.

TCFD는 기후변화 관련 특정 상품 및 서비스에 대한 수급 변화에 의한 시장리스크도 이행리스크의 일종으로 보고 있다. 이와 관련하여 저탄소경제로의 이행을 위한 기업의 공헌 및 대응에 대해 고객 및 사회가 내리는 평판리스크도 이행리스크로 속한다고 할 수 있다.

② 물리적 리스크

기후변화 관련 물리적 리스크는 기후변화와 관련한 태풍 및 홍수 등의 기상상황에 기인하는 리스크로 정의되는 급성리스크와, 해면 상승 및 해수온도 상승 등 보다 장기적인 기후 변화에 기인하는 만성리스크로 분류된다. 두 리스크 요인 모두 기후변화에서 발생하는 직접적인 영향으로 생각된다.

물리적 리스크는 건물 및 시설 등의 자산에 대해 직접적으로 손해를 유발하는 경우와 서플라이체인이 단절되어 발생하는 간접적인 재무측면 영향의 경우로 나눌 수 있다.

기후변화 관련 기회

기후변화는 기업에게 새로운 비즈니스 기회를 가져다 줄 수 있다. TCFD제언에는 대표적인 예로서 ①자원의 효율, ②에너지원, ③제품과 서비스, ④시장, ⑤회복력(Resilience)이 거론되고 있다.

① 자원의 효율

에너지, 수자원, 원료 및 폐기물 등을 효율적으로 생산·유통·수송하는 것은 온실가스 감축에 공헌함과 동시에 비용 절감을 통한 기업의 경쟁력 강화를 가져올 수 있다.

② 에너지원

저탄소경제로 이행하기 위해서는 석탄 및 석유 등 화석연료에서 풍력 및 태양광, 바이오연료 등 보다 탄소배출이 적은 에너지원으로 전환할 필요가 있다. 자사의 에너지원을 이러한 재생에너지로 전환해 내는 기업은 경쟁사대비 경쟁력 우위를 확보할 가능성이 있다.

③ 상품과 서비스

탄소배출이 적은 제품 및 서비스 개발에 성공한 기업은 소비자의 선호 변화를 고려하면 경쟁력이 향상되고 추가적인 이익을 얻을 가능성이 있다.

④ 시장

이른바 녹색채권의 인수 및 그린인프라투자 등 새로운 시장과 새로운 자산군(Asset class)에 관한 기회를 적극적으로 발굴하려는 기업은 자사의 활동을 다양화하고 경쟁 우위에 설 가능성이 있다.

⑤ 회복력

기후변화 리스크에 대한 적응능력을 높이는 것으로, 기후변화 리스크에 대해 보다 유연하게 대응하고 새로운 사업기회를 포착할 수 있게 된다.

재무적 영향

이와 같은 기후변화 관련 리스크와 기회는 기업의 손익 및 재무 즉 수입, 비용, 자산부채, 자본 그리고 현금흐름에 영향을 미치게 된다.

우선 수입면에서는 기후변화 리스크로 인해 자사의 제품 및 서비스에 대한 수요 감소와 가격 인상 등 부정적인 영향이 발생할 가능성이 있다. 한편으로 제품 개발 및 새로운 서비스 도입에 의해 새로운 수익 기회가 얻어질 가능성도 있다.

비용면에서는 기후변화 리스크에 의해 기업의 비용 구조는 크게 변화할 가능성이 있고, 이러한 변화에 대해 회복력을 가진 회사는 보다 유연하게 적응할 수 있다. 특히, 가까운 장래에 탄소 배출에 대한 가격 메커니즘이 확대되는 경우에는 비용측면에 대한 영향을 주시할 필요가 있다.

이와 같은 수입 및 비용 구조의 변화는 직접적으로 영업 현금흐름에도 영향을 미치게 된다.

자산부채면에서는 기후변화 리스크를 고려하여 기업의 자산 및 부채의 가치가 재평가되어 평가 손 및 감손 처리 등이 발생할 가능성이 있다. 이것은 공장 및 건축물 등의 고정자산뿐만 아니라 무형자산에도 영향을 미칠 가능성도 있다. 그렇기 때문에 기업은 자사 보유 자산과 부채에 대한 기후변화 리스크의 영향을 면밀히 평가하고 투명하게 공개할 필요가 있다.

상기와 같은 자산 및 부채의 재평가, 연구개발 및 기술개발을 위한 자본 지출은 기업의 자본구조를 크게 변화시킬 가능성이 있다. 자본구조의 변화는 결국 기업의 자본 내지 자금조달 능력에도 영향을 미치게 된다(도표 3-2 참조).

TCFD는 기후변화 리스크와 기회가 미치는 재무적 영향의 예를 도표 3-3 및 도표 3-4와 같이 제시하였다.

도표 3-2 기후관련 리스크와 기회, 재무적 영향

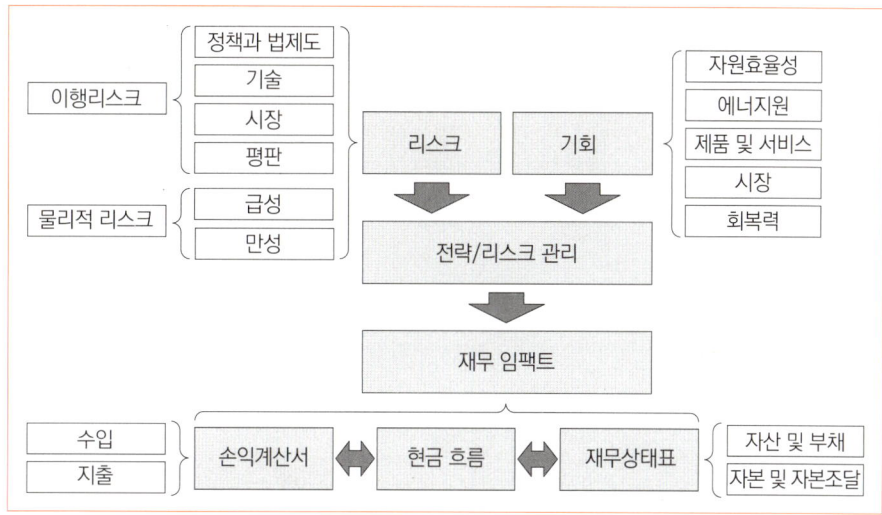

출처: TCFD, "Recommendation of the Task Force on Climate-related Financial Disclosures"

도표 3-3 기후변화 리스크가 미치는 재무적 영향 (예)

구분	내용	재무적 영향
이행 리스크	정책과 법제도	· 조업비용 증가(보험료 증가, 규제 준수 비용 증가 등)
		· 정책 변경에 의한 현 보유 자산의 감손, 상각, 조기 제거 등 발생
		· 소송비용, 벌금 등 발생
	기술	· 현 보유 자산의 감손, 상각, 조기 제거 등 발생
		· 기존 제품 및 서비스에 대한 수요 감소
		· 신기술에 대한 연구개발비 증가 및 설비투자 발생
		· 새로운 기법·프로세스 도입에 드는 비용 발생
	시장	· 소비자의 기호 변화에 의한 제품 및 서비스 수요 감퇴
		· 생산원가 증대
		· 예상하지 못한 에너지비용의 변동

		· 수익 구조와 수익원 변화에 의한 수입 감소
		· 원가 가치의 재검토 필요성 발생(자산평가액 등)
	평판	· 소비자의 기호 변화에 의한 제품 및 서비스의 수요 감퇴
		· 프로세스변경에 따른 혼란으로 평판상 문제
		· 인원별 인사계획에의 악영향(채용, 유지 등)
		· 자본의 활용가능성 저하
물리적 리스크	급성리스크 만성리스크	· 재해에 의한 공급능력의 저하
		· 종업원 피해(건강, 안전, 과로 등)에 의한 비용 증가
		· 현 보유 자산의 감손, 상각, 조기 제거 등 발생
		· 조업 비용 증가
		· 자본 비용 상승
		· 판매량・생산량 저하로 인한 수입 감소
		· 고위험 지역에 있는 자산에 대한 보험료 상승

출처: TCFD, "Recommendation of the Task Force on Climate-related Financial Disclosures"에서 필자 작성

도표 3-4 기후변화 관련 기회가 미치는 재무적 영향 (예)

내용	재무적 영향
자원의 효율	· 조업 비용 삭감(효율 향상, 비용 삭감 등)
	· 자산가치 재검토에 의한 가치 증대
	· 인원별 인사계획・운영 향상에 의한 비용 하락
에너지원	· 조업비용 삭감(효율 향상, 비용 삭감 등)
	· 탄소배출비용 증가에 대한 내구성 증가
	· 저탄소배출기술에 대한 투자 이익 획득
	· 자본의 이용가능성 증가

제품과 서비스	· 평판 향상에 의한 제품 및 서비스 수요 증가
	· 저탄소제품 및 서비스에의 수요 증가로 인한 수입 증대
	· 저탄소경제에 대한 신규해결책을 통한 수입증대(보험을 통한 신규 리스크 이전 상품 등)
	· 소비자의 기호 변화에 선제적 대응을 통한 경쟁력 강화로 수익이 증가
시장	· 신규 신흥시장에의 진입 기회 증대
	· 금융자산의 다양화 확대(그린 본드, 그린 인프라 등)
회복력	· 회복력 강화를 통한 시장가치 증가(인프라, 토지, 건축물 등)
	· 공급망 신뢰성 향상, 조업 능력의 향상
	· 조업의 회복력 확보 관련 새로운 서비스 개발 및 이에 의한 수입 증대

출처: TCFD, "Recommendation of the Task Force on Climate-related Financial Disclosure"

제3절 기후변화 관련 재무보고 공개 4항목

TCFD는 기후변화 관련 리스크와 기회를 정확하게 인식한 후에 재무정보 보고 시 거버넌스, 전략, 리스크관리 및 지표와 목표 등 4개 항목을 공개하도록 제언하고 있다.

4개 제언 항목

① 거버넌스

기후변화 관련 리스크 및 기회에 대해 기업의 거버넌스 체제를 공개한다. 기업이 처해있는 기후변화 관련 리스크와 기회에 대해 이사회와 경영진의 역할과 책임을 명확히 제시해야 한다.

② 전략

기후변화 관련 리스크와 기회가 가져다 주는 비즈니스, 전략, 재무계획 등에 대한 현재 혹은 잠재적인 영향을 공개한다. 또한 단기적 시점과 함께 중장기적 시점도 함께 반영해야 한다.

③ 리스크 관리

기업이 기후변화 관련 리스크를 어떻게 인식, 평가, 관리하고 있는지를 공개한다. 여기에 기후변화 관련 리스크를 인식, 평가, 관리하는 프로세스를 보여주고, 각각의 프로세스가 기업의 리스크 관리를 위한 전체 프로세스와 어떻게 통합되어 있는지를 제시해야 한다.

④ **지표와 목표**

기업이 자사의 전략과 리스크 관리 프로세스에 입각하여 기후변화 관리와 관련된 리스크와 기회를 평가, 관리할 때 사용하는 지표와 목표를 공개한다.

이들 4개의 제언 항목 간 관계는 도표 3-5와 같다.

TCFD는 4개의 제언 항목 중 거버넌스와 리스크 관리에 대해서는 모든 기업이 재무보고 시, 함께 공개하는 것이 바람직하다는 입장을 밝히는 한편, 전략 및 지표와 목표에 대해서는 기후관련 정보의 중요성이 높은 기업에 한해 재무보고서에 기재하는 것을 제안하고 있다. 또한 당장은 이러한 정보가 중요하다고 인식하고 있지 않지만, 장래 중요시 될 수 있는 대기업은 재무보고서에 국한될 필요없이 다양한 매체를 통한 기후변화 관련 정보 공개가 요구된다. 이들의 관계를 정리하면 도표 3-6과 같다.

도표 3-5 제언 항목 간 관계

출처: TCFD, "Recommendation of the Task Force on Climate-related Financial Disclosures"를 참조하여 필자 작성

도표 3-6 4개 제언과 공개에 관한 시점

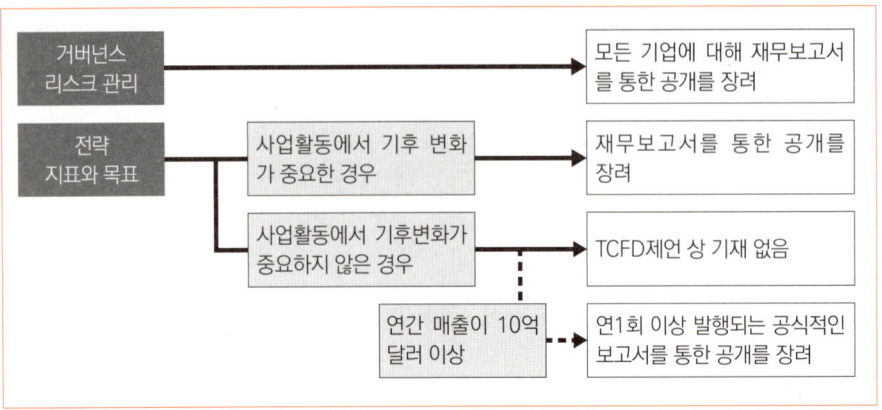

출처: 일본 경제산업성 「기후 관련 재무정보 공개에 관한 가이던스(TCFD 가이던스)」

제언 항목과 가이던스의 관계

TCFD는 4개의 제언 항목에 대해 각각 공개가 장려되는 구체적인 내용을 도표 3-7과 같이 제시하고 있다. 이것들은 다음 절에서 살펴볼 가이던스 항목의 기초가 된다.

도표 3-7 4개의 제언 항목과 공개가 장려되는 내용

거버넌스	전략	리스크 관리	지표와 목표
a) 기후관련 리스크 및 기회에 대한 이사회의 감시체제	a) 조직이 인식한 단기~중기 기후관련 리스크 및 기회	a) 조직이 기후변화 관련 리스크를 인식 및 평가하는 프로세스	a) 조직이 전략과 리스크 관리 프로세스에 입각하여 기후관련 리스크 및 기회를 평가할 경우 사용하는 지표의 공개

b) 기후관련 리스크 및 기회를 평가 및 관리하는 과정에서의 경영자 역할	b) 기후 관련 리스크 및 기회가 조직의 비즈니스, 전략, 재무에 미치는 영향	b) 조직이 기후관련 리스크를 관리하는 프로세스	b) 온실가스 배출량과 관련한 리스크의 공개
	c) 2도 이하 시나리오를 포함하여 다양한 기후관련 시나리오에 기초하여 검토한 후, 전략의 회복력에 대한 설명	c) 조직이 기후관련 리스크를 인식 및 평가하는 프로세스가 조직의 리스크 관리체제와 어떻게 통합되어 있는지 설명	c) 조직이 기후변화 리스크 및 기회를 관리하기 위해 사용하는 목표 및 실적에 대한 설명

출처: TCFD, "Recommendation of the Task Force on Climate-related Financial Disclosures"

공개 가이던스

　TCFD는 각각의 공개 내용에 대해 공개 시 참고가 되는 가이던스를 제공했다. TCFD의 4개 제언 항목과 가이던스에 관한 전체 모습은 도표 3-8과 같다.

　가이던스는 모든 업종을 대상으로 하는 가이던스와 특정 업종을 대상으로 하는 보조 가이던스가 별도로 제시되어 있다. 여기에서 특정 업종이란 은행업 및 보험업 등의 금융부문과 비금융부문 중 에너지산업 및 소재산업, 운수업 등 기후변화 리스크와 기회의 영향이 크다고 간주되는 업종을 지칭한다.

도표 3-8 제언 항목과 거버넌스

제언 항목 (4개)		제언: 4개의 폭넓게 적용 가능한 제언: 거버넌스, 전략, 리스크 관리, 지표와 목표
장려되는 공개 항목	모든 업종 대상 가이던스	장려되는 공개 내용: 투자자 등의 의사결정에 유용한 정보를 제공하기 위해 조직이 재무정보에 반영할 것이 장려되는 공개 내용
	특정 업종 대상 가이던스	모든 부문에 대한 가이던스: 장려되는 공개 실현을 위한 모든 조직에 대한 가이던스 특정 업종에 대한 보조 가이던스: 특정 업종에 관한 중요한 검토 사항의 특정과 이들 부문과 관련된 잠재적 기후변화 리스크의 재무 영향 전체상을 이해시키기 위한 가이던스 보조 가이던스는 기후변화 영향을 가장 받기 쉬운 금융부문과 비금융부문에 대해 제공된다.

출처: TCFD, "Recommendation of the Task Force on Climate-related Financial Disclosures"

① 금융부문

금융부문은 자금 공급 및 금융 중개를 통해 경제활동을 위한 자본 배분에 큰 영향력을 행사한다. 그래서 TCFD는 금융부문을 대상으로 보조 가이던스를 작성하여, 금융부문이 기후변화 관련 리스크와 기회를 평가하고 기후변화 관련 대응 수준을 개선함과 동시에 자본배분의 개선 촉구를 기대하고 있다. TCFD는 금융업을 은행(대출업), 보험사, 자산소유자, 자산운용업의 4가지로 분류하고 있다.

② 비금융부문

비금융부문은 온실가스 배출, 에너지 이용 및 수자원 이용의 대부분을 차지하는 산업부문을 지칭한다. TCFD는 구체적으로 온실가스의 배출 제약, 에너지 생산 및 이용에 대한 영향, 물의 이용가능성·이용량·수질에의 영향 등 기후변화 리스크가 가장 큰 에너지업, 운수업, 소재와 건축물 관련 산업, 농림수산업(식품업 포함)을 비금융부문으로 설정하고 별도의 보조 가이던스를 작성했다. 이들 4개 업종에 관련한 보다 상세한 업종 분류는 도표 3-9와 같다.

도표 3-9 비금융부문의 주요 업종

에너지	운수	소재 및 건축물	농림수산 및 식품
석유 및 가스	항공화물	금속 광업	음료
석탄	여객화물	화학	농업
전력 커뮤니티	해상운송	건설자재	가공식품·가공식육
	철도운송	자본재	제지업·임업제품
	트럭운송	부동산개발 관리	
	자동차 및 자동차부품		

출처: TCFD, "Recommendation of the Task Force on Climate-related Financial Disclosures"

제4절 전 업종 대상 가이던스

모든 업종을 대상으로 하는 가이던스는 해당 업종이 기후변화 관련 공개를 추진하기 위한 공통적인 지침을 제시한 것으로, 4개의 제언 항목에 따라 구성되어 있으며, 앞서 살펴본 도표 3-7과 같은 구성을 이루고 있다.

거버넌스

조직이 기후변화 관련 리스크 및 기회를 관리하기 위한 출발점은 리스크와 기회를 조직이 어떻게 이해하고 있으며, 이를 이사회 및 경영진이 충분한 거버넌스 체제를 통해 감독하고 있는지 여부이다. 그렇기 때문에 거버넌스 항목에서는 기후변화 관련 리스크 및 기회에 대한 조직의 거버넌스 공개가 요구되고 있다(도표 3-10 참조).

도표 3-10 거버넌스와 관련된 공개 가이던스

장려되는 공개 내용	가이던스
a) 기후변화 관련 리스크 및 기회에 대한 이사회의 거버넌스체제를 설명한다	기후변화 관련 문제에 대한 이사회의 감시체제 설명에 있어 이하 부분에 관한 논의를 포함하여 검토해야 한다. · 이사회 내지 이사회 산하 위원회에 기후변화 관련 정보의 보고 프로세스와 빈도 · 이사회가 조직의 전략, 액션플랜, 리스크 관리 방침, 연도별 예산 등 검토 시, 기후변화 관련 문제를 고려하고 있는가 · 기후변화 관련 문제 해결을 위한 목표와 진전 사항 관리에 관한 이사회의 감독 상황

b) 기후변화 관련 리스크 및 기회에 대한 경영진의 역할을 설명한다	기후변화 관련 문제의 평가와 운영에 관한 경영진의 역할 설명에 있어 이하 부분에 관한 논의를 포함하여 검토해야 한다. • 조직이 기후변화 관련 책임을 관리자 내지 위원회에 부여하고 있는지, 그럴 경우 해당 조직이 기후변화 관련 문제의 평가 및 운용 상황까지 포함하여 이사회 및 이사회 산하 위원회에 보고하고 있는가 • 관련 조직 체제에 대한 기술 • 기후변화 관련 문제에 관한 보고 프로세스 • 경영진이 기후변화 관련 문제를 어떻게 모니터링하고 있는가.

출처: TCFD, "Recommendation of the Task Force on Climate-related Financial Disclosures"

전략

기후변화 관련 리스크와 기회는 조직의 비즈니스, 전략 및 재무계획 등에 중대한 영향을 미칠 가능성이 있고, 조직은 이와 관련 중요 정보를 공개할 필요가 있다. 전략 항목에는 기업에 의한 기후변화 관련 리스크 및 기회의 인식, 그것들이 비즈니스 및 전략 등에 미치는 영향, 그리고 다양한 기후변화 시나리오가 발생한 경우의 조직의 회복력에 대해 공개하도록 하고 있다(도표 3-11 참조).

도표 3-11 전략 관련 공개 가이던스

장려되는 공개 내용	가이던스
a) 조직이 인식한 단기~중기에 걸친 기후변화 관련 리스크 및 기회	조직은 이하의 정보를 제공해야 한다. • 조직의 자산 및 인프라 내구연수도 고려하면서 단기~중장기에 걸쳐 조직이 영향받을 것으로 생각되는 사항 • 각 시간 축(단기~중장기)에서 조직에 중요한 재무적 영향을 초래할 가능성이 있는 기후변화 관련 사항 • 조직에게 중요한 재무적 영향을 줄 수 있는 리스크와 기회를 특정하는 프로세스

장려되는 공개 내용	가이던스
b) 기후 관련 리스크 및 기회가 조직의 비즈니스 전략·재무에 미치는 영향	조직은 특정된 기후변화 관련 문제가 비즈니스, 전략, 재무계획 등에 어떻게 영향을 미칠 것인가를 논의해야 한다. 그 중 비즈니스 전략에의 영향에 대해서는 아래 사항을 고려해야 한다 · 제품과 서비스 · 공급망 및 밸류체인 · 적응 활동과 완화 활동 · 연구개발 투자 · 오퍼레이션활동(내용과 로케이션을 포함)
	조직은 기후변화 관련 문제가 재무계획 프로세스에 반영되어 어떻게 사용되었는지, 검토된 기간 등에 대해 설명해야 한다. 이 경우 조직이 부가가치를 만들어 낼 때의 상호의존의 전체상을 감안할 필요가 있고 재무계획에의 영향을 공개하는 경우에는 아래 사항을 고려해야 한다. · 조업 비용과 수입 · 자본 지출과 자본 배분 · 자본 구입 및 매각 · 자본에의 접근
	조직의 전략 및 재무계획에 기후변화 관련 시나리오가 활용되어 있는 경우는 그 시나리오에 대해 설명할 필요가 있다.
c) 2도 이하 시나리오를 포함, 다양한 기후관련 시나리오에 기반한 검토 결과를 감안한 전략의 회복력에 대해 설명	조직은 2도 이하 시나리오에 의한 저탄소경제로의 이행과 물리적 리스크가 높아지는 시나리오로부터의 영향을 고려한 다음 조직의 전략이 기후변화 관련 리스크와 기회에 대해 어느 정도 회복력을 가질지를 설명해야 한다, 그 경우 이하를 논의해야 한다. · 전략의 어느 부분이 기후변화 관련 리스크와 기회에 대해 영향을 받을 것인가. · 리스크와 기회에 대처하기 위해 전략이 어떻게 변화할 가능성이 있는가 · 이 경우 고려된 기후변화 관련 시나리오 내용과 기간

출처: TCFD, "Recommendation of the Task Force on Climate-related Financial Disclosures"

리스크 관리

기후변화 리스크는 조직 내에 적절히 인식, 평가되고 기존의 리스크 관리 체제와 정합적인 관계로 관리되어야 한다. 이러한 정보 공개를 통해 투자자를 포함한 외부 관계자는 기후변화 리스크가 조직 내에서 어떻게 적절히 관리되어 있는지를 이해할 수 있다(도표 3-12 참조).

도표 3-12 리스크 관리와 공개 가이던스

장려되는 공개 내용	가이던스
a) 조직이 기후관련 리스크를 인식 및 평가하는 프로세스	조직은 기후변화 관련 리스크를 인식, 평가하는 리스크 관리 프로세스에 대해 설명해야 한다. 이 경우 조직이 기후변화 리스크가 여타 리스크에 비해 어느 정도 중요하다고 생각하고 있는 지를 포함해야 한다. 조직은 기후변화에 관해 현재 및 장래 도입될 규제상 요청에 대해 고려할 필요가 있다. 공개 시에는 이하를 고려해야 한다. · 인식된 기후변화 관련 리스크의 규모와 범위를 평가하는 프로세스 · 기후변화 관련 리스크의 정의와 기존 리스크 관리상 정의 틀과의 관계
b) 조직이 기후변화 관련 리스크를 관리하는 프로세스	조직은 기후변화 관련 리스크를 관리하는 프로세스에 대해 그 저감, 이전, 수용 혹은 통제하는 의사결정을 어떻게 내렸는지도 함께 설명해야 한다. 특히, 조직이 기후변화 관련 리스크의 우선순위를 어떻게 정했는지도 포함하여 설명해야 한다.
c) 조직이 기후관련 리스크를 인식·평가·관리하는 프로세스가 조직의 리스크관리 체제에 어떻게 통합되어 있는지를 설명	조직은 기후변화 관련 리스크를 인식, 평가, 관리하기 위한 프로세스가 조직에서의 총체로서의 리스크관리체제 가운데 어떻게 통합되는가에 대해 설명해야 한다.

출처: TCFD, "Recommendations of the Task Force on Climate-related Financial Disclosures"

지표와 목표

투자자 등 외부 이해관계자가 조직이 기후변화 관련 문제에 대해 어느 정도의 적응능력을 보유하고 있는가를 판단하기 위해서는 조직이 기후변화 관련 리스크와 기회를 평가하고 모니터링하기 위해서 어떠한 지표를 사용하고 어떠한 목표를 설정하고 있는지가 중요한 요소가 된다. 또한 이러한 지표를 이해하는 것은 동종업계 타사와 비교하는 차원에서도 중요한 요소이다(도표 3-13 참조).

도표 3-13 지표와 목표 관련 공개 가이던스

장려되는 공개 내용	가이던스
a) 조직이 전략과 리스크 관리 프로세스에 입각하여 기후관련 리스크 및 기회를 평가하는 경우에 사용하는 지표의 공개	조직은 기후변화 관련 리스크와 기회를 계측하고 관리하기 위해 사용하는 지표를 제공해야 한다. 지표의 검토에 있어 수자원, 에너지, 토지이용 및 폐기물관리와 관련한 기후변화 리스크 등 관련 지표를 포함한 것을 검토해야 한다. 기후변화 관련 리스크의 중요성이 높은 경우에는 기후변화 리스크와 관련한 업적 평가가 보수체계에 어떻게 반영되어 있는지에 대해 설명할 것을 검토해야 한다. 조직은 탄소의 사내 평가(저탄소경제를 위해 개발된 제품 및 서비스로부터의 수입)와 기후변화 관련 기회에 관한 지표에 대해서도 필요에 따라 제공해야 한다. 지표는 트렌드 분석이 가능하도록 과거 기간에 걸쳐 제공해야 하고 기후변화 관련 지표를 산출 내지 추측한 산출 기법에 대한 설명을 포함해야 한다.
b) 온실가스 배출량과 관련 리스크의 공개	조직은 Scope 1, Scope 2 및 해당되는 경우는 Scope 3의 온실가스 배출량과 관련한 리스크에 대한 정보를 제공해야 한다. 온실가스 배출량은 조직 및 지역을 넘은 집계 및 비교를 가능하게 하도록 「온실가스・프로토콜」 방법론에 기초하여 산출할 필요가 있다. 또한 이와 관련, 일반적으로 보급되어 있는 산업별 온실가스 효율값을 제공해야 한다.

		온실가스 배출량 및 그것과 관련한 지표에 대해서는 트랜드 분석을 가능하게 하도록 과거의 기간에 걸쳐 제공해야 하며, 또한 이러한 지표를 산출 내지 추측한 산출방법에 대한 설명을 포함해야 한다.
	c) 조직이 기후관련 리스크를 인식·평가·관리하는 프로세스가 조직의 리스크 관리 체제에 어떻게 통합되어 있는지를 설명	예를 들어 조직은 온실가스 배출 및 수자원 이용, 에너지사용 등의 기후변화 관련 목표에 대해, 예상되는 감독상 요청 및 시장에 의한 제한 내지 여타 목표와 양립한 형태로 제공해야 한다. 기타 목표로는 예를 들어 재무적 목표, 재무손실의 허용도, 제품의 라이프사이클을 통한 온실가스의 회수 수준, 저탄소경제를 위해 개발된 제품 및 서비스의 총 수입 목표 등을 들 수 있다. 이와 같은 목표 기재 시, 이하에 대해 검토해야 한다. · 목표가 절대량 기준인지 1단위당인지 · 목표 설정에 있어서의 시간 축 · 진척 측정을 위한 기준 시간 · 목표에 대한 진척을 평가하기 위한 평가 지표 이것들의 목표 및 측정에 관해서는 그 기법을 설명해야 한다.

출처: TCFD, "Recommendations of the Task Force on Climate-related Financial Disclosures"에서 필자 작성

제5절 금융업종 대상 보조 가이던스

앞서 살펴본 것처럼 금융업종은 자금 공급 및 금융 중개를 통해 경제 전반의 자본 배분에 지대한 영향력을 발휘한다. 또한 그렇기 때문에 금융 중개 기능이 정상적으로 작동할 수 없게 된 경우에는 금융시스템적 리스크가 초래될 수도 있다. 금융안정이사회는 금융업종의 공개는 다음의 사항을 포함하도록 제언하고 있다.

① 기후변화 리스크에 대한 적절한 평가를 주도함과 동시에 시장 표준을 설정,
② 시스템적 수준에서의 데이터 소스를 가져옴과 동시에,
③ 감독 당국이 기후변화 리스크가 금융부문에 미칠 중요 리스크를 어떻게 평가해야 할 것인가에 대한 시사점을 제공하고,
④ 그러한 정보를 어떻게 시장에 전달해야 할 것인가를 구체적으로 제시한다.

TCFD는 금융업종을 은행(대출업), 보험사, 자산소유자, 자산운용업의 4개 업종으로 분류하고, 각각에 보조 가이던스를 작성하고 있다. TCFD는 금융업종이 기후변화 관련 리스크와 기회를 정확히 평가하여, 기후변화 관련 대응체제를 개선함과 동시에 자본 배분상 개선이 가능하다고 보고 있다. 도표 3-14에는 금융 4개 업종에 추가적으로 제시된 보조 가이던스 항목을 제시되어 있다.

도표 3-14 금융업종에 의한 보조 가이던스의 대상 범위

에너지	거버넌스		전략			리스크 관리			지표와 목표		
	a)	b)	a)	b)	c)	a)	b)	c)	a)	b)	c)
은행(대출업)			○			○			○		
보험사				○	○	○	○		○		
자산소유자				○	○	○	○		○	○	
자산운용업				○		○	○		○	○	

출처: TCFD, "Recommendations of the Task Force on Climate-related Financial Disclosures"에서 필자 작성

은행(대출업)

　은행은 대출 및 여타 제공 금융서비스로 인해 기후변화 관련 리스크에 노출되기도 하지만, 동시에 기후변화 관련 새로운 사업기회를 획득할 가능성도 있다. 또한 은행은 금융중개 기능을 수행하는 과정에서 대출 대상 및 거래 대상이 안고 있는 기후변화 관련 리스크에도 간접적으로 노출되게 된다. 기후변화 리스크에 직접적으로 노출되어 있는 기업과의 거래는 거래처에 대한 대출 및 채권 보유 등을 통해 기후변화 관련 리스크가 가중되고 있다고 할 수 있으며, 저탄소경제로 이행해 가는 과정에서 이러한 익스포저(위험노출 금액)가 확대될 가능성이 있다. 특히, 프로젝트 파이낸스와 같은 특정 자산에 대해서는 기후변화 관련 리스크가 보다 응축되어 있다고도 생각할 수 있다. 또한 파이낸스 제공으로 인해 기후변화 관련 피해를 받은 관계자로부터 소송을 제기당할 리스크도 부정할 수 없다.

　은행이 보유한 기후변화 관련 익스포저와 리스크 프로파일을 투자자 입장에서 보면, 적절한 관련 정보의 공개는 반드시 필요하다. TCFD는 4개의 제언 항목 중 「전략」, 「리스크 관리」, 「지표와 목표」의 3개 항목에서 은행 및 대출업의

보조 가이던스를 제시하고 있다(도표 3-15 참조).

도표 3-15 은행(대출업)에 대한 보조 가이던스

장려되는 공개 내용	가이던스
전략	
a) 조직이 인식한 단기~중장기에 걸친 기후변화 관련 리스크 및 기회	은행은 탄소 관련 자산에 대한 여신 집중 상황을 공개해야 한다. 또한 은행은 대출 및 여타 금융중개 서비스에서 발생하는 기후변화 관련 리스크를 공개해야 한다.
리스크 관리	
a) 조직이 기후변화 관련 리스크를 인식 및 평가하는 프로세스	은행은 기후변화 관련 리스크를 신용리스크, 시장리스크, 유동성리스크, 운영리스크 등 전통적인 금융리스크 범주로 나누는 것을 검토해야 한다.
지표와 목표	
a) 조직이 스스로의 전략과 리스크 관리 프로세스에 입각하여 기후관련 리스크 및 기회를 평가할 때에 사용하는 지표의 공개	은행은 대출 및 이외의 금융중개 업무에서 생기는 기후변화 관련 리스크의 단기 및 중장기 영향을 평가하는 계량지표를 공표해야 한다. 이것들 지표는 신용 익스포저, 자산 내지 사채투자, 혹은 트레이딩계정에서의 익스포저를 포함하는 것으로 이하의 카테고리로 분류되어야 한다. · 업종 · 지역 · 크레딧의 질(투자 적합/부적합, 내부평가 등) · 평균 기간 등 은행은 자산전체에서 탄소관련 자산의 비율 및 기후변화 관련 자산과 그 이외의 자산 비율에 대해서도 공개해야 한다.

출처: TCFD, "Recommendation on the Task Force on Climate-related Financial Disclosures"에서 필자 작성

보험사

보험사에게 기후변화 관련 리스크와 기회는 보험업의 본업을 구성한다. 지구온난화는 거대한 자연재해 및 동반된 화재에 의한 손실에 지대한 영향을 미치기 때문이다.

보험사에 의한 기후변화 관련 리스크 공개는 각 보험사가 기후변화 관련 리스크를 어떻게 평가하고 관리하고 있는지를 보여준다. 이는 투자자 등 외부 이해관계자의 투자 의사결정에 매우 중요한 요소다. 리스크 공개는 보험사가 기후변화 관련 리스크를 전략, 리스크 관리 및 보험의 인수프로세스 및 투자판단 프로세스와 어떻게 통합하여 관리하고 있는지를 이해하는 중요한 툴이 된다. TCFD는 4개의 제언 항목 중 「전략」, 「리스크 관리」, 「지표와 목표」의 3개 항목에 대해 보험사 대상 보조 가이던스를 제시하고 있다(도표 3-16 참조).

도표 3-16 보험사 대상 보조 가이던스

장려되는 공개 내용	가이던스
전략	
b) 기후관련 리스크 및 기회가 조직의 비즈니스·전략·재무에 미치는 영향	보험회사는 기후변화 관련 리스크와 기회를 설명해야 하고, 이 경우 핵심비지니스, 상품, 서비스와 관련한 다음과 같은 추가적인 정량 정보를 제공해야 한다. · 비즈니스 부문별, 산업부문별, 지역별 · 잠재적인 임팩트가 거래처, 보험자, 보험브로커 선택에 미치는 영향 · 그린 인프라에 대한 보험, 기후변화 관련 리스크에 대한 컨설팅서비스, 기후변화 관련 인게이지먼트 등에 대해 검토하고 있는 특정 기후변화 관련 상품 혹은 관련 노하우

장려되는 공개 내용	가이던스
c) 2도 이하 시나리오를 포함하는 다양한 기후관련 시나리오 검토를 기초로 조직 전략의 회복력에 대한 설명	보험회사는 보험인수업무 관련 기후변화 관련 시나리오 분석과 관련한 다음과 같은 정보를 제공해야 한다. · 인풋에 사용된 파라미터 및 전제, 분석 기법 등을 포함하는 기후변화 관련 시나리오에 대한 설명. 또는 2도 시나리오에 더해 2도를 넘는 시나리오의 물리적 리스크에 대해서도 정보를 제공해야 한다. · 단기 ~ 중장기에 이르는 기후변화 관련 시나리오의 시간 일정
리스크 관리	
a) 조직이 기후 관련 리스크를 인식 및 평가하는 프로세스	보험회사는 보험 내지 재보험 포트폴리오에 대해 인식, 평가한 기후변화 관련 리스크를 지역, 비즈니스부문, 상품 카테고리별로 설명해야 하고 그 경우 이하의 리스크를 특정해야 한다. · 천재 관련 물리적 리스크의 빈도 및 강도 · 자산가치 변화, 에너지비용 변화, 탄소 관련 법규제 도입 등에서 발생하는 이행리스크 법규제 도입 등에서 생기는 이행 리스크 · 소송 증가에 의해 증가하는 소송채무 리스크
b) 조직이 기후관련 리스크를 관리하는 프로세스	보험회사는 보험상품 개발 및 그 가격설정에서의 기후변화 관련 리스크관리에 사용된 리스크 모델 등의 중요한 툴에 대해 설명해야 한다. 보험회사는 그 경우에 검토된 기후변화 관련 현상의 범위와 현상의 리스크가 어떠한 성질 및 강도에서 생기는지에 대해 설명해야 한다.
지표와 목표	
a) 조직이 전략과 리스크 관리 프로세스에 입각하여 기후관련 리스크 및 기회를 평가하는 경우에 사용하는 지표의 공개	보험회사는 보유하고 있는 부동산 관련 비즈니스에 대해 기후관련 재해가 초래하는 리스크 익스포저의 전체 상황(예를 들어 기후관련 재해로부터 연간 합산손해기대치 등)을 제시해야 한다.

출처: TCFD, "Recommendation on the Task Force on Climate-related Financial Disclosures"에서 필자 작성

자산소유자[1] (Asset Owner)

　자산소유자는 투자자산을 통해 기후변화 관련 이행리스크와 물리적 리스크에 노출됨과 동시에 투자 대상의 기후변화 관련 기회 활용을 통해 이익을 얻을 수도 있다. 자산소유자가 기후변화 관련 리스크와 기회 관점에서 투자전략의 검토, 투자 의사결정 및 보유 포트폴리오 관리 등의 요소를 공개하는 것은 자산소유자가 기후변화에 대해 어떠한 투자방침을 가지고 임하고 있는가에 대해 수익자 및 관계자에게 평가 기회를 제공한다는 의미에서 중요하다.

　또한 자산소유자는 투자 대상에게 보다 진전된 기후변화 관련 재무 공개를 촉진하도록 영향을 미칠 수가 있다는 의미에서도 중요하다. 자산소유자가 투자 대상으로 하여금 기후변화 관련 재무정보 공개를 촉진하도록 하면, 수익자 및 관계자는 기후변화 관련 리스크와 기회를 보다 잘 이해할 수 있게 된다. 이 점은 자산소유자가 솔선하여 기후변화 관련 공개를 촉구하여 투자의 하류(downstream)에 위치한 자산운용업자 및 투자대상 기업에 보다 의미있는 공개를 촉진하는 효과를 기대할 수 있다. 결과적으로 모든 조직 및 개인이 보다 충실한 정보에 기초한 투자 판단을 할 수 있게 된다.

　TCFD는 4개의 제언 항목 중 「전략」, 「리스크 관리」, 「지표와 목표」의 3개 항목에서 자산소유자 대상 보조 가이던스를 제시하고 있다(도표 3-17 참조).

---

1. 자산소유자는 자기자신 내지 수익자를 위해 투자하는 공적 내지 민간 기관으로 연금기금, 재단 등이 포함된다. 자산소유자는 투자위원회 및 수익자가 설정하는 일정한 투자 방침에 기초하여 투자를 결정한다.

도표 3-17 자산소유자에 대한 보조 가이던스

장려되는 공개 내용	가이던스
전략	
b) 기후관련 리스크 및 기회가 조직의 비즈니스·전략·재무에 미치는 영향	자산소유자는 기후변화 관련 리스크와 기회가 관련 투자전략에 어떻게 반영되고 있는가를 설명해야 하는데, 전체 투자전략으로 기술하는 것도 개별적인 투자전략으로 기술하는 것도 가능하다.
c) 2도 이하 시나리오를 포함 다양한 기후관련 시나리오에 기초한 검토를 기반으로 조직 전략의 회복력에 대해 설명	시나리오 분석을 실시하는 자산소유자는 예를 들어 특정 자산에 대한 투자활동에 대해 지적하는 등 기후변화 관련 시나리오가 어떻게 사용되는지에 대해 설명해야 한다.
리스크 관리	
a) 조직이 기후관련 리스크를 인식·평가하는 프로세스	자산소유자는 가능한 범위에서 투자처 기업이 기후변화 관련 리스크에 관해 보다 양질의 공개 및 실무를 하도록 요구한 인게이지먼트 활동과 자산소유자 자신이 기후변화 관련 리스크를 평가하는 능력에 대해 설명해야 한다.
b) 조직이 기후관련 리스크를 관리하는 프로세스	자산소유자는 자신의 포트폴리오가 저탄소에너지의 공급, 생산 및 사용에의 이행에 관해 어떠한 의미를 지니는지에 대해 공개해야 한다. 거기에는 자산소유자가 이러한 이행에 대해 어떻게 적극적으로 포트폴리오운영을 하는지가 포함된다.
지표와 목표	
a) 조직이 전략과 리스크 관리 프로세스에 입각하여 기후관련 리스크 및 기회를 평가하는 경우에 사용하는 지표의 공개	자산운영자는 투자 포트폴리오 및 투자전략의 기후변화 관련 리스크와 기회를 평가하기 위해 사용한 지표에 대해 설명해야 한다. 가능하다면 이러한 지표가 어떻게 변해 왔는가에 대해서도 설명해야 한다. 또한 필요에 따라 투자의 의사결정 및 모니터링 시 검토한 지표를 제시해야 한다.

b) 온실가스 배출량과 관련 리스크의 공개	자산소유자는 가능한 범위 내에서 투자 포트폴리오 및 투자전략의 탄소집중의 가중평균치를 제시해야 한다. 또한 자산소유주는 의사결정상 유용하다고 생각하는 여타 지표 및 방법론을 제시해야 한다.

출처: TCFD, "Recommendation on the Task Force on Climate-related Financial Disclosures"에서 필자 작성

자산운용사

 자산운용업사의 고객은 투자자산 보유자로 투자자산의 기후변화 관련 이행리스크와 물리적 리스크에 노출되어 있다. 동시에 고객은 투자대상의 기후변화 관련 기회를 활용하여 이익을 얻을 가능성도 있다. 자산운용업사와 고객이 기후변화 관련 리스크와 기회에 노출되는 정도는 투자 스타일 및 투자목적, 투자된 자산의 규모, 운용위탁계약 및 약관 내용 등 몇 가지 변수에 의해 달라진다.

 자산운용업사가 상장된 경우는 우선 주주가 자산운용업사의 기후변화 관련 리스크와 기회를 이해해야 하지만, 자산운용사의 고객도 자산운용사가 어떻게 기후변화 관련 리스크와 기회를 관리하고 있는지를 이해해야 한다. TCFD는 4개의 제언 항목 중 「전략」, 「리스크 관리」, 「지표와 목표」의 3개 항목에서 자산운용사 대상 보조 가이던스를 제시하고 있다(도표 3-18 참조).

도표 3-18 자산운용업사에 대한 보조 가이던스

장려되는 공개 내용	가이던스
전략	
b) 기후관련 리스크 및 기회가 조직의 비즈니스 · 전략 · 재무에 미치는 영향	자산운용사는 기후변화 관련 리스크와 기회가 상품 및 투자전략에 어떻게 반영되는가를 설명해야 한다. 또한 저탄소경제에의 이행이 각각의 상품 및 투자전략에 어떠한 영향을 미치는가에 대해서도 설명해야 한다.

장려되는 공개 내용	가이던스
리스크 관리	
a) 조직이 기후관련 리스크를 인식·평가하는 프로세스	자산운용사는 가능한 범위에서 투자처 기업이 기후변화 관련 리스크에 관해서 보다 양질의 공개 및 실무를 하도록 요구한 인게이지먼트 활동과 자산운용사 자신이 기후변화 관련 리스크를 평가하는 능력에 대해 설명해야 한다.
b) 조직이 기후관련 리스크를 관리하는 프로세스	자산운용사는 각 상품 및 투자전략에서의 중요한 기후변화 관련 리스크를 어떻게 관리하고 있는지에 대해 설명해야 한다.
지표와 목표	
a) 조직이 전략과 리스크 관리 프로세스에 입각하여 기후관련 리스크 및 기회를 평가하는 경우 사용하는 지표의 공개	자산운용사는 각각의 상품 및 투자 포트폴리오 및 투자전략의 기후변화 관련 리스크와 기회를 평가하기 위해 사용한 지표에 대해 설명해야 한다. 가능하다면 이러한 지표가 어떻게 변천되어 왔는지에 대해서도 설명해야 한다. 또한 필요에 따라 투자의 의사결정 및 모니터링 시 검토한 지표를 제시해야 한다.
b) 온실가스 배출량과 그 관련 리스크의 공개	자산운용사는 데이터가 얻어지는 범위 내에서 상품 및 투자전략에서의 탄소집중 가중평균을 제시해야 한다. 또한 자산운용업자는 의사결정 상 유용하다고 생각하는 기타 지표 및 방법론을 제시해야 한다.

출처: TCFD, "Implementing the Recommendation of the Task Force on Climate-related Financial Disclosures"에서 필자 작성

제6절 비금융업종 대상 보조 가이던스

모든 산업 부문이 기후변화 관련 영향을 받을 것으로 예상되는 가운데, TCFD는 온실가스 배출 및 에너지, 수자원에 대한 의존도가 높고 기후변화 관련 리스크에 보다 크게 노출되어 있는 에너지, 운수, 소재와 건축물, 농림수산업과 식품의 4가지 업종에 대해 「전략」과 「지표와 목표」에 대한 보조 가이던스를 마련했다(도표 3-19, 도표 3-20 참조).

비금융업종과 관련한 가이던스는 금융기관과 기후변화 리스크 관리라는 본서의 취지와는 다소 거리가 있지만, 이 부문들은 금융기관의 주요 거래처이기도 하기 때문에 개요 정도만 간단히 살펴보기로 한다.

도표 3-19 비금융업종에 의한 보조 가이던스 대상 범위

	거버넌스		전략			리스크 관리			지표와 목표		
	a)	b)	a)	b)	c)	a)	b)	c)	a)	b)	c)
에너지				○	○				○		
운수				○	○				○		
소재와 건축물				○	○				○		
농림수산업과 식품				○	○				○		

출처: TCFD, "Recommendation on the Task Force on Climate-related Financial Disclosures"에서 필자 작성

도표 3-20 비금융부문에 대한 보조 가이던스

장려되는 공개 내용	가이던스
전략	
b) 기후관련 리스크 및 기회가 조직의 비즈니스 · 전략 · 재무에 미치는 영향	각 조직은 기후변화 관련 리스크와 기회가 어떻게 (1) 현재의 경영의사결정, (2)전략수립 등에 통합되어 있는가에 대해 제시하는 것을 검토해야 한다. 그 때 아래에 제시된 것과 같은 기후변화 관련 저감책, 적응책 혹은 기회에 대한 검토뿐만 아니라 전제 및 목적에 대해서도 검토해야 한다. · 연구개발 및 신기술의 채택 · 투자 및 리스트럭쳐링, 평가원, 감원처리 등에 대해 현재 및 결정된 미래의 행동 · 탄소배출, 에너지, 수자원 등 자산과 관련한 업무전략상 중요한 전제 · 자본계획 및 자본배분에 온실가스, 에너지, 수자원의 문제가 어떻게 반영되어 있는지, 예를 들어 주요한 자산 구입 및 매각, 조인트벤처, 기술투자, 기술혁신, 기후변화 관련 기회에 관한 신규 사업 등이 포함된다. · 기후변화 관련 리스크와 기회가 생겨난 경우의 자본배분/재배분의 유연성
c) 2도 이하 시나리오를 포함하여 다양한 기후관련 시나리오에 기초한 검토를 발판으로 조직 전략의 회복력에 대한 설명	연간 수입이 10억 달러를 넘는 조직은 2도 이하 시나리오 및 필요에 따라 물리적 리스크 증가 시나리오 등 다양한 기후변화 시나리오에 대한 전략적 회복력을 평가할 수 있는 보다 엄격한 시나리오 분석을 실시할 것을 검토해야 한다. 각 조직이 전략의 회복력을 평가할 때, 상이한 법규제의 가정, 거시경제트랜드, 기술혁신 등 기후변화 관련 공표된 시나리오의 영향에 대해 고려해야 한다. 기후변화 관련 시나리오를 사용할 때에는 투자가 및 관계자가 시나리오 분석에서 어떻게 결론이 유도되었는지에 대한 이해의 관점에서 아래 요인에 대한 정보를 제시할 것을 검토해야 한다.

	· 기후변화 관련 시나리오 이용에 있어 법규제, 거시경제 트랜드, 에너지동향, 기술혁신 혹은 이들 타이밍에 대해 중요한 인풋 파라메터 및 전제, 분석 상 선택이 이루어진 경우 그 내용 · 기후변화 관련 시나리오에 잠재적으로 재무적 영향을 야기한 정성적/정량적 요인과 그 구체적 내용
지표와 목표	
a) 조직이 전략과 리스크 관리 프로세스에 입각하여 기후관련 리스크 및 기회를 평가하는 경우 사용하는 지표의 공개	각 조직은 관련한 지표에 대해 과거 트랜드 및 장래 예측에 대한 정보를 제공해야 한다. 또한 시나리오 분석 및 전략 수립에 사용되는 지표, 전략의 모니터링 및 리스크 관리를 하기 위해 사용된 지표를 공개하는 것을 검토해야 한다. 각 조직은 온실가스, 에너지, 수자원, 토지이용 나아가 필요에 따라 장래의 수요, 지출, 자산 평가, 조달 비용의 저감책 및 적응책 관련 투자 등의 중요한 지표를 공개하는 것을 검토해야 한다.

출처: TCFD, "Implementing the Recommendation of the Task Force on Climate-related Financial Disclosures"에서 필자 작성

에너지산업

TCFD제언에서의 에너지산업은 화석연료 및 전력을 추출, 정제, 생산하여 여타 산업에 제공하는 산업으로 정의되어 있고, 세부적으로는 석유와 가스, 석탄, 전력으로 분류된다.

동 산업은 온실가스 배출에 큰 재무적 익스포저가 있으며, 동시에 물 사용이 많은 경우가 일반적이다. 그 결과 수입, 비용에서 자산평가에 이르기까지 상당한 물리적 리스크와 이행리스크에 노출되어 있다. 또한 에너지산업은 정책에 크게 의존하는 경우가 많고, 거액의 자본투자가 필요할 뿐만 아니라 자본 및 전략 관련 계획도 일반기업보다 장기에 걸친 경우가 많다는 특징을 보인다. 이러한 점을 감안, TCFD는 에너지산업은 하기에 대한 정성적 및 정량적인 잠재 영향에

대해 공개할 필요가 있다고 언급하고 있다.

- 기후변화(설비 노후화 및 화석연료의 매장량 등을 포함) 관련 리스크와 기회, 법규제 준수, 비용의 변천
- 법규제(재생에너지로의 이행 등을 포함) 및 소비자, 투자자 등의 기대 변화에 따른 익스포저
- 투자전략(재생에너지, 탄소 회수/저장 관련 기술혁신, 수자원의 효율적 운용 등에의 투자 기회 포함)의 변화

운수업

TCFD는 운수업을 항공운수, 여객운수, 해상운수, 철도운수, 육상운수 및 자동차로 분류하고 있다. 운수업은 유통경제에 있어 중요하지만, 한편으로 특히 에너지사용자로서 탄소배출형 소비도 많은 특징이 있다. 운수업은 탄소 배출의 측면에서 규제 당국이 부과하는 엄격한 규제 목표를 따를 필요가 있는 한편 연료효율성 측면에서 고효율 기술 및 기재 개발은 경쟁상 변화를 가져올 가능성이 있다. 이러한 것을 전제로 TCFD는 운수업은 하기에 대한 정성 및 정량적인 잠재적인 영향에 대한 공개를 검토할 필요가 있다고 해설하고 있다.

- 현재 공장 및 설비, 혹은 연구개발 투자가 새로운 정책의 도입 및 새로운 기술개발에 의해 조기에 상각되는 상황에 기인하는 재무 리스크
- 다양한 이동 수단과 관련된 기술개발 및 수요 이행 관련 연구개발 투자
- (자동차, 선박, 항공기, 철도 등) 새로운 대체 이동수단을 포함한 저탄소 배출기준 및 고효율성기준을 달성하기 위한 기술혁신 기회

소재와 건축물

　TCFD는 소재와 건축물을 금속과 광업, 화학, 건설자재, 자본재, 부동산 개발과 관리로 분류하고 있다. 이러한 산업은 자본의 집중도가 높고 비교적 장기에 걸쳐 고정화되는 투자를 필요로 하기 때문에 기후변화 관련 변화에 적응하는 유연성이 떨어진다고 생각할 수 있다. 또한 온실가스 배출 및 수자원 사용도 비교적 많아 기후변화 관련 리스크에 크게 노출되어 있다. 이러한 점에서 소재와 건축물산업의 공개에 있어 아래에 대한 정성적, 정량적인 잠재 영향에 대한 공개를 검토할 필요가 있다.

- 보다 엄격한 탄소배출 규제에 대한 비용적 영향
- 건설업과 부동산 부문에 대해서는 자연재해의 증가 및 수자원의 고갈 등 업무 운영의 제약 요인에 관한 리스크
- 에너지 효율의 향상, 에너지 소비의 감소에 기여하는 새로운 상품 및 서비스와 관련된 기회

농림수산업 및 식품업

　TCFD는 농림수산업과 식품업을 식료, 농업, 포장된 식품과 육류, 제지업과 임업제품으로 분류하고 있다. 이 산업들은 토지이용 의존도가 높기 때문에 온실가스 배출에 더해 수자원 사용 및 폐기물관리, 생산방법, 토지이용 방법의 변화 등이 영향을 미치며, 영향의 정도는 사업내용에 따라 상당한 편차가 있다고 생각된다. 예를 들어 농업 및 식품의 1차 생산자는 2차 가공업자보다도 온실가스 배출 및 수자원 관련 리스크가 크다고 생각된다. 한편, 식품가공업은 온실가스의 직접 배출(Scope 1)보다는 제품의 판매 등의 과정에서 유발되는 간접 배출(Scope 3)에 보다 노출되어 있다. 또한 음료생산자 및 제지업자는 수자원에 대

한 의존도가 높은 한편, 식품의 안전성을 유지하면서 생산 프로세스를 개선하거나 폐기물을 감축하는 것은, 타사에 비해 경쟁 우위에 설 수 있는 기회로 활용될 여지가 있다고 생각된다.

농림수산업 및 식품업의 공개와 관련해 온실가스와 수자원과 관련한 정책 및 조달 리스크에 더해 시장 및 수요에 대한 기회에 대해서도 언급해야 한다.

- 온실가스 배출 감축 노력 및 수자원 의존도 감소 노력
- 제품의 리싸이클 및 폐기물 감축을 통한 지속가능성 향상 노력
- 식품의 안전을 유지하면서 생산 프로세스 및 폐기물 감축 등을 추구함으로써 소비자의 기호 변화를 포착하여 비즈니스 기회로 활용

제7절 중요 검토 사항과 추가 작업 필요 분야

기후변화 관련 정보를 둘러싼 환경은 TCFD제언이 공표된 2017년 이후에도 시시각각 변화하고 있다. 특히 재무정보 공개에 대해서는 국가별 규제도 많이 생겼지만, 기후변화 관련 정보를 재무보고와 함께 보고하도록 하는 TCFD제언은 국가별 제도와의 조정도 필요한다. 이러한 점에서 TCFD제언에서는 최종 보고 시점에서 중요한 검토 사항과 추가 작업이 필요한 분야를 특정하여 별도로 논의하고 있다. 항목 구성은 도표 3-21과 같으며, 이하에서는 주요 논점에 대해서 살펴보자.

도표 3-21 중요 검토 사항과 추가 작업이 필요한 분야

번호	항목
1	여타 보고 관련 대응과의 관계
2	정보 공개 기재처와 중요성
3	시나리오 분석
4	데이터의 질과 재무적 영향
5	투자와 관련한 온실가스의 배출량
6	보수제도
7	회계차원의 검토 상황
8	단기, 중장기 시간 축
9	대상 범위
10	조직 내 책임 담당

출처: TCFD, "Recommendation on the Task Force on Climate-related Financial Disclosures"에서 필자 작성

여타 기관의 대응과의 관계

각 조직은 TCFD 이외에도 다양한 기관으로부터 기후변화 관련 정보와 환경문제 대응에 대한 정보공개를 요청받는다. 정보를 제공하는 측에서 보면 가능한 정보공개의 프레임을 통일하고자 하는 목소리를 내는 것은 어떻게 보면 당연한 반응이다. TCFD는 각 기관의 틀과 TCFD가 장려하는 공개내용과의 정합성에 유의하도록 각각의 기관에게 상기시키고 있다.

이러한 기후변화 관련 정보의 공개 형태에 대해서도 실상은 재무보고 이외에 지속가능보고 등으로 다양하고 국가 및 기업에 따라서도 상이하다. 국가가 요구하는 재무보고 내용이 상이한 것은 불가피한 측면이 있고, 기후변화 관련 공개만을 이유로 전세계를 대상으로 공개 기준을 통일하고자 하는 노력도 현실적인 방안은 아니다. 한편으로 TCFD는 G20 국가에서 중요한 리스크정보는 재무보고의 형태로 공개되는 상황을 인식하고, 4가지 제언 중 「거버넌스」와 「리스크관리」에 대해서는 매년 재무보고서로 보고되어야 하고, 「전략」과 「지표와 목표」에 대해서도 정보의 중요성에 따라 연차 재무보고서에의 포함 여부를 판단해야 한다는 입장을 견지하고 있다.

또한 TCFD는 자산소유자와 자산운용사가 고객, 주주 및 수익자에 대한 보고를 재무보고의 틀 밖에서 수행하는 것이 일반적이라는 현실을 감안하여, 이들에 대해서도 가능하다면 아래와 같이 재무보고를 활용해야 한다고 강조하고 있다.

① **자산소유자에 의한 보고**

자산소유자의 재무보고 요건은 채권 발행주체 및 주식을 발행하는 기업에 요구되는 것과는 상이하다. 한편으로 자산소유자는 TCFD제언을 채택할 때, 타당하고 가능하다면 고객 및 수익자에 대한 재무보고를 활용해야 한다.

② **자산운용사에 의한 보고**

자산운용사의 고객에 대한 보고도 고객의 요청 및 투자의 종류에 따라 다양한 형태를 보이고 있다. 일부 투자신탁 상품에서는 포트폴리오가 탄소배출량 및 벤치마크와의 비교 형태로 정보공개가 이루어지고 있지만, TCFD는 자산운용사의 기후변화 관련 리스크 보고가 아직 초보적인 단계에 있다고 인식하고 추가적인 개선과 혁신을 요구하고 있다.

제1절에서 제시한 것처럼 기후변화 관련 정보는 지속가능성보고서 등의 재무정보와 비재무정보의 양쪽을 통합한 이른바 임의적 보고서로 실행되는 경우가 많다. 재무보고서에는 기재 요건이 자세하게 정해져 있어, TCFD가 장려하고 있는 조직 고유의 리스크와 기회와 관련한 유연한 공개방침과는 어울리지 않는다고 생각할 수도 있다. 기후변화 관련 정보 방법론 및 기법이 아직 확립되어 있지 않은 이른바 초보적 상태에 있다는 것을 고려하면, 적어도 당분간은 재무보고의 근간이 되는 「거버넌스」와 「리스크 관리」의 기본적 내용을 공개하는 것에 그칠 우려가 있고, 그 외 항목에 대해서는 구성 및 내용에 대해서 유연성을 가지고 임의적 보고서를 통해 공개하는 것이 결과적으로 TCFD제언의 취지를 살릴 수 있는 방법이라고 생각된다.

시나리오 분석

시나리오 분석에 대해서는 표준적인 기후리스크 시나리오의 제시 및 실시한 시나리오 분석 결과공개 시, 표준적 정보의 제시를 희망하는 목소리가 강하다.

이에 대해 TCFD의 표준적인 기후변화 리스크 시나리오라는 개념 및 어프로치는 매력적으로 들리긴 하지만, 본 보고서를 공개했던 시점에는 다양한 산업 및 동일 산업 내 상이한 기업에 일률적으로 적용할 수 있는 기후변화리스크 시나리오가 마련되어 있지 않았기 때문에 시나리오 분석은 여전히 시행착오의 단계에 있다고 보고 있다. 이를 전제로 TCFD는 다음과 같은 점에 대해 추가적인 작업 진행을 지원하고 있다.

- 특정 산업 및 지역에 적용가능한 2도 시나리오 개발을 관련 툴 및 사용자 인터페이스와 함께 추진한다.
- 조직의 물리적리스크 평가에 적용가능한 방법론, 데이터셋 및 툴을 개발한다.
- 기후변화 리스크 시나리오 작성자와 이용자를 위한 가이던스를 작성한다.

또한, 여러 조직으로부터 단기 및 중장기라는 시간 축에 대해 구체적인 기간 제시를 희망하는 의견도 있었다. TCFD는 시간 축은 각 조직에 미치는 기후변화 리스크와 기회의 영향이 다르기 때문에 공통된 시간 축을 설정하는 것은 합리적이지 않다고 판단하고, 각 조직이 독자적인 시간 축을 설정할 수 있도록 했다. 한편으로 많은 조직이 업무계획을 1년에서 2년의 시간 축, 전략 및 투자계획을 2년에서 5년으로 수립하고 있다는 것을 감안하여, 조직의 기후변화 관련 리스크 평가는 보다 장기에 걸친 영향을 검토하는 것이 적절하다는 입장을 표명하고 있다.

시나리오 표준화와 공통된 시간 축 제시 문제는 어떤 의미에서는 동일한 문제라고 할 수 있다. 기업별로 비즈니스 및 전략, 기후변화 관련 리스크 및 기회 관련 상황은 상이하지만, 기업들이 각각 상이한 상황을 전제를 시나리오 분석을 하게 되면, 기업별 기후변화 관련 리스크 상황을 비교하기 어렵고, 이는 TCFD가 목표로 하는 정합적이고 비교가능성이 높은 공개정보라는 목적과 상충될 가능성이 높다. 표준시나리오 및 공통적인 시간 축 채택에 의한 정합성 및 비교가능성 향상과, 기업별 상황에 따른 개별적인 시나리오 및 시간 축 채택에 의한 기업 고유의 리스크와 기회 공개는 어느 정도 상충 관계를 가진다고 할 수 있다.

데이터의 가용성(질)과 재무적 영향

데이터 및 지표에 관해서는 ①지표 간 비교가능성과 일관성의 개선, ②각 지표와 관련한 기후변화 관련 리스크와 기회가 재무에 미치는 영향 관계에 대한 명확화, ③지표의 간소화, ④중요 지표의 계산방법에 대한 추가적인 가이던스 등에 대한 요망 사항이 확인되었다.

TCFD는 데이터의 가용성 및 품질에 대해서, 이하의 과제를 설정하고 추가 작업이 필요하다고 보고있다.

- 탄소배출량 계측 방법의 차이가 정확한 추계를 어렵게 하고 있다.
- 기후변화 관련 리스크와 기회가 각 자산 및 프로젝트에 미치는 잠재적 영향을 정량화하기 위한 강력하고 비용효율적인 모델이 없기 때문에 조직의 대응이 고비용이 초래되고 있다.
- 다양한 부문 및 시장간 차이를 고려할 필요가 있기 때문에, 기후변화 관련 재무영향의 평가프로세스가 복잡하게 된다.
- 기후변화 관련 리스크의 시기와 규모와 관련하여 불확실성이 높고, 재무에 미치는 영향을 정확하게 판단하는 것이 어렵다.

공개 사례

마지막으로 TCFD는 TCFD제언에 기초한 사례 분석을 향후 과제로 삼고있다고 밝히고 있다. 이상의 중요한 검토 사항과 추가 작업이 필요한 분야의 주요 항목은 도표 3-22와 같이 정리할 수 있다.

도표 3-22 추가 작업이 필요한 항목

항목	개요
여타 보고 관련 대응과의 관계	여타 기관의 대응과 정합성을 확보하고 도입을 지원하기 위한 여타 기관에의 독려
시나리오 분석	적절한 2도 이하 이행 시나리오와 그것을 지원하는 아웃풋, 툴, 유저인터페이스의 추가 개발
	조직이 시나리오베이스의 물리적 리스크를 평가하기 위한 광범위하게 사용가능한 방법론, 데이터 셋, 툴의 개발
	데이터 셋과 툴의 공개와 일반적으로 입수가능한 시나리오 분석 플랫폼의 제공
데이터의 가용성/질과 재무 영향	기후변화 관련 문제가 재무적 영향으로 어떻게 전가되는 지에 대한 이해와 측정이 개선될 수 있는 추가적인 조사 및 분석의 실시
	탄소관련 자산에 관한 정의의 개선과 보다 광범위한 기후변화 관련 리스크와 기회에 대처하기 위한 지표의 개발 등 데이터의 질적 향상, 금융부문을 위한 표준적 지표의 개발
공개 사례	TCFD 제언에 따라 공개를 추진하는 조직을 지원하기 위한 공개 사례 제공

출처: TCFD, "Recommendation on the Task Force on Climate-related Financial Disclosures"에서 필자 작성

　이들 과제들을 보면 TCFD제언이 공표된 2017년 시점에서는 아직 개발도상 단계에 있었고, 향후 추가적인 개선이 필요하다는 것을 알 수 있다. 또한 TCFD가 제언한 5년 내에 공개 개선을 목표로 하는 것이라면 표준화된 시나리오 및 시간 축, 데이터 셋 및 툴 채택을 통해 도입 속도를 우선시하는 방안도 필요하다고 생각된다. 그간 TCFD의 작업 기간이 1년 반 정도로 길지 않았다는 점을 생각하면 그 공적은 과제를 크게 뛰어넘는 것이라고 말할 수 있다. 한편, TCFD제언의 추가적인 확산을 위해서는 상기 과제에 대한 대응을 보다 속도감있게 추진할 필요가 있다고 생각된다.

제8절 TCFD제언 관련 최근 동향

TCFD는 2018년 9월과 2019년 6월에 TCFD제언의 채택 상황에 대한 동향 보고서를 공표했다. 2019년 보고서에서는 약1,100개 조직의 디스클로저를 평가하고 다음과 같이 결론내리고 있다.

- 2016년 이후, 기후변화 관련 재무정보 공개 사례는 증가하고 있지만, 투자자의 의사결정을 지원한다는 의미에서는 충분한 상황이라고 보기는 어렵다(도표 3-23 참조). 공개와 관련, 그 내용과 질 모두 개선되고는 있지만 지구온난화를 억제하기 위해 요구되는 속도를 감안하면 보다 많은 기업이 기후변화가 초래하는 잠재적인 영향을 충분히 고려하고 중요한 발견 사항을 공개해야 한다(도표 3-24 및 도표 3-25 참조).

도표 3-23 TCFD 장려 항목의 공개 상황 추이(2016년~2018년)

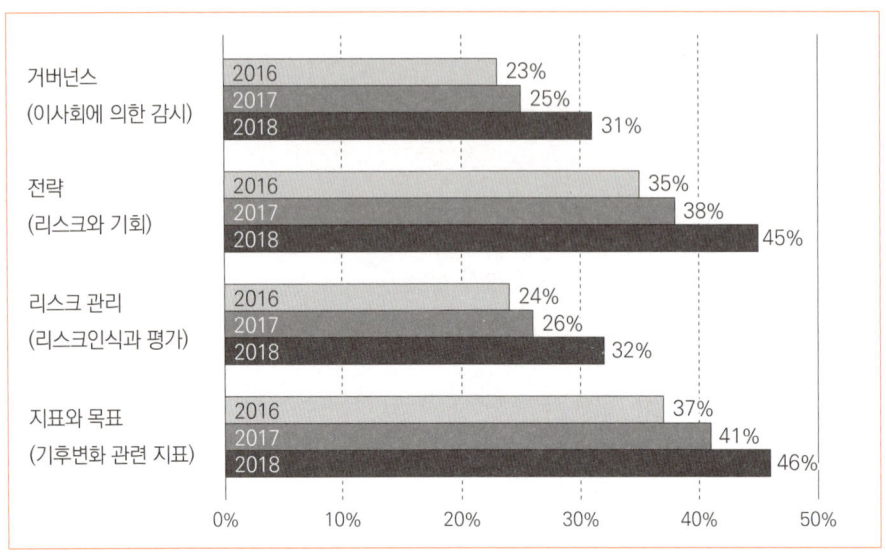

출처: TCFD, "Task Force on Climate-related Financial Disclosures: Status Report 2019"에서 필자 작성

도표 3-24 TCFD 장려 항목의 지역별 공개 상황(2018년)

		아시아 태평양	유럽	중동/아프리카	북미	남미
거버넌스	a) 이사회에 의한 감시	23%	36%	26%	20%	17%
	b) 경영진의 역할	27%	44%	22%	21%	13%
전략	a) 리스크와 기회	29%	59%	24%	51%	39%
	b) 조직에의 영향	44%	61%	23%	40%	41%
	c) 전략의 회복력	5%	13%	3%	7%	4%
리스크 관리	a) 리스크 인식과 평가	23%	45%	17%	26%	18%
	b) 리스크 관리 프로세스	22%	41%	16%	33%	32%
	c) 통합 리스크 관리	10%	24%	7%	8%	8%

지표와 목표	a) 기후변화 관련 지표	39%	62%	18%	38%	36%
	b) 온실가스 배출	25%	48%	13%	37%	33%
	c) 기후변화 관련 목표	32%	58%	17%	33%	34%

출처: TCFD, "Task Force on Climate-related Financial Disclosures: Status Report 2019"에서 필자 작성

도표 3-25 TCFD 장려 항목의 업종별 공개 상황(2018년)

		은행·대출업	보험	에너지	운수	소재·건축물	농림·식품
거버넌스	a) 이사회에 의한 감시	48%	29%	38%	25%	37%	22%
	b) 경영진의 역할	54%	35%	32%	18%	35%	26%
전략	a) 리스크와 기회	51%	39%	57%	39%	50%	40%
	b) 조직에의 영향	55%	26%	64%	34%	65%	45%
	c) 전략의 회복력	20%	12%	13%	5%	12%	4%
리스크 관리	a) 리스크 인식과 평가	5%	30%	38%	23%	41%	24%
	b) 리스크관리 프로세스	46%	33%	42%	17%	39%	26%
	c) 통합 리스크관리	32%	16%	21%	11%	18%	9%
지표와 목표	a) 기후변화 관련 지표	51%	27%	49%	36%	63%	45%
	b) 온실가스배출	42%	22%	39%	29%	41%	26%
	c) 기후변화 관련 목표	50%	24%	45%	32%	53%	30%

출처: TCFD, "Task Force on Climate-related Financial Disclosures: Status Report 2019"에서 필자 작성

● 기후변화 관련 재무정보 이용자는 기업의 공개 내용이 올바른 투자 의사결정을 하기에는 충분하지 않다고 생각하고 있어, 기업은 기후변화 관련 현상의 잠재적 재무영향을 보다 명시적으로 공개할 필요가 있다.

● 시나리오 분석을 활용하고 있는 기업의 절반 정도가 기업 전략의 회복력에

대한 정보를 공개하고 있지 않다. 기후변화 관련 리스크가 중요해서 시나리오 분석을 진행하는 기업의 5분의 3은 전략의 회복력에 대한 정보를 공개하고 있지 않으며, 이것은 TCFD제언 항목과 가장 큰 간격이 있는 부분이다. 한편, 기후변화 관련 시나리오는 최근 시작된 프로세스이고 시나리오와 기업 전략과의 통합은 향후 과제라는 점에 대해서는 TCFD도 이해를 보이고 있다.

● 기후변화 관련 문제가 주류를 형성해 가기 위해서는 지속가능성 및 CSR관련 부서뿐만 아니라 리스크관리부문 및 재무부문 등 보다 폭넓은 부서를 관여시켜야 한다.

전략의 회복력에 대한 지적은 기업입장에서 보면 골치 아픈 부분일 것이다. 기후변화 관련 리스크의 불확실성과 리스크의 크기를 감안하면 기업 전략이 충분히 회복력이 있다고 공개하는 것은 소송리스크를 나서서 부담하는 것과 같다. 한편으로, 기후변화 관련 리스크에 대해 「전략부문의 회복력이 약하다」고 공개하는 것 또한 기업으로서는 견디기 어려울 것이다. 장래의 움직임이 불확실하다는 점을 전제로 한 공개라는 점에 대해 독자인 주주 및 투자자들 사이에 콘센서스가 형성되어 있지 않은 상황에서, 「어디까지 공개할 것인가」는 기후변화 관련 공개에 대한 공감대가 형성되지 않은 현 시점에서는 만만치 않은 문제라고 할 수 있다. 이 점과 관련 TCFD는 조직이 시나리오 분석 결과를 전략의 회복력 평가에 활용함에 있어 추가적인 지원이 필요하다고 전제하고, 향후에도 추후 보고하도록 독려하고 있다. 또한 TCFD는 향후 추진할 작업으로 이하를 거론하고 있다.

● 보조 가이던스 내용의 명확화
● 기후변화 리스크 시나리오 분석을 도입하고 실시하기 위한 가이던스의 수립

- 비즈니스에 직결되고 사용가능한 기후변화 리스크 시나리오의 제시

【보론】TCFD제언과 일본의 대응

　TCFD제언에 대해, 일본의 기업 및 기관은 전향적인 대응자세를 보이고 있다. 2019년 12월 시점에서 전세계에서 TCFD제언에 참여한 기업 및 기관은 총 930곳으로, 이 중 일본의 기업 및 기관 수는 243곳으로 전체의 26%를 차지하여 국가별로는 세계 최대이다.

　이러한 민간의 발빠른 움직임에는 정부 당국의 지원도 영향을 미쳤다. 2018년 7월에 일본정부가 「파리협정에 기초한 성장전략으로서의 장기전략 수립을 위한 간담회」를 설치했다는 것은 제1장에서 살펴보았다. 이후 경제산업성은 같은 해인 2018년 7월에 「그린파이낸스와 기업의 정보공개에 관한 『TCFD 연구회』」를 설치하고 같은 해 12월에는 「기후관련 재무정보 공시에 관한 가이던스(TCFD 가이던스)」를 공표했다.

TCFD 가이던스

　TCFD 가이던스는 기업의 기후변화 대책이 TCFD제언에 기초하여 적절히 공개되고, 이에 기초하여 투자자 등이 자금을 공급하게 되어, 결과적으로 혜택을 받는다는 「환경과 경제의 선순환」 실현을 목표로 하는 것으로, TCFD제언에 기초한 공개를 추진하기 위해 수립되었다. TCFD 가이던스의 구성은 도표 3-16과 같다.

도표 3-26 TCFD 가이던스 구성과 개요

구성	개요
제1장 들어가기	TCFD 제언의 해설
제2장 TCFD 제언에 따른 공개를 위한 해설	금융기관 의견 및 공개 사례 등을 기초로 한 해설로, 기업 및 금융기관의 TCFD제언에 대한 의문점을 해설
제3장 업종별 공개 장려 항목	업종별 바람직한 전략의 제시법 및 장려하는 공개 포인트/시점의 해설

출처: 경제산업성 「기후관련 재무정보 공개에 관한 가이던스(TCFD 가이던스)」에서 필자 작성

2020년 7월에는 TCFD 컨소시엄(아래 TCFD 컨소시엄 참조)이 최근 국내외 동향 및 업종별 가이던스를 확충한 「TCFD 가이던스 2.0」을 공표했다. 동 가이던스에는 은행·생명보험사·손해보험사에 대한 업종별 가이던스가 새롭게 추가되었다. 또한 경제산업성은 「TCFD 연구회」에 「사례연구 워킹그룹」을 설치하고, 2019년 2월에는 「기후변화관련 재무정보 공개에 관한 가이던스(TCFD 가이던스) 사례집」을 공표하는 등 TCFD제언에 기초한 공개 확대를 적극 지원하고 있다.

TCFD 컨소시엄

경제산업성 및 금융청 등은 2019년 5월에 TCFD 컨소시엄을 설립했다. TCFD 컨소시엄은 투자자 및 금융기관 등이 기업에 의한 공개 정보가 적절한 투자판단으로 연결될 수 있는 대응책 마련을 목적으로 민간 주도로 설치되었다. TCFD 컨소시엄은 2019년 10월에 「그린투자 촉진을 위한 기후변화 관련 정보활용 가이던스(그린투자 가이던스)」를 공표했다.

도표 3-27 그린투자 가이던스의 구성과 개요

구성		개요
기본적 생각		기업가치 향상으로 연결되는 인게이지먼트의 촉진, 기후변화에 관한 리스크와 기회의 파악과 평가, 탈탄소화를 향한 적절한 자금순환 구조의 구축 을 통해「환경과 성장의 선순환」을 목표로 한다.
각론	거버넌스	기후변화 대응의 거버넌스체제 확인과 실효성 확보
	전략과 비즈니스모델	전략에 기초해 의사결정 프로세스와 시나리오의 정합성, 수립된 전략에 기반한 대응의 확인
	리스크와 기회	기업의 기후변화 관련 리스크와 기회를 평가
	성과와 핵심성과지표 (KPI)	기업이 관리·공개하는 핵심성과지표(KPI)를 파악하고 전략과의 정합성의 확인·평가를 실시

출처: TCFD 콘소시엄「그린투자의 촉진을 위한 기후관련 정보 활용가이던스(그린투자 가이던스)」

TCFD 서밋

2019년 10월 도쿄에서「기후변화 관련 재무정보 테스크포스서밋(TCFD 서밋)」이 개최되었다. 동 행사에는 기업의 TCFD제언에 입각한 정보공개를 지원하기 위해 잉글랜드은행총재(당시)인 마크 커니도 참가했다. 당시 경제산업성 장관은「산업·금융계에서, 기후변화 대응을 비용이 아니라 경쟁력의 원천으로 공유하고, 투자행동으로 연결될 수 있는 환경을 조성하여 세계를 주도하고자 한다」고 발언하기도 했다. TCFD 서밋은 2020년 도쿄에서도 개최되었다.

이상과 같이 TCFD제언은 기후변화 관련 재무정보 공개를 위한 방향을 설정하고, TCFD제언에 기초한 각 기업은 공개 활동은 향후 더욱 가속화될 것으로 예상된다. 그런 의미에서 TCFD가 2022년 목표로 제시한「금융시스템에서의 탄소 관련 자산의 집중 및 익스포저에 대한 광범위한 이해의 형성」실현은 머지 않은 일이라고 할 수 있다.

BOX3 호라이진의 비극 - 마크 커니

마크 커니는 엘리트적인 이력을 가지고 있으면서도 매우 이채롭다. 그는 1965년에 캐나다의 노스웨스트준주에서 목사 부부의 아들로 태어났다. 1988년에는 하버드대학에서 경제학을 공부하고 이후 옥스포드대학으로 옮겨 1995년에는 경제학 박사를 취득하였다. 이후 미국 투자은행인 골드만삭스에 입사하여 신흥국채권 관련 업무에 종사할 때까지는 통상의 금융엘리트의 길을 걸어왔다.

2008년 2월 마크는 캐나다의 중앙은행인 캐나다은행 총재에 취임했다. 이 때 그의 나이가 43세로, G8 참가국의 중앙은행 총재로는 최연소였다. 이후에도 마크는 계속해서 출세가도를 달렸다. 2012년 11월 그는 공모를 통해 영국 중앙은행인 잉글랜드은행 총재에 취임했다. 2013년 6월 캐나다은행 총재를 임기 중 퇴임하고 잉글랜드은행 최초의 외국인 총재로서 2020년 3월까지 약 7년 동안 역임했다. 또한 2011년에는 금융안정위원회(FSB)의 의장에 취임하여 2018년까지 재임했다.

마크가 잉글랜드은행 총재로 재직했던 기간은 전세계적으로 은행을 대상으로 한 자기자본비율규제인 바젤Ⅲ의 도입 기간에 해당한다. 또한, 금융정책에 있어서는 양적완화로부터 마이너스 금리가 확산되고 영국의 EU 탈퇴도 결정되어 금융정책의 운영이 매우 어려운 시기였다.

그렇지만 마크의 필적할 만한 업적은 기후변화 리스크에 대한 대응을 최전선에서 이끌었다는 점이다. 본문에서 살펴본 2015년 「The Tragedy of Horizon(지평선의 비극)」은 지금도 관계자들 사이에서 인용되는 강연 내용이지만, 기후변화 리스크관리의 어려움을 절실하게 보여주었다. 2017년의 TCFD제언이 FSB요청에 의해 작성된 것도 마크의 리더십이 작용했다. 그렇게 생각하면 제5장에서 다룬 중앙은행을 중심으로 한 기후변화 네트워크「NGFS」에서 잉글랜드은행이 주도적 역할을 한 것, 그리고 제8장에서 다룬 잉글랜드은행의 「2021 영국 격년스트레스 테스트」 실시에도 그가 영향을 미쳤다고 할 수 있다. 기후변화 리스크관리와 같은 새로운 영역에는 틀을 깨는 리더가 큰 기여를 할 수 있다는 점을 여실히 보여주었다.

2019년 10월에 TCFD 서밋 참가를 위해 일본을 방문한 마크는 다음과 같이 언급한 바 있다.「무엇보다 중요한 것은, 기후변화에의 대응을 기업의 사회적책임(CSR)이 아니라 금융시스템에 직결되는 리스크로 취급하는 것이다. 금융시장이 피해야 하는 점은 이행에 따른 변화가 급속하게 진행되어 자산가격의 조정이 급격하게 일어나는 것이다. 그렇기 때문에 예상할 수 있는 리스크에 대한 정보 공개를 추진하고 기업과 투자자가 대화할 필요가 있는 것이다. FSB가 TCFD를 설치하고 공개를 장려하는 항목을 구체화한 것은 모두 이 때문이다」.

2020년 3월에 잉글랜드은행 총재를 퇴임한 마크는 또 다시 사람들을 놀라게 했다. 국제연합의 구테흐스 사무총장이 마크를 기후변화문제 담당 특사로 임명한다고 발표했기 때문이다. 마크는 구테레스 사무총장 체제에서 2021년 11월에 글래스고에서 개최될 COP26을 위한 준비작업을 담당할 예정이다. 이산화탄소의 구체적 감축 목표의 강화 및 2국간 메커니즘의 도입 등 과제는 산적해 있는 상황이다. 특사로서의 보수는 1달러에 불과하다고 알려져 있다.

제4장

유럽 내 동향과 EU 택소노미(녹색분류체계)

제1절 기후변화를 둘러싼 EU의 동향

제2절 EU의 「지속가능금융 실행계획」(2018년)

제3절 EU 택소노미

제4절 EU 녹색채권 기준

제1편 기후변화 리스크와 대응

제4장 유럽 내 동향과 EU 택소노미(녹색분류체계)

 지속가능 금융을 추진하는 것에 대해 지금은 사회적 컨센서스가 형성되고 있다고 할 수 있지만, 진정한 컨센서스를 위해서는 본래 무엇이 「지속가능 금융」인지, 그리고 무엇이 「녹색자산」, 「녹색부채」인지를 명확히 정의할 필요가 있다. 지속가능 금융에 대해 일찌이 대응해 온 유럽연합(EU)은 지속가능 금융을 「투자 관련 의사결정에서 환경 및 사회에 대해 충분히 고려하고, 보다 장기적이고 지속적인 경제활동에 의해 보다 많은 투자가 이루어지도록 촉진하는 프로세스」라고 정의하고, 「지속가능금융 실행계획(Action Plan Financing Sustainable Growth)」을 2018년 3월에 공표했다. 이후 EU는 실행계획에서 제시한 일정에 따라 2019년 6월에 그린에 대한 정의 등을 포함한 「EU 택소노미」, 녹색채권의 기준을 설명한 「녹색채권 기준」을 공표했다.

 EU의 수립 기준을 이해하기 위해서는 우선 배경이 된 지속가능 금융에 대한 EU의 대응 경위를 살펴볼 필요가 있다. 이하에서는 기후변화를 둘러싼 EU의 동향을 살펴보고, EU 택소노미 및 녹색채권의 기준에 대한 개요 등을 해설한다.

제1절 기후변화를 둘러싼 EU의 동향

본래 유럽은 좁은 대륙에 많은 나라가 자리하고 있으며, 중앙에 위치한 알프스산맥 및 라인강, 도나우강 등 큰 하천들이 여러 국가에 걸쳐져 있어 기후변화의 영향도 한 국가 내에 국한되지 않는다. 해면 상승에 대한 대응도 한 국가의 해안선에만 대응한다 해도 큰 의미가 없고, 하천 홍수에 대한 대응도 유역에 위치한 여러 나라들이 공동으로 치수 작업을 해야만 비로소 의미를 갖게 된다. 따라서 기후변화 문제에 대해서는 유럽 내 모든 국가가 협력하여 대응해야 한다.

지속가능 금융에 대한 EU 차원의 본격적 정책 협조는 2009년으로 거슬러 올라간다. 같은 해 유럽위원회(EC)는 「기후변화에 대한 적응(Adapting to climate change: Toward a European framework for action)」이라는 백서를 발간하였고, 2012년 3월에는 「유럽 기후변화 적응 플랫폼(Climate ADAPT)」활동을 웹 기반으로 시작했다. 또한 동 위원회는 2013년 4월에는 「EU 기후변화 적응 전략(An EU Strategy on adaptation to climate change)」을 공표하고 기후변화에 대해 유럽 각국이 취해야 할 대응의 방향성을 제시함과 동시에 후속 작업 진행을 가속화했다.

EU 기후변화 적응 전략(2013년)

2013년 4월 공표된 EU 기후변화 적응 전략의 목적은 기후변화에 대해 유럽의 회복력을 강화하는 것이었다. 특히 EU 차원에서 일관된 어프로치에 기초한 협력을 통해 기후변화 영향에의 대응력을 강화하는 것이 목표다. 이를 실현하기 위해서는 각국의 기후변화 적응 전략이 국가의 경계를 넘어서 채택되고 이행되어야 한다. 이러한 상황에서 기후변화 적응 전략은 유럽 차원의 협력 대응의 방향성을 명확히 제시했다고 할 수 있다(도표 4-1 참조).

도표 4-1 EU 기후변화 적응 전략

제언	개요
1	전 회원국의 포괄적 적응전략(Comprehensive adaptation strategies) 채택 독려
2	능력 형성과 적응활동 향상을 지원 위한 LIFE 재원 제공(2012~2020)
3	「Covenant of Mayors[1] (시장들의 서약)」 프레임워크에 기후변화 적응 프레임워크 도입(2014~2014)
4	지식격차 해소(Bridge the knowledge gap)
5	유럽의 적응 정보에 대한 one-stop shop으로서 Climate ADAPT 추가 개발
6	공동농업정책, 통합정책과 공동어업정책의 기후변화로부터 보호 촉진
7	기후변화에 회복력이 뛰어난 인프라 확보
8	기후변화에 회복력있는 투자와 산업상 결정을 위한 보험과 금융상품 촉진

출처: "An EU Strategy on adaptation to climate change"

　제언 중에는 유럽이 특히 취약한 분야로 국경을 넘는 홍수의 관리, 해안선 관리, 도시 내 구획이용계획 및 자연자원 관리, 산간부 및 도서지역의 농림 및 관광부문, 산림재해 및 가뭄대책을 포함한 수자원관리가 거론되고 있고, 육지로 연결된 국가들간의 문제도 불거지고 있다. 또한 국가 및 지역별 인식의 차이가 큰 분야로는 자연재해의 손해 및 적응에 대한 비용편익 인식, 지역별 기후변화 리스크 평가, 의사결정을 지원하는 모델 및 툴, 과거의 기후변화 적응 노력의 모니터링 및 평가 기법 등의 점이 나열되고 있고, 이것들에 대해서는 「Climate-ADAPT」 프로그램을 활용하여 차이를 메우는 방향성이 제시되어 있다.
　또한 이러한 움직임을 지원하기위한 자금조달과 관련해서는 1992년에 설립

---

1. 유럽 내 지방자치단체가 참여하는 협력체로 서약의 서명자는 해당 지역의 에너지 효율향상과 재생에너지원으로의 전환을 약속한다.

된 LIFE프로그램 활용과 함께 제언 8에서 보험상품 및 금융상품의 역할이 기대된다고 밝히고 있는 점에도 주목할 필요가 있다.

지속가능한 유럽 경제를 위한 금융기능 (2018년)

유럽위원회는 기후변화 적응 전략에서 제시된 방향성을 감안하여 2016년 12월에 「지속가능 금융에 관한 고위 전문가 그룹(HLEG)」을 설립하고 지속가능 금융을 촉진하기 위한 전반적인 제언 사항을 검토했다. HLEG는 2018년 1월에 최종 보고서인 「지속가능한 유럽경제를 위한 금융의 기능("Financing a Sustainable European Economy")」을 발표했다. HLEG는 지속가능 금융의 사명으로 경제가 지속적인 성장을 실현함과 동시에 기후변화를 저감시키기 위해 금융이 수행해야 할 역할을 수행하는 것과, 투자 관련 의사결정에 ESG 요소를 포함시켜 금융의 안정성을 강화한다는 2가지 점을 들고 있다.

도표 4-2 HLEG 최종보고에서의 주요 제언 8항목

제언	개요
1	EU 수준에서 지속가능에 관한 공통된 택소노미를 확립하는 것
2	장기적인 시각에서 지속가능 선호를 보다 중시하는 투자자의 의무를 명확히 할 것
3	기후변화 리스크를 비롯한 지속가능성 및 리스크에 대한 투명성을 확보하는 디스크로져의 룰을 개선할 것
4	투자 조언 및 에코라벨, 사회적 책임의 최소 기준 등 지속가능 금융에 대한 리테일전략의 주 요소를 명확히 할 것
5	녹색채권을 비롯한 EU의 공식 지속가능기준을 정립 및 도입할 것
6	「EU 지속가능 인프라」를 세우는 것
7	거버넌스와 리더십을 강화할 것
8	지속가능성을 유럽 금융감독기구의 감독 기준에 명기하고 리스크 모니터링의 대상으로 할 것

출처: "Financing a Sustainable European Economy"

최종 보고서는 지속가능 금융과 관련한 EU가 제시하는 포괄적 로드맵을 담고 있으며 8가지 주요 제언(도표 4-2 참고)과 부문 횡단적인 8가지 제언 그리고 금융부문을 중심으로 한 부문별 8가지 제언으로 구성되었다.

① 주요 제언 8항목

주요 제언 8개 항목 중에서 특히 주목되는 것은 제언1, 제언3, 제언5이다. 우선 제언1에는 EU 차원에서 공통적인 지속가능성에 관한 택소노미의 확립이 제언되어 있다. 지속가능한 금융을 추진하기 위해서는 「녹색자산」을 명확히 정의할 필요가 있다. 무엇이 「녹색자산」인지, 무엇이 「녹색이 아닌」 자산인지를 분류하는 기준을 「택소노미」로 부르고, EU 차원의 「택소노미」를 수립해야 한다는 내용이다.

다음으로 제언3에서는 지속가능 및 리스크에 대한 디스클로저 룰이 요구되고 있다. HLEG는 TCFD제언을 EU 차원에서 채택하는 방안을 제언하고 있다.

마지막으로 제언 5에서는 이른바 녹색채권에 대해 EU 공통 기준의 정립 및 도입할 것을 제언하고 있다.

② 횡단적 제언 8개 항목

횡단적 제언 8개의 구체적 항목은 도표 4-3과 같다. 이들 제언 항목들에 일관된 점은 지속가능에 공헌하는 투자기회 및 프로젝트에 자금 및 자본을 배분하기 위한 환경을 정비하기 위해 무엇이 필요한가라는 문제 의식이다.

도표 4-3 HLEG 최종보고서가 제시한 부문 횡단적 제언 8개 항목

제언	개요
1	「지평선의 비극」으로 대표되는 투자 및 금융의 단기주의와 지속가능성에 요구되는 장기적 시점의 고려
2	금융 리터러시(이해력)의 향상 및 적극적 정보공개 및 투명성 확보에 의한 시민의 지속가능금융문제에의 참가 실현
3	보다 지속가능한 금융시스템 및 경제시스템을 향한 움직임을 가속시키기 위해 EU차원의 「지속가능 금융관측대를 설치하고 지속가능투자의 필요성에 대해 조사 보고할 것」
4	지속가능 투자에 보다 많은 자본을 배분하기 위한 흐름을 가속화시키고 투자자의 장기적 투자전략과 정합될 수 있는 지속가능 지표 및 벤치마크에 대한 투명성 및 가이던스의 필요성
5	지속가능 경제로 이행하기 위해서는 회계정보가 중요한 위치를 차지하게 되기 때문에 EU는 재무보고 및 여타 관련 보고에 대한 EU 규제를 갱신해야 한다.
6	EU는 기후변화 리스크에 대처하고 경쟁력을 강화하기 위해 에너지 효율성이 높은 프로젝트에의 투자를 촉진하기 위한 지원체제를 확립해야 한다.
7	EU에서 지속가능한 금융부문과 자본시장 시스템을 구축하기 위해 「지속가능성 퍼스트」의 원칙을 보다 철저히 해야 한다.
8	지속가능 금융을 향한 EU의 대응을 글로벌 시각에서 확장 제언할 것을 추진할 것

출처: "Financing a Sustainable European Economy"

③ 부문별 제언 8개 항목

특정 부문을 위한 제언 8개 항목은 금융관련 부문별로 구체적인 제언이 이루어지고 있다(도표 4-4 참조). 지속가능한 금융을 촉진하기 위해서는 금융기관을 중심으로 한 이해관계자를 직접적으로 관여시킬 필요가 있으며, 금융업 내 각각의 업태별로 기대되는 행동이 제시되어 있다.

도표 4-4 HLEG 최종보고에서의 특정 부문 대상 제언 8개 항목

제언	개요
1	**은행업계** EU의 최대 외부금융제공자로서 은행업계가 공급하는 대출 및 금융중개기능은 EU의 지속가능상 목적 실현을 위해 목표를 공유할 필요가 있다.
2	**보험사** 보험회사의 비즈니스모델은 기후변화 리스크에 대한 금융면의 보증을 제공한다는 점에서 지속가능 확보와 관련이 있고 보험회사는 리스크평가에 있어 기후변화 리스크를 더욱 반영해야 한다.
3	**자산운용사** 자산운용업자는 고객 자산의 투자 리턴을 극대화하기 위해 지속가능에 착목한 거버넌스 및 스튜어드십을 중시해야 한다.
4	**연금기금** 연금기금은 수익자에 대해 지속가능선호를 확인하고 투자전략을 수립해야 한다.
5	**평가기관 및 지속가능평가** 신용평가기관은 장기적인 지속가능 시점이 결여되어 있어, 보다 장기적인 지속가능 시점을 가져야 한다.
6	**증권거래소 및 금융센터** 증권거래소는 많은 자산소유자에게 투자에 대한 주요한 조언을 제공하여 지속가능한 금융에 자본을 배분한다는 의미에서 주요한 역할을 수행하고 있다. 투자조언업자에 의한 고객대상 조언에 대해 ESG의 시점 및 지침을 명시적으로 제시해야 한다.
7	**투자조언업자** 투자조언업자는 많은 자산소유자에게 투자에 대한 주요한 조언을 제공하여 지속가능한 금융에 자본을 배분하는 의미에서 중요한 역할을 수행하고 있다. 투자조언업자에 의한 고객 대상 조언에 대해 ESG의 시점 및 지침을 명시적으로 제시해야 한다.
8	**투자은행** 투자은행은 IPO 및 그 후 증권발행 및 주식발행에서 영향력을 가진다. 특히 세일즈 업무의 자산 애널리스트에게 보다 장기적인 시각의 보고서를 작성하도록 해야 한다.

출처: "Financing a Sustainable European Economy"

제2절 EU의 「지속가능금융 실행계획」 (2018년)

「지속가능한 유럽 경제를 위한 금융의 기능」 보고서를 계기로 EU위원회는 2018년 3월에 기후변화 관련 리스크에 대처하기 위한 구체적 행동계획으로 「지속가능금융 실행계획(이하, EU 실행계획)」을 공표했다.

지속가능금융과 ESG

우선 EU는 지속가능한 금융을 「투자의사 결정과 관련, 환경 및 사회를 충분히 고려하고 보다 장기적이고 지속적인 경제활동에 보다 많은 투자가 이루어지도록 촉진하는 프로세스」로 정의하고, ESG로서의 지속가능 금융에 대해서도 구체적으로 제시했다. 우선 ESG의 「E」는 환경측면의 고려로 기후변화의 저감 및 기후변화에의 적응에 더해, 수질오염 및 대기오염 생태계의 손상과 같은 보다 광범위한 환경문제와 자연재해 리스크가 포함된다. 다음의 「S」는 사회측면의 고려로, 사회적 불평등, 노동환경, 인적자원에의 투자 등이 포함되고, 환경과 사회의 고려는 서로 밀접하게 연결되어 있다. 마지막으로 「G」의 거버넌스는 공적 기관과 민간 조직의 양방에서 환경측면 및 사회측면에 대한 의사결정 프로세스에서 경영체제, 종업원과의 관계 및 경영자에 대한 보수체계 등 거버넌스 체제가 기본적인 역할을 수행하는 것으로 보고 있다.

EU 실행계획

EU 실행계획은 지구와 사회가 안고있는 니즈와 관련된 금융의 역할을 다루고 있으며, 10개 항목의 구체적인 실행계획으로 구성되어 있다(도표 4-5 참조).

도표 4-5 실행계획: 지속가능한 성장을 향한 금융

행동	개요
1	지속가능한 활동에 대한 EU의 통일된 택소노미의 구축
2	지속가능한 금융상품과 관련된 기준과 표기의 제정
3	지속가능한 프로젝트에 대한 투자 촉진
4	금융조언 제공 시 지속가능성을 고려
5	지속가능과 관련된 벤치마크의 개발
6	평가와 시장 조사의 지속가능성 통합
7	기관투자자와 자산운용사의 의무 명기
8	은행 및 보험의 건전성규제와 관련된 지속가능성 도입
9	공개와 회계 룰의 지속가능성 강화
10	지속가능성의 기업 지배구조 지침(Corporate Governance)의 촉진과 자본시장의 단기적 시야의 개선

출처: "Financing a Sustainable European Economy"

10개의 실행계획은 크게 다음의 3가지 분야로 분류될 수 있다.

① 보다 지속적인 성장을 실현하기 위해서 지속가능한 투자 중심으로 자본의 흐름이 형성되도록 촉진한다.

【행동 1~5】
현재 지속가능한 금융으로 배분된 투자액은 파리협정이 목표로 하는 저탄소사회를 실현하기 위해서는 충분하지 않고, 이러한 투자 갭을 메우기 위해 지속가능한 투자에 대한 투자자의 인식을 제고하고 투자 자금을 지속가능한 투자로 유도하도록 촉진할 필요가 있다.

② 기후변화 및 자원고갈, 환경파괴 및 사회문제 등에서 발생하는 금융리스크를 관리한다.

【행동 6~8】
현 시점에서 환경 및 기후변화 리스크는 금융부문에서 충분히 고려되고 있지 않고 금융 의사결정에 환경 및 사회적 목표를 반영하는 것은 이들 리스크에서 유발되는 재무상 악영향을 억제하는 것으로 연결된다.

③ 금융 및 경제활동에 있어서 투명성과 장기성을 촉진한다.

【행동 9~10】
기업이 지속가능한 과제를 수행하는 활동에 대한 투명성을 높이는 것은 외부 투자자 및 시장 참여자가 기업의 장기적 가치창조 및 기후변화 리스크 관리를 평가하기 위해 불가결하다. 이 경우, 지속가능성과 장기적 시점에 기초한 경영 의사결정 및 공개는 자동차의 두 바퀴와 같은 관계라고 생각할 수 있다.

이하에서는 10개의 실행계획별로 개요를 확인하도록 하자.

【행동 1】 지속가능한 활동에 대한 EU 내 통일된 택소노미의 구축
지속가능한 경제활동으로 자본이 흘러가도록 하기 위해서는 「지속가능」이란 무엇인가에 대한 통일된 이해가 필요하다. 이를 위해서는 기후변화의 저감과 적응에 기여하는 활동에 대해 EU 내 통일된 정의로서의 「EU 택소노미」를 정의하는 것이 중요하고 긴급한 과제다. 이러한 공통의 정의는 자금을 필요로 하는 지속가능한 부문에 자본을 이동시키기 위해서도 불가결한 단계이다. EU는 우선 첫 번째로 기후변화에 대한 저감책과 적응책으로서의 택소노미를 규정하고, 이후 기타 사회활동에 대한 택소노미로 확대해 나간다는 단계적 접근법을 제시하고 있다.

【행동 2】지속가능한 금융상품에 관한 기준과 표기의 제정

기업은 녹색채권을 발행하여 지속가능한 프로젝트에 필요한 자금을 조달할 수 있다. 이를 위해서는 지속가능한 금융상품에 대해 통일된 기준 및 표기를 정할 필요가 있다. 이러한 기준 및 표기는 자신의 자금을 지속가능한 활동에 투자하고 싶다고 생각하는 리테일 투자자에게 특히 중요한 정보가 된다.

【행동3】지속가능한 프로젝트에 대한 투자 촉진

OECD에 의하면 온실가스 배출의 약 60%는 사회 인프라로부터 배출되고 있다. 지속가능한 경제로 이행하기 위해서는 인프라 투자로 대표되는 지속가능한 프로젝트로 민간자본이 흘러가는 것이 불가결하다. 특히 재생가능에너지로의 이행을 추진하기 위해서는 대규모 인프라 투자뿐만 아니라 소규모로 분산된 프로젝트에 대해서도 충분한 자금이 공급될 필요가 있다.

【행동 4】금융 조언 제공 시 지속가능의 고려

자산운용사 및 투자 어드바이저는 고객인 투자자 개인에게 상응하는 금융상품을 추천하도록 요구받는다. 그런 의미에서 조언을 제공하는 경우에 지속가능성 및 ESG에 대한 고객의 선호를 확인한 후에 이에 기초한 투자 조언을 해야 한다. EU에서는 투자 조언과 관련한 규제로 MiFID II(Markets in Financial Instruments Directive II) 및 IDD(Insurance Distribution Directive)가 있다. 이러한 규제들은 상기 사항을 반영해야 하고, 유럽증권시장감독국(ESMA: European Securities and Market Authority)의 검토 작업은 바람직하다.

【행동 5】지속가능과 관련한 벤치마크의 개발

금융시장에서의 인덱스 및 벤치마크는 금융상품의 가격형성에서 중요한 역할을 수행하는데, 전통적인 인덱스 및 벤치마크는 지속가능한 투자의 퍼포먼스를 측정한다는 시점에서는 적절한 지표라고 보기 어렵다. 인덱스의 제공업자는 ESG지표를 개발해서 공표하고 있지만,

기법의 투명성이 충분하지 않다는 문제점이 지적되는 등 여전히 신뢰성 확보에 어려움을 겪고 있다. 이른바 위장환경주의[2] (Green washing) 을 피하기 위해서라도 보다 투명하고 안정적인 인덱스 및 벤치마크가 요구된다.

【행동 6】 평가와 시장조사의 지속가능성 통합

최근 시장조사기관 및 지속가능성 평가기관이 기업의 ESG 성과에 대해 평가를 내리고 있고, 이러한 평가는 투자자가 지속가능한 자본배분을 하기 위한 유효한 지침이 되고 있다. 한편으로 ESG 평가를 위한 구체적인 평가 기준은 평가기관에 따라 다양하기 때문에 ESG 평가 법의 투명성이 무엇보다 중요하다.

신용평가기관도 자본시장이 유효하게 기능하기 위해 중요한 요소이지만, 신용평가에 지속가능성 요소가 얼마나 포함되어 있는 지에 대해서는 명확하지 않은 것이 사실이다. 이런 점에 대해 EU는 ESMA가 현재 상황에 대해 분석을 진행하여 신용평가기관에 의한 디스클로저 가이드라인에 ESG적인 요소를 반영시키는 방향으로 해결책 검토를 추진하고 있다.

【행동 7】 기관투자자와 자산운용사의 의무 규정

기관투자자 및 자산운용업자는 이른바 「신의성실의무(Fiduciary Duty)」를 수행해야 하고 최종 투자자의 이익을 위해 행동한다. 현행 규제로는 기관투자자 및 자산운용사가 그 투자 의사결정에서 어느 수준까지 지속가능한 요소 및 리스크를 고려해야 하는가라는 점에 대한 지침은 제시되지 않고, 각각의 기관투자자 및 자산운용사의 판단에 위임되는 상황에 있다. 또한 최종투자자도 이러한 점에 대해 충분한 정보를 제공받지 못하고 있다. EU는 기관투자자 및 자산운용사에 대해 그 투자 의사결정에 있어 지속가능한 요소를 고려함과 동시에 지속가능한 요소를 어떻게 고려했는지에 대한 투명성을 높이기 위한 규제 대응을 검토하고 있다.

---

2. 그린워싱은 본래는 그렇지 않지만 환경에 배려(Green)하고 있다고 위장하는 것이다. 예를 들어 자사의 활동은 환경 친화적이지 않지만 실태 이상으로 자사의 환경 대응책을 홍보하여 환경 친화적인 이미지를 확산하고자 하는 행위를 생각할 수 있다.

【행동 8】은행·보험의 건전성 규제에 지속가능성을 도입

은행 및 보험사는 경제에 외부자금을 공급하는 중요한 원천임과 동시에 경제가 지속가능하지 않은 상황으로 치우칠 경우에는 큰 리스크에 노출되는 주체이기도 하다. 이런 점에서 보면 은행 및 보험사와 관련한 현재의 건전성 기준에 기후변화 및 이외의 환경요인에 동반되는 리스크를 보다 적극적으로 반영할 필요가 있다고 생각된다. 특히 지속가능한 자산 리스크를 반영하기 위해서 EU는 금융기관 리스크 관리 방침에의 반영 및 보다 적절한 자본규제 방향성을 검토하고 있다.

【행동 9】디스클로저와 회계 룰 관련 지속가능성 강화

투자자 및 주요 이해관계자가 투자대상 기업의 장기적 가치창출 및 지속가능성과 관련된 리스크 익스포저를 평가하기 위해서는 재무보고를 비롯한 기업의 디스클로저는 중요한 요소이다. 2018년 이후 EU의 비재무정보 디스클로저지침은 ESG 관련 중요 정보 및 이와 관련한 리스크 관리 상황에 대해 공개하도록 하고 있다. 이와 관련, 향후 투자자가 투자와 관련된 의사결정을 내리는 과정에서 디스클로저 정보의 표준화와 유연성 간 적절한 균형을 유지하는 것이 필요해 질 것이다.

한편 EU는 지속가능한 투자 의사결정을 촉진하기 위해서는 현행의 회계 룰은 불충분하다고 보고, IFRS에서 보다 유연성을 확대시키는 것이 장기적인 투자를 촉진하기 위해 필요하다는 입장을 견지하고 있다.

【행동 10】지속가능한 기업지배구조 촉진과 자본시장에서의 단기적 시야 개선

코퍼릿 거버넌스(기업지배구조-역자 주)는 지속가능한 투자를 촉진하기 위해 중요한 요소이다. EU는 사내 이사회의 지속가능 전략 수립과 공개의 필요성과 이사회가 기업의 장기적 이익을 위해 행동하도록 요구하는 룰 수립의 필요성에 대해서 검토하고 있다.

이상과 같이 EU 실행계획은 「지속가능한 유럽경제를 위한 금융의 기능」에서 제시된 방향성을 기본적으로 따르되, 보다 구체적인 실행계획을 제시하였다. 이후 EU 움직임은 기본적으로는 EU 실행계획을 착실히 행동으로 옮기도록 노력하는 과정으로 이해할 수 있다.

EU 실행계획 중에 은행 및 보험사에게 가장 관심을 끄는 부분은 행동 8인 「은행·보험의 건전성규제에 관한 지속가능성 도입」일 것이다. 은행은 2008년 금융위기 후에 도입된 자기자본비율규제인 바젤Ⅱ규제에 따르고 있고, 추가적인 자본 규제가 도입되는 것에 대한 우려가 강하다. 또한 보험사에게도 새로운 건전성 기준인 솔벤시Ⅱ 도입 가능성이 매우 높은 시점이다. 금융기관에게는 업태별 건전성 기준에 의거하여 다양한 자본 부과(Capital imposition)가 요구되는 것은 사활의 문제라고 할 수 있다.

은행을 대상으로 하는 건전성 기준으로 제일 먼저 생각나는 것은 바젤은행감독위원회에서 합의된 자기자본비율규제이다. 거기에서는 은행이 보유한 대출자산별로 특정의 리스크 가중치를 곱해서 자기자본비율규제의 분모로 리스크 자산이 계산된다. 은행에 대한 건전성 기준에 기후 변화 리스크를 반영하는 경우에는 기후변화 리스크 관련 대출 자산에 대해 과중한 리스크 가중치를 부과하여 보다 자본부과를 필요하게 하는 방식으로 조정하는 것이다. 한편으로, 특정 대출 자산에 대해 과중한 리스크 가중치를 부과하는 것은, 그 타당성 및 어떠한 값으로 해야 하는가 라는 검증도 포함해 신중하게 추진할 필요가 있고 개정 논의는 장기에 걸쳐 진행될 가능성이 있다.

대체수단으로 생각할 수 있는 것은 지속가능성 요청에 지역별 내지 국가별 규제 틀로 대응하는 방법이다. 유럽에서는 역내 금융기관에 대해 특정 시나리오에 기초한 EBA 스트레스 테스트를 정기적으로 실시하여, 역내 금융기관의 자기자본의 충분성을 검증하고 있다. EBA 스트레스 테스트에 기후변화 시나리오를 반영하는 것은, EU 실행계획과의 친화성도 높다. 이 경우, 영향은 유럽의 금융기관에 국한되게 되지만, 유럽 내 움직임이 여타 지역 및 국가로 확산되는 것도 예상할 수 있다. 건전성 기준을 둘러싼 향후 논의에 주목할 필요가 있다.

실행계획 공표 후 4개월이 지난 2018년 7월, EU는 지속가능한 금융에 관한 테크니컬 엑스퍼트 그룹(TGG)을 설치하고, 실행계획의 작업을 가속화했다. TEG는 실행계획에 입각하여 2019년 중반에 EU 택소노미와 EU 녹색채권 기준에 관한 보고서를 공표했다.

제3절 EU 택소노미

EU 택소노미의 개요

　EU TEG는 2019년 6월에 「택소노미 테크니컬 리포트(이하, EU 택소노미 보고서)」와 부속문서로서의 「EU 택소노미의 이용에 대해(Using the Taxonomy Supplementary Report 2019)」를 공표했다.

　「택소노미」라는 것이 원래는 생물학 분야에서 사용되는 용어로 「분류학」을 의미한다. 지속가능한 경제활동에 자본이 흐르게 하기 위해서는 「지속가능한」이란 무엇인가, 「녹색」 자산이란 무엇인가, 무엇이 「녹색이 아닌」 자산인가에 대해 공통적인 이해를 형성하는 것이 필요하다. 이러한 문제의식 하에서 EU 택소노미는 지속가능성 및 기후변화의 저감에 공헌하는 활동이란 무엇인가를 정의하는 문서로서 공표되었다. 이러한 정의에 대한 공통적인 이해를 갖는 것은 투자자가 지속가능하지 않은 부문에서 자금을 필요로 하는 지속가능한 분야로 자본을 흘러가게 하는 기준으로 기능할 수 있다. EU 실행계획에서 「EU 택소노미」를 정의하는 것을 중요하고, 이를 실행계획의 첫 번째로 거론하는 것은 이러한 이유 때문이다.

　보다 구체적으로는 EU 택소노미는 도표 4-6에 제시된 환경에 관한 6개 목적에 공헌하는 경제활동리스트를 제공하는 것으로 EU 택소노미 리스트에 포함되는 경제활동은 ①6개의 환경적 목적 중 적어도 1개에 「크게 공헌할」 것, 내지 ②「여타 환경적 목적에 중대한 손해를 끼치지 않을 ("Do No Significant Harm")」 것, ③최소한의 사회적 세이프가드조치에 준거해 있을 것, ④테크니컬 스크리닝기준에 합치되어 있을 것 등 4개의 조건을 충족해야 한다.

도표 4-6 EU 택소노미의 6개 환경적 목적

번호	환경적 목적
1	기후변화의 완화
2	기후변화에의 적응
3	수자원 및 해양자원의 지속가능한 이용과 보전
4	순환형경제로의 전환, 폐기물 억제와 리싸이클
5	오염 방지와 제어
6	건전한 생태계의 보전

출처: "Taxonomy Technical report"

EU 택소노미 보고는 도표4-7과 같이 구성되어 있다. 전체는 414페이지로 구성되어 있지만, EU 택소노미에 대한 해설을 중심으로 한 파트A에서 파트 E까지는 110페이지로 되어 있다. 보고서의 대부분은 선택된 7개의 산업부문별로 지속가능한 경제활동의 스크리닝기준을 상세하게 제시한 「테크니컬 스크리닝기준」이 차지하고 있다.

도표 4-7 EU 택소노미의 구성

파트	내용
A	EU 택소노미의 어프로치 설명: 유럽의 정책과 투자의 관점에서 지속가능한 금융의 역할과 중요성, EU택소노미의 필요성, TEG의 역할
B	방법론: 기후변화의 영향 완화, 적응, 악영향이 없는 활동에 대한 스크리닝기준 검토 시 방법론
C	EU 택소노미의 예상 이용자와 이용방법: EU 택소노미의 잠재적 이용자에 대한 사례연구를 포함한 가이던스

D	EU 택소노미 다음 단계: 금번 EU 택소노미를 제정함에 의해 있을 수 있는 경제적 영향에 대한 TEG의 분석
E	테크니컬 스크리닝 기준: 보론으로서의 산업 부문 및 경제활동별 테크니컬한 스크리닝기준과 TEG의 분석

출처: "Taxonomy Technical report"

한편으로 EU 택소노미는 전세계적으로 확립된 규제는 아니며, 또한 EU 택소노미 자신이 향후 진화를 거듭할 것으로 전망된다. 그렇기 때문에 EU 택소노미 보고서는 도표 4-8과 같이 EU 택소노미가 어떠한 의미를 갖는 제언(「IS」)인지, 어떠한 의미가 아닌 제언(「IS NOT」)인지를 명기하고 있다.

도표 4-8 EU 택소노미의 의미

EU 택소노미는 …이다(IS)	EU 택소노미는 …아니다(IS NOT)
경제활동과 관련한 기준 리스크	좋은 기업, 나쁜 기업의 평가
상이한 투자 스타일 및 투자전략에 적용가능한 유연성을 가진 것	투자해야 할 강제 리스트
최근의 과학 및 산업의 경험에 기초한 것	투자의 재무적 퍼포먼스에 대한 판단을 하는 것(다만, 환경 퍼포먼스는 시행)
테크놀로지, 과학기술, 새로운 활동 및 데이터의 변화에 응하여 역동적으로 변화	정적 내지 경직적

출처: "Using the Taxonomy: Supplementary Report 2019"

EU 택소노미의 이용자

EU 택소노미 이용자로 기대되는 것은 우선 자산소유자 및 자산운용사를 포함한 기관투자자를 생각할 수 있고, 다음에 자본투자 및 대출자금 제공을 담당하는 은행 및 보험사이다(도표 4-9 참조). 즉, 투자 펀드상품과 같은 제3자 대상

투자 서비스 제공뿐만 아니라 금융기관 자체의 보유 포트폴리오 및 대출자산 포트폴리오에 대해서도 EU 택소노미의 이용이 기대되고 있다.

EU 택소노미는 지속가능한 투자를 검토하는 투자자에게 다음과 같은 장점을 제공한다.

- 투자자, 발행자, 감독당국 사이에서의 공통된 언어 제공을 통한 명확화
- 투자자에 의한 파리협정 및 SDGs에의 코미트먼트(이행 약속-역자 주) 제시를 위한 지원 제공
- 상이한 투자 스타일 및 투자전략 지원
- 환경 관련 데이터의 반영
- 평판 리스크의 회피
- 관계자간 긴밀한 의사소통

도표 4-9 EU 택소노미의 이용자

예상 이용자	디스클로저 의무와의 관계	추가적 이용 대상
자산운용사	· 유럽 UCTIS지령에 기초한 투자신탁 펀드 · 유럽 지령에 기초한 대체투자펀드(AIFs) · 포트폴리오관리	
보험사	· 유럽 내 규제에 기초한 보험 기반의 투자상품(IBIP)	· 보험계약
기업금융/ 투자은행 (CIB)	· 유동화 펀드 · 벤처 캐피탈 · Private Equity Fund · 인덱스 펀드 · 포트폴리오 관리	· 유동화 업무 · 벤처 캐피탈 · Private Equity Fund · 인덱스 · 프로젝트 금융 · 기업금융
리테일 뱅킹		· 주택 론 · 상업용 부동산 대출 · 자동차 론

출처: "Using the Taxonomy: Supplementary Report 2019"

EU 택소노미의 활용 사례

실제 EU 택소노미 활용은 대략적으로 도표 4-10에서 제시된 수순을 밟으면서 추진된다.

도표 4-10 택소노미 익스포저 측정을 위한 단계

단계	내용
1	투자대상 기업, 발행자 및 투자하고 있는 금융상품의 EU 택소노미 시점에서 적격 활동을 특정한다(예: 프로젝트, 자금사용 목적 등).
2	각 활동이 (예: 전력발전 kw당 탄소배출 100g 미달 등) 지속가능에의 공헌 기준을 충족하고 있는지에 대해 실사(Due Diligence) 관점에서 평가한다.
3	대상기업 및 발행자가 환경 목적에 큰 손해를 미치지 않는 DNSH 기준에 적합한 지 여부를 평가한다.
4	EU 택소노미에서 정한 최소한의 사회적 세이프가드 조치에 준거하고 있는 것을 확인하기 위한실사(Due Diligence)를 실시한다.
5	투자 내용에 대한 EU 택소노미 기반의 익스포저를 계산하고 투자상품 수준에서의 디스클로저를 요구한다.

출처: "Using the Taxonomy: Supplementary Report 2019"

이 프로세스는 도표 4-11과 같이 이미지화 할 수 있다.

개별 투자별 계산 및 합산 프로세스를 거치기 위해서는 방대한 작업이 필요하지만, 그 전제로서 기업측의 EU 택소노미 적합 활동에 대한 정보, 테크니컬 스크리닝 기준에 비춘 퍼포먼스 정보 등이 필요하고 그런 의미에서 기업측의 디스클로저 정보를 충실화시킬 필요가 있다.

도표 4-11 EU 택소노미의 개별 투자에의 적용 이미지

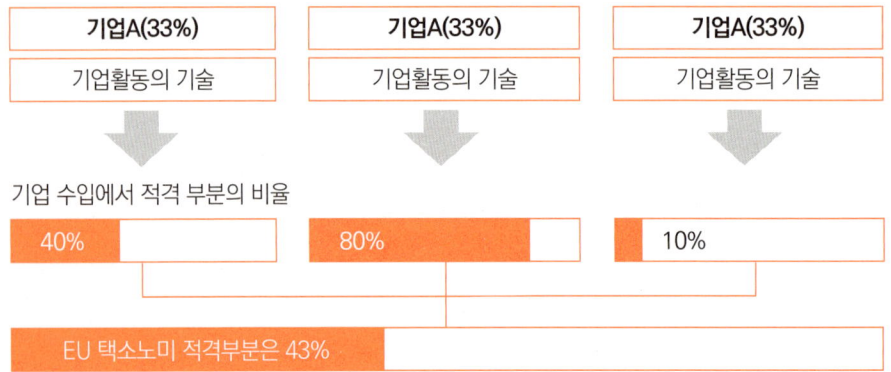

① 기업 A, B, C에 균등(33%)하게 투자하고 있다고 가정한다
② 각 기업의 업무활동(수입)에서의 EU 택소노미 적격 부분을 디스클로저 관점에서 평가
③ 기업A는 적격 활동이 40%, 기업B는 80%, 기업C는 10%로 판명
④ 각 기업에의 투자 비율(33%)에 각 적격활동비율(40%,,)을 곱해서 합산
⑤ 합산치를 총투자액으로 나눈 비율이 3개 기업에 대한 투자 관련 EU 택소노미 적격 부분 비율이 된다.

출처: "Using the Taxonomy; Supplementary Report 2019"에서 필자 작성

테크니컬 스크리닝기준

EU 택소노미 보고서의 대부분을 차지하는 테크니컬 스크리닝기준은 EU 택소노미 적격이라는 요건을 충족하기 위한 기준으로 검토되었다. 기준은 크게 이하의 3가지 사항으로 구성된다.

① 원칙: 대상이 되는 경제활동이 기후변화에 대해 「크게 기여」 하거나 「중대한 손해를 끼치지 않는」것이라는 이유를 명확히 한다.
② 측정 방법: 대상이 되는 경제활동의 환경에 대한 퍼포먼스를 측정하는 방법을 지칭한다.
③ 역치: 지속가능한 환경과 조화될 수 있는 대상 경제활동의 정성적 혹은 정량적 조건을 명시한다

TEG는 기후변화에 대한 완화활동으로서 공헌하는 활동을 인식하기 위해 이하의 3가지 접근법을 제시했다(도표 4-12 참조).

(a) 이미 저탄소배출인 활동

(b) 저탄소사회에의 이행에 기여하는 활동

(c) (a) 및 (b)를 가능하게 하는 활동

도표 4-12 기후변화 완화에 기여하는 활동에의 접근법

활동의 타입	테크니칼 스크리닝 기준	예
(a) 이미 저탄소배출이고 2050년 순배출제로 저탄소경제에 적합한 활동	장기적으로 안정적	제로 배출운송수단 제로배출 전력발전
(b) 지금은 충족하지 못하지만 2050년 순배출 저탄소경제로 이행할 가치가 있는 활동	제로 배출을 위해 정기적인 검토가 필요	건축물의 리노베이션 1km당 CO_2 배출 50g 미만 자동차
(c) (a) 및 (b)를 가능하게 하는 활동	이미 적격한 경우는 장기적으로 안정적. 아직 적합하지 않은 경우는 제로 배출을 위해 정기적 검토가 필요	풍력 터빈 건물에의 고효율 보일러 설치

출처: "Using the Taxonomy; Supplementary Report 2019"

이러한 기준 하에 TEG는 다음의 3가지 프로세스로 테크니컬 스크리닝 기준을 수립했다.

① 산업 부문의 특정

우선 (a) 유럽에서 기후변화 리스크에 대해 취약하고, (b) 유럽에서 총부가가치가 크고 고용창출력이 높으며, (c) 자연자원, 자산, 서비스의 의존도가 높다는

3가지 기준을 통해, ① 농림수산업, ② 제조업, ③ 에너지(전기, 가스, 증기 및 에어컨디셔닝 공급), ④ 수자원과 폐기물처리(물, 하수, 폐기물, 리사이클), ⑤ 수송, ⑥ 정보와 커뮤니케이션, ⑦ 건설과 부동산의 7개의 산업 부문을 선정했다.

② 산업부문별, 저감활동별 관련 요소의 특정

다음으로 이들 각 부문에 대해 기후변화를 완화 내지 저감하는 67개의 경제활동을 특정하고 관련한 저감 기준이 장래 변경될 가능성이 있는지 혹은 「여타 환경 목적에 중대한 손해를 끼치지 않는(DNSH)」다고 간주하기 위한 기준에 해당하는 지를 제시했다(도표 4-13 참조).

도표 4-13 산업부문별, 저감활동별 관련 요소의 특정

산업부문	저감활동 (예)	저감활동의 보편성 (장래의 변화)	각 DNSH 기준과의 관계				
			적응	수자원	리싸이클	오염	생태계
농림수산업	다년생작물의 생산	○	○	○	○	○	○
	가축 생산	○	○	○	○	○	○
제조업	저탄소기술의 개발	○	○		○	○	○
	시멘트 생산	○	○	○	○	○	○
에너지	태양광발전	○	○		○		○
	풍력발전	○	○	○	○		○

출처: "Using the Taxonomy; Supplementary Report 2019"에서 필자 작성

③ 개개 기준의 제정

마지막으로 EU 택소노미 적합 활동의 스크리닝 기준으로 각각의 기후변화 완화 혹은 저감 활동에 대한 원칙, 기준이 되는 계측치, 그리고 역치를 제시했다.

도표 4-14에서 개별 기후변화 저감활동별로 제시된 기준의 예를 들었다.

도표 4-14 기후변화 저감 기준

[예 1] 농림수산업/가축 생산

저감 활동	가축 생산
저감 기준	
원칙	가축 생산의 온실가스 배출 회피 내지 감축
기준	· 적절한 관리 실무를 채택하여 온실가스 배출 회피 감축 · 2008년 대비, 고탄소축적 토지에의 새로운 전환이 없는 것
지표	· 저감 실무가 적용된 축산업무의 비율 혹은 특정 기간 온실가스 배출의 감축 비율 (%)
역치	· 축산 각년도에서 중요한 관리 실무의 일관적 도입 및 유지 혹은 온실가스의 아래 기준 이상의 감축 2020년부터 2030년까지 20% 감축 2030년부터 2040년까지 추가적으로 10% 감축 (누계 30%) 2040년부터 2050년까지 추가적으로 10% 감축 (누계 40%)
DNSH 기준상 평가	
적응	기후변화의 물리적리스크 저감
수자원	수자원 이용가능성을 감소시키지 않을 것, 수질 저하를 초래하지 않을 것
리사이클	생산 1단위 당 에너지를 포함한 원재자원의 사용을 최소한으로 할 것
오염	수질오염 및 대기오염을 막는 범위 내에서의 비료 및 농약의 사용 등
생태계	지질의 생태계 유지 관점에서 지질보호를 확실히 하기 위해 농지 / 목초지 / 습지 / 산림 등 생태계의 토지 전환을 방지하는 활동

[예 2] 에너지/태양광발전

저감 활동	태양광발전을 하는 발전설비의 건설과 운영
	저감 기준
원칙	· 탄소 순배출 제로 경제로의 이행 지원 · 순배출 제로 경제의 이행을 지원 내지 기술을 록크인 하지 않을 것 · 순배출 제로 경제의 이행을 달성하기 위한 여타 활동과의 동등성 확보 · 필요에 따른 추가적인 지표 및 역치의 채택
지표	ISO14044에서 정한 배출 라이프사이클을 채택하고 1킬로와트시 발전 당 탄소배출량이 아래 역치를 하회할 것
역치	· 1kWh 발전 당 이산화탄소 배출량을 2020년 100g 미만에서 2050년까지 0g으로 감축시키는 발전설비는 EU 택소노미 적합으로 한다. · 역치는 2050년의 0g을 향해 5년 마다 감축한다 · 각 시설 및 활동은 EU 택소노미 승인을 받은 각 시점에서 역치를 충족하고 있을 것 · 2050년을 초과하는 시설 및 활동은 그 후에 대해서도 순배출 0을 유지할 수 있을 것
	DNSH 기준상 평가
적응	기후변화의 물리적 리스크 감축
수자원	〈대상 외〉
리사이클	· 발전패널이 높은 내구성, 교환성, 수리성, 재활용가능성에 기초하여 만들어지고 있는 것 · 발전설비 및 변환설비가 액세스 또한 교환가능하도록 설치되어 있을 것 · 설비의 고장 및 작동 불량이 조기에 감지될 것
오염	〈대상 외〉
생태계	· 발전설비가 환경보호지역 및 희소종의 서식지에 설치되어 있지 않을 것

[예 3] 운송/자동차(승용차 및 상용차)

저감 활동	승용차 및 상업용 자동차
	저감 기준
원칙	온실가스 감축의 증명
지표	주행 1km당 이산화탄소 배출량
역치	· (전기, 수소자동차를 포함) 배기관이 없는 차는 EU 택소노미 적격 · 배기관이 있는 차로 1km당 이산화탄소 배출이 최대 50g 이하의 차는 2025년까지 적격 · 2026년 이후는 동 0g만 적격
	DNSH 기준상 평가
적응	기후변화의 물리적 리스크 감축
수자원	〈대상 외〉
리사이클	· EU 및 역내 각국별 폐기물처리규제에 적합할 것
오염	배기가스 규제에 적합 및 타이어 소음 규제, 엔진 소음 규제 등의 관련 규제에 적합할 것
생태계	〈대상 외〉

출처: "Taxonomy Technical Report"

　이상의 개별적인 스크리닝 기준을 보면, 각 활동에 대한 스크리닝 기준은 상당히 상세하고 EU 택소노미 적합의 역치가 상당히 엄격하다는 것을 알 수 있다. 예를 들어 축산업 부문에서 온실가스를 2030년까지 20% 감축한다는 역치는 일반 제조업과 달리 근본적인 기술혁신을 기대되기 어려운 농림수산업으로서는 상당히 달성하기 어려운 목표라고 생각된다. 또한, 승용차에 대해서도 2025년까지의 경과 적격조치인 1km당 이산화탄소배출량 50g이하 기준은 통상적인 가솔린하이브리드차량도 달성이 용이하지 않고 또한 2026년이후 0g이라는 역치는 전기자동차와 수소자동차만이 인정받을 수 있는 수준으로 되어 있다.

또한 태양광 및 풍력, 바이오매스발전에 대한 리스트는 마련되어 있지만 석유 및 석탄 발전 관련 리스트는 보이지 않는다. 즉, 석유발전 및 석탄발전은 2050년의 이산화탄소배출 순제로경제를 목표로 한 상황에서, EU 택소노미에 적격한 항목으로 당초부터 상정되지 않았다고 볼 수 있다.

이제까지 EU 택소노미의 내용을 중심으로 살펴보았지만 EU의 이니셔티브에 대해 여타 국가 및 지역에서도 유사한 논의가 진행되고 있지않을까 라는 의문이 생긴다. 온실가스 배출량이 전세계에서 가장 많은 중국은 2013년에 중국은행 보험업감독관리위원회가 「녹색대출과 관련한 가이던스」를 공표하고 녹색대출에 대한 정의를 내리고 있다. 동 가이던스에서는 녹색대출을 재생가능에너지, 녹색수송, 녹색건축물 등을 비롯해 12개의 카테고리로 분류함과 동시에 대규모 은행을 대상으로 녹색대출의 잔고와 그것이 가져오는 환경상 장점에 대해 반년 주기로 보고하도록 요구했다. 2018년말 시점에서 대규모 21개 상업은행의 녹색대출 잔고는 총대출잔액의 약 10%에 해당하는 8.23조 위엔(약 1,250조 원)에 달한다. 또한 2015년에는 중국인민은행 산하 기관인 중국은행금융협회 그린파이낸스위원회가 중국 내에서의 녹색채권의 택소노미에 해당하는 녹색채권 적격프로젝트 카달로그를 공표했다. 거기에는 녹색채권에 의한 자금조달을 ①에너지절약, ②오염방지와 제어, ③자원보전과 리사이클, ④녹색수송, ⑤녹색에너지, ⑥생태계 보호와 기후변화 적응 등 크게 6가지 카테고리로 분류하고 정의하고 있다. 동 정의에 기초하여 2016년부터 2018년까지 중국 국내에서 발행된 녹색채권은 누계 1,000억 달러에 달한다.

또한 중국 그린파이낸스위원회와 유럽투자은행(EIB)은 2017년에「녹색금융에서의 공통언어 필요성」이라는 백서를 공표하고 유럽과 중국의 녹색채권의 정의 상 유사점과 상이점에 대해 비교하고 양국간 택소노미의 협조 필요성과 가능성에 대해 분석하고 있다.

앞서 소개한 것처럼 EU 택소노미는 향후 과학기술 및 데이터의 변화에 따라 역동적으로 변화가 예상되지만, 향후 EU 택소노미에 기초한 룰 및 기준 역시 도입이 예상되기 때문에, EU 택소노미에서 제시된 기준 및 역치에 대해서는 살펴볼 필요성이 커지고 있다.

제4절 EU 녹색채권 기준

EU 녹색채권 기준의 경위와 개요

　EU 택소노미 보고서와 같은 시기인 2019년 6월에 TEG는 EU 내 녹색채권 기준을 공표했다.

　제2장에서 살펴본 바와 같이, 채권발행을 통한 조달자금을 녹색 프로젝트에 사용한다는 이른바「녹색채권」시장은 급속하게 확대되고 있다. 반면 녹색채권에 대한 정의는 국제적으로 통일되어 있지 않아 시장 확대 속도 대비 지극히 불균형적인 상황이라 할 수 있다. 발행자 측면에서도 발행대금의 자금 용도인 녹색 프로젝트 및 자산의 기준이 발행시장별로 상이하기 때문에 평판리스크 및 소송리스크를 부담하게 될 가능성이 있다. 기중 보고절차가 복잡하고 녹색채권 발행에 의한 경제적 장점이 희석되는 문제에 대한 고민이 엿보인다.

　EU 녹색채권 기준에 대한 검토는 EU 내의 통일된 기준을 제공하려는 제언이고, EU 실행계획에서의 행동 2「지속가능한 금융상품에 관한 기준과 표기의 제정」을 구체화한 것이다. 한편으로 본 기준은 TEG에 의한 제언이고, 강제적인 법규제가 아닌 점은 EU 택소노미와 동일하다.

EU 녹색채권 기준에 대한 제언

　TEG가 EU 녹색채권 기준과 관련하여 제시한 제언은 다음 10개 항목이다(도표 4-15 참조).

[제언 1] 자주적인 EU 녹색채권 기준을 제정할 것
　EU는 자주적으로 EU 녹색채권 기준을 제정하고 채권 발행자에 그 사용을 촉진하여 EU에서의 녹색채권 시장의 유효성, 투명성, 이용가능성, 비교가능성 및 신뢰도를 향상시켜야 한

다. EU의 녹색채권 기준은 자본시장에서의 베스트 프랙티스(모범 사례-역자 주)에 기초하여 구축되어야 한다.

[제언 2] EU 내 녹색채권 기준은 이하의 4가지 중핵적 요소로 구성되어야 한다. (a)EU 택소노미에 준거한 녹색 프로젝트, (b)녹색채권 프레임워크, (c)리포팅, (d)외부평가기관에 의한 검증

EU 녹색채권 기준은 아래 4가지 점에 대해 명확하고 강제력을 가진 요건을 충족시켜야 한다.

(a) EU 녹색채권 기준은 환경 목적, DNSH기준, 사회적 세이프가드, 테크니컬 스크리닝기준 등의 EU 택소노미 내용에 준거할 것

(b) 녹색채권 프레임워크는 녹색채권 발행자에 의한 발행 대금의 자금용도에 더해 녹색채권 전략, 발행 프로세스 등 모든 주요한 점을 충족할 것

(c) 발행 대금의 자금용도 및 그것이 환경에 미치는 영향, 가능하다면 그 정량 지표에 대한 정기보고 요건을 포함할 것

(d) 적격한 외부평가기관에 의한 발행 대금의 자금용도와 관련 보고가 기준에 합치되는지 여부에 대한 검증

[제언 3] 3년간의 이행기간을 두고 외부평가기관에 의한 자주적인 EU 녹색채권의 잠정 등록프로세스 구축을 촉진해야 한다.

TEG는 EU 및 ESMA(European Securities and Market Authority)와의 협력 위에 외부평가기관의 등록 및 지침에 대한 잠정적 이행 체제를 가급적 빠른 시기에 설립할 것을 제언한다.

[제언 4] 투자자(특히 기관투자자)는 그린 채권 투자전략 수립에 있어서 EU그린채 기준의 요건을 채택함과 동시에 그린채의 발행자 및 인수자에 대해 투자자 자신의 리스크 선호도 및 기대를 전달해야 한다.

자산소유주 및 자산운용사, 은행 및 보험인수자 등 유럽의 기관투자자는 기준 도입에 대해 중심적인 역할을 수행하게 된다. TEG는 이들 투자자 특히 기관투자자가 자신의 포트폴리오에 대해 EU녹색채권 기준의 요건을 채택함과 동시에 녹색채권 발행자 및 인수자에 대해 투자자 자신의 리스크 선호도 및 기대를 전달해야 한다.

[제언 5] EU는 기관투자자에 의한 녹색채권 보유에 관해 적극적인 디스클로저의 틀을 도입해야 한다.

EU에서의 기관투자자의 지속가능관련 디스클로저 규제 확대를 통해 자산소유자 및 자산운용사, 은행 및 보험인수자 등 유럽의 기관투자자가 EU 녹색채권 및 기타 녹색채권 보유에 관해 정기적으로 디스클로저하는 틀을 도입해야 한다. 또한 녹색채권의 인수자는 전체 인수액에서 녹색채권이 차지하는 부분을 디스클로저해야 한다.

[제언 6] EU 녹색채권을 통한 금융시스템의「녹색화」를 촉진할 것을 검토해야 한다.

유럽중앙은행 및 NGFS 구성원인 중앙은행이 녹색채권을 구입할 때에는 EU 녹색채권을 선호하고 있다는 것을 표명하여 녹색 금융시스템을 촉진하는 것을 검토해야 한다.

[제언 7] EU 녹색채권 기준 적합 시, 금융면의 인센티브를 제공할 수 있는 방안을 검토해야 한다.

TEG는 EU와 유럽 각국이 EU 녹색채권 기준에 준거한 EU 녹색채권 시장의 발전을 지원하기 위해 장단기적으로 금융측면에서의 인센티브 마련을 검토할 것을 제언한다.

[제언 8] 모든 채권발행자는 장래 녹색채권을 발행할 경우, EU 녹색채권 기준에 준거해 발행해야 한다.

TEG는 모든 공모 및 사모의 채권발행자가 장래 녹색채권을 발행할 경우에는 EU 녹색채권 기준에 준거해 발행해야 하거나 혹은 그런 의도인 것을 표명하도록 제언한다.

[제언 9] EU 내 금융상품에 대한 「에코라벨」 적용을 통해 EU 녹색채권 기준의 채택을 촉진해야 한다.

TEG는 EU가 금융상품에 대한 「에코라벨」 관련 기준을 검토하는 경우에는 EU 녹색채권 기준을 채택하도록 제언한다.

[제언 10] EU 택소노미의 환경목적상 금융 플로의 영향을 모니터링하고 3년 후를 목표로 법규제화를 포함한 추가적인 행동을 검토해야 한다.

TEG는 EU 녹색채권 기준 도입 후 최대 3년 정도의 경과기간을 거친 시점에서, 그 효과에 대한 검토를 진행할 것을 권고한다. 그에 기초하여 EU는 EU 녹색채권 기준의 법제화를 고려한 적절한 방침 마련을 검토해야 한다.

도표 4-15 EU 녹색채권 기준 관련 제언

제언	내용
1	자주적인 EU 녹색채권을 제정할 것
2	EU의 녹색채권은 다음의 4가지 중핵적 요소로 구성되어야 한다. (1)EU 택소노미에 준거한 녹색 프로젝트, (2)녹색채권의 프레임워크, (3)리포팅, (4)외부평가기관에 의한 검증
3	3년간의 이행기간을 두고 외부평가기관에 의한 자주적 EU 녹색채권의 잠정 등록 프로세스 설정을 촉진해야 한다.
4	투자자, 특히 기관투자자는 녹색채권 투자전략 수립에 있어서 EU 녹색채권의 요건을 채택함과 동시에 녹색채권의 발행자 및 인수자에 대해 투자자 자신의 리스크 선호도 및 기대를 전달해야 한다.
5	EU는 기관투자자에 의한 녹색채권 보유에 관해 적극적인 디스클로저의 틀을 도입해야 한다.
6	EU 녹색채권을 통한 금융시스템의 「녹색화」촉진을 검토해야 한다.
7	EU 녹색채권 기준에 적합하고 EU의 녹색채권 시장 확대를 지원함과 동시에 금융면의 인센티브 설계를 검토해야 한다.
8	모든 채권발행자는 장래 녹색채권을 발행할 때, EU 녹색채권 기준에 준거해 발행해야 한다.
9	EU의 금융상품에 「에코라벨」적용을 통해 EU 녹색채권 기준 채택을 촉진시켜야 한다.
10	EU 택소노미의 환경목적 상 금융 플로의 영향을 모니터링하고 3년 후를 목표로 법규제화를 포함한 추가적인 액션을 검토해야 한다.

출처: "Report on EU Green Bond Standard"에서 필자 작성

이와 같이 EU에서의 녹색채권 기준은 EU 택소노미에서 제시된 기준에 준거하면서 유럽지역 내 녹색채권 시장에서의 통일적 정의 및 기준을 마련하려는 움직임의 일환이다. 제2장에서 보여준 것처럼 녹색채권에 대해서는 국제자본시장협회(ICMA)가 「녹색채권 원칙」을 이미 공표한 바 있으며, 동 원칙과 EU의 녹색채권 기준과 비교한 것이 도표 4-16이다. 전반적으로 EU의 녹색채권 기준이 EU 택소노미 보다 엄격한 내용으로 구성되어 있다.

도표 4-16 EU와 ICMA의 녹색채권 기준 비교

항목		EU 녹색채권 기준	ICMA 녹색채권 원칙
법적 서류의 자금용도의 기술		법적 서류상 기재 필요	장려
적격 기준	(1) 환경목적에의 공헌	EU 택소노미 요건 준거 녹색채권 프레임워크 자본지출/경상지출 기재 필요	녹색 프로젝트에 대한 개괄적 카테고리 기재
	(2) DNSH 기준	EU 택소노미 요건 준거	기재 없음
	(3) 사회적 세이프가드	국제노동기구(ILO)가 규정하는 사회적 세이프가드의 준수가 필요	프로젝트 관련 환경 및 사회적 리스크를 특정하고 관리하는 프로세스를 투자자에게 명확하게 전달할 필요
	(4) 테크니컬 스크리닝 기준	EU 택소노미에서 제시된 스크리닝 기준에 준거	기재 없음
조달자금 중 리파이낸스에 사용되는 비율의 공개		기재 필요	장려
임팩트 모니터링/리포팅		기재 필요	가능한 장려
외부평가요건		필요	장려
외부평가의 공표		필요	장려
외부평가기관의 적격 요건		ESMA 운영에 의한 적격평가 기관의 인증 및 관리	기재 없음

출처: "Report on EU Green Bond Standard"에서 필자 작성

EU 녹색채권 기준은 경과기간 후 법규제화가 전망되어 있다. 현 시점에서는 글로벌하게 통용되는 녹색채권에 관한 국제적인 정의가 없는 가운데 EU 녹색채권 기준이 장래 지배적인 위치를 차지할 가능성도 있기 때문에 관련 동향에 주시해야 한다.

제5장

녹색금융 협의체(NGFS)

제1절 NGFS 종합보고서

제2절 금융리스크로서의 기후변화 리스크

제3절 중앙은행 및 감독당국에 대한 NGFS의 제언

제4절 NGFS의 작업 방향성과 향후 계획

【BOX4】「그린 스완 보고서」 - 국제결제은행

제1편 기후변화 리스크와 대응

제5장 녹색금융 협의체(NGFS)

　규제 업종의 특징으로 인해 금융기관의 행동은 금융감독 당국에 의해 규제되는 측면이 강하다. 바젤은행감독위원회에 의한 자기자본비율규제 및 유동성 규제를 비롯해서 여신 규제 및 레버리지(자기자본 대비 총자산-역자 주)비율 규제 등 금융규제 동향은 금융기관의 경영에 적지않은 영향을 미치게 된다. 그런 의미에서 기후변화 관련 리스크에 관한 금융감독 당국의 대응은 금융기관에게 중요한 관심사가 된다.

　2017년 12월 기후변화 리스크에 대한 금융감독 당국의 대응을 검토하기 위해 각 국가의 금융감독 당국이 「녹색금융 협의체(NGFS[1])」라는 그룹을 결성했다. NGFS는 2019년 7월에 제1차 종합보고서 「행동 요청-금융리스크로서의 기후변화」를 공표했다.

　NGFS의 종합보고서는 금융감독 당국 및 중앙은행을 대상으로 기후변화 리스크와 ESG흐름에 어떻게 대응할 것인가에 대한 제언 형식을 띄고 있지만, 금융기관 자신의 포트폴리오관리 및 기후변화 리스크에 관련된 시나리오 분석 등 금

---

1. Network for Greening Financial System

융기관의 실무에 참고가 되는 부분도 많다. 향후 NGFS를 매개체로 금융규제에 영향을 미치는 가이던스가 제시될 가능성도 있고 금융감독 당국의 움직임을 파악하기 위해서라도 NGFS의 동향에 주의를 기울일 필요가 있다.

제1절 NGFS 종합보고서

NGFS는 2017년 12월 파리에서 기후변화서밋이 개최되었을 때, 8개국의 중앙은행과 금융감독 당국 주도로 설립되었다. 설립 목적은 금융감독 당국이 기후변화 리스크에 대한 금융시스템의 견고성 확보를 촉진하는 것이다. 이를 위해 NGFS는 금융부문에서의 기후변화 리스크관리와 관련된 베스트 프랙티스(우수사례)를 공유하고, 지속가능한 경제로의 이행을 뒷받침할 수 있도록 노력하고 있다.

NGFS는 현재 ①금융당국/미시 건전성(micro-prudence) 실무, ②기후변화가 미치는 거시금융에의 영향 분석, ③녹색파이낸스의 추진, ④데이터 갭의 연결, ⑤조사분석의 5개의 작업흐름으로 구성되어 있다. 종합보고서 공표 시점에서는 34곳의 기관과 5곳의 옵저버로 구성원이 확대되었다(도표 5-1 참조).

동 보고서에서는 기후변화 리스크가 경제 및 금융리스크에 대한 위협이 될 수 있는 것을 제시하고, 금융감독 당국 및 중앙은행에 대한 6개의 제언을 하고 있다.

도표 5-1 NGFS의 구성 기관 (2019년 4월 시점)

운영위원회 구성원과 옵저버	
Banco de Mexico (멕시코)	Deutsche Bundesbank and Bafin (독일)
Bank Al-Maghrib (모로코)	Finansinspektionen (스웨덴)
Bank of England (영국)	Monetary Authority of Singapore (싱가포르)
Banque de France (프랑스)	People's Bank of China (중국)
De Netherlandsche Bank (네덜란드)	Bank of International Settlements (국제결제은행)
본회의 구성원과 옵저버	
Banca d'Italia (이탈리아)	Osterreichische Nationalbank (오스트리아)
Banco de Espana (스페인)	Reserve Bank of Australia (호주)
Banco de Portugal (포르투갈)	Reserve Bank of New Zealand (뉴질랜드)
Bank Negara Malaysia (말레이시아)	Suomen Pankiki (핀란드)
Bank of Canada (캐나다)	Superintendencia Financiere de Colombia (콜롬비아)
Bank of Greece (그리스)	Sveriges Riksbank (스웨덴)
Bank of Thailand (태국)	European Bank for Reconstruction and Development
Banque Nationale de Belgique (벨기에)	European Banking Authority
Banque Centrale de Luxembourg (룩셈부르크)	European Central Bank
Central Bank of Ireland (아일랜드)	European Insurance and Occupational Pentions Authority
Denmark Nationabank (덴마크)	International Finance Cooperation
Financial Service Authority (일본)	OECD
Norges Bank (노르웨이)	Sustainable Insurance Forum
Magyar Nemzeti Bank (헝가리)	The World Bank

출처: NGFS, "A call for action: Climate changes as a source of financial risk"에서 필자 작성

제2절 금융리스크로서의 기후변화 리스크

중앙은행 및 금융감독 당국의 목적은 금융시스템 전체의 안전성 유지 및 이와 관련한 업계 전체의 대응에 대한 감독이다. 개별 금융기관의 경영과제 대응은 개별 금융기관의 의사결정 및 거버넌스체제 하에서 대응되어야 한다. NGFS는 기후변화 리스크는 경제 성장성 및 생산성 향상, 에너지 및 식품가격, 인플레 기대 등을 통해 거시경제 및 금융시스템 전체에 영향을 미칠 가능성이 있으며, 그런 의미에서 중앙은행 및 금융감독 당국이 일관성있는 정책으로 대응해야 하는 대상이라고 보고 있다. NGFS에 의하면 기후변화 리스크는 과거의 사회구조 변화에 비해 아래와 같은 두드러진 특징을 가지고 있다.

- 기후변화 리스크는 가계, 기업 및 정부 등 경제의 모든 부분에 광범위한 영향을 미치고 있으며, 그 리스크는 비선형으로 증폭될 가능성이 있다. 그런 의미에서 과거의 사회구조변화에 의한 영향보다 크고 보다 광범위하게 발생한다.
- 기후변화가 야기하는 현상 및 그 시기, 여정은 불투명 하지만 물리적 리스크와 이행리스크가 장래 현재화될 것은 거의 확실하다
- 기후변화는 온실가스 배출이 증가하고 있는 것에 기인하기 때문에, 현재의 과학기술로는 이러한 진행을 되돌릴 수 없다는 불가역성이 존재한다. 따라서,
- 금융경제에 대한 장래 영향의 크기는 정부 및 중앙은행, 금융감독 당국, 금융시장 참여자, 기업 및 가계부문이 지금부터 취하는 행동에 의해 결정된다.

NGFS는 기후변화 리스크 중 물리적 리스크와 이행리스크를 거론한 후 각각이 금융경제에 미치는 영향에 대해 다음과 같이 언급하고 있다.

물리적 리스크의 영향

이상 기상현상은 사회인프라 및 부동산 등에 손상을 끼치고 나아가 공급망을 통해 경제 전반에도 영향을 미친다. 결과적으로는 경제자본 및 경제생산성에도 악영향을 미칠 가능성이 있다. 손상을 입은 인프라 및 부동산이 보험으로 해결되는 경우에는, 보상범위에 대해 보험사가 손실을 부담하지만 이것들은 장래 보험요율의 상승이라는 형태로 보험계약자들의 부담으로 전가된다. 또한 보험의 보상범위를 넘어서는 부분에 대해서는 인프라 및 부동산 보유자가 부담하게 되며, 대출을 제공한 금융기관의 신용리스크가 증가하고 금융기관의 대출 여력 축소로 이어진다. 이처럼, 기후변화 리스크와 금융경제 사이에는 리스크와 영향의 상승효과가 존재한다고 생각할 수 있다(도표 5-2 참조).

이와 같은 물리적 리스크가 금융안정 리스크에 미치는 파급효과를 정확히 예측하는 것은 어렵지만, 반대로 지구의 평균기온이 산업혁명 이전에 비해 2.5도 이상 상승하는 경우, 세계 금융자산의 2%가 리스크에 노출된다는 연구결과도 있다[2].

이러한 영향에 대한 견고함은 지역 및 부문에 따라 차이가 있다. 예를 들어 경제가 특정 산업에 편재되어 있거나 물리적 리스크에 대해 취약한 공공인프라에 의존하고 있는 국가 및 지역에서는 물리적 리스크에 대해 악영향을 받기 쉬운 상황에 있다고 할 수 있다. 물리적 리스크가 금융안정 리스크에 미치는 영향은 사회인프라 및 경제의 내구성을 고려한 위에 종합적인 분석을 할 필요가 있다.

---

2. Dietz, Bowen, Dixon and Gradwell, "Climate value at risk of global financial assets." Natire Climate Change, 2016년

도표 5-2 물리적 리스크가 금융안정 리스크에 영향을 미치는 파급 경로

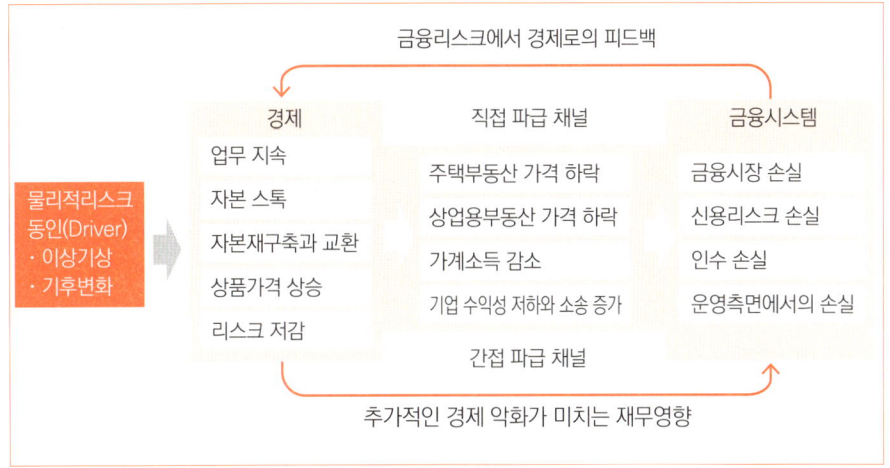

출처: NGFS, "A call for action: Climate change as a source of financial risk"

이행리스크의 영향

저탄소경제에의 이행은 에너지 및 토지의 이용, 사회인프라 및 산업구조 등에 대규모의 급속한 변화를 초래할 가능성이 있다. 이러한 이행은 경제와 금융시스템에 이행리스크와 동시에 기회를 가져오게 된다. 예를 들어 특정 산업에 도입된 법규제를 계기로 한 저탄소기술의 도입은 추가적인 비용이 발생하게 된다. 법규제의 도입 내용 및 일정은 불확실하며, 이행리스크의 정도 및 임팩트도 현시점에서는 알 수 없다. 그렇지만 저탄소경제로 이행시키기 위한 노력을 하지 않는 경우에는 이상 기상현상의 확대를 포함하여 장래 기후변화 리스크 증가가 예상되기 때문에 이행노력을 포기한다는 선택지는 존재하지 않는다는 점도 분명하다. 또한 저탄소경제로의 이행을 향한 행동이 지연되는 경우, 장래 급속한 정책 이행이 요구될 것이며, 이는 보다 큰 고통을 동반한 엄격한 정책이 필요한 상황이 되어 이행리스크는 더욱 더 높아지게 된다. 급속한 정책 이행이 발생한다면 표준적인 산업의 가치는 급속히 하락하고, 자본가치 및 수입이 크게 훼

손되며 보다 큰 시장리스크와 신용리스크를 부담하게 될 수도 있다. 저탄소경제로의 이행은 명확한 정책전환을 투명성이 높은 형태로 추진할 필요가 있다(도표 5-3 참조).

도표 5-3 이행리스크에서 금융안정 리스크로의 파급 경로

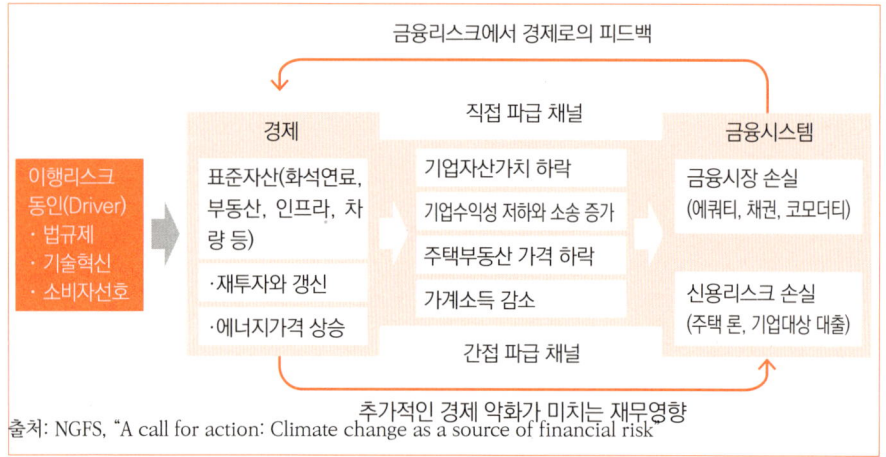

제3절 중앙은행 및 감독당국에 대한 NGFS의 제언

이상과 같은 인식에 기초하여 NGFS는 중앙은행 및 금융감독 당국이 취해야 하는 행동으로 다음의 6가지를 제언하고 있다.

제언 1: 기후변화 리스크와 금융안정화 모니터링·금융감독과의 통합

> 【제언 1】 기후변화 관련 리스크가 금융리스크 요인 중 하나라는 인식에서 기후변화 관련 리스크를 금융안정화 모니터링 및 미시적 금융감독과 통합해야 한다.

이를 위한 순서는 다음과 같다.

① **금융시스템의 기후변화 관련 리스크를 평가해야 한다.**
- 금융시스템에 내재하는 물리적 리스크 및 이행리스크의 파급 경로를 특정하고 이것들을 모니터링하기 위한 주요 리스크 지표를 설정한다.
- 데이터에 기초하여 장래 상황에 관한 여러 시나리오를 만들고, 기후변화 관련 리스크의 정량적 분석을 실시한다.
- 기후변화의 물리적 리스크 및 이행리스크를 거시경제 예측 및 금융안정화 모니터링에 반영하여 검토한다.

② **기후변화 관련 리스크를 아래의 형태로 금융감독과 통합한다.**
- 금융기관이 전략 및 리스크 관리를 이사회에서 논의할 때, 기후변화 리스크가 고려되어 있는지 및 기후변화 리스크의 인식, 분석, 관리 및 보고가 적절히 진행되고 있는지에 대해 대화를 통해 촉진한다.
- 기후변화 리스크에 대한 이해가 깊어지는 것과 병행하여 금융기관에 대한 감독지침을 제시한다.

특히 ①의 시나리오 분석은 기후변화 리스크가 거시경제 및 금융시스템 나아가 금융기관의 안전성 및 건전성에 미치는 영향을 평가하기 위한 중요한 툴이다. 한편으로 기후변화 리스크의 영향평가에 유효한 시나리오를 검토하기 위해서는 해결해야 할 과제도 많다. 기후변화 리스크의 발생 시점 및 임팩트의 크기가 불투명하고, 일차적 및 이차적 파급 경로가 복잡할 뿐만 아니라, 그것이 물리적 리스크와 이행리스크에 대해 현재 어떠한 행동을 유발시키는 지에 의존하기 때문이다. 장래의 행동과 미래의 물리적 리스크와 이행리스크의 방향성과의 의존 관계는 도표 5-4와 같이 정리할 수 있다.

도표 5-4 정책 행동과 기상변화 리스크의 의존관계

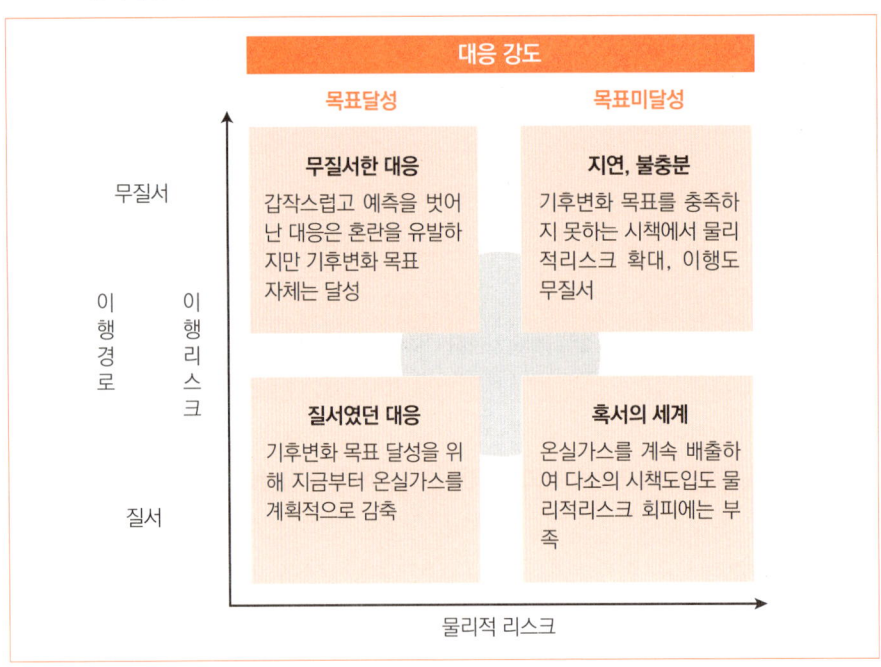

출처: NGFS, "A call for action: Climate change as a source of financial risk"

한편 ②의 기후변화 리스크를 금융당국에 통합하는 순서는 다음과 같이 생각할 수 있다.

- 금융기관에서의 기후변화 리스크 인식을 향상시킨다.
- 분석 툴의 개발 및 침투를 통해 기후변화 리스크를 평가한다.
- 금융감독 당국이 기대하는 기후변화와 관련된 거버넌스, 전략 및 리스크 관리에 관련한 가이던스를 마련한다.
- 기후변화 리스크와 관련한 디스클로저원칙을 공표한다.
- 자기자본규제상의 「제2의 기둥[3]」을 통해 개별적으로 추가적인 자본 요청을 검토한다.

이상을 정리하면 도표 5-5와 같다.

도표 5-5 기후변화 리스크 관리와 금융감독 당국의 통합을 위한 단계

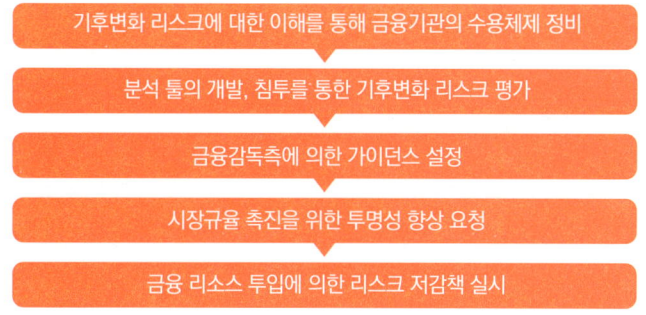

출처: NGFS, "A call for action: Climate change as a source of financial risk"

이러한 절차를 진행시키기 위해 일부 감독당국은 기후변화 리스크의 재무적 영향을 개별금융기관의 감독에 반영시키는 기법으로, 「기후변화리스크평가

---

3. Climate Risk Assessment (제6장 참조)

(CRA)」라는 틀을 도입하고 있다. 동 기법은 상이한 시나리오하에 금융기관이 부담할 가능성이 있는 장기적 영향에 대한 정성적 CRA와 재무리스크를 정량적으로 평가하려는 정량적 CRA를 조합하여 기후변화 리스크의 임팩트를 평가하는 방법이다(도표 5-6 참조).

도표 5-6 정량적 CRA

이행 리스크	금융기관의 고탄소부문에 대한 익스포저 평가
	에너지효율강화정책에 의한 에너지 비효율 주택에 대한 익스포저 평가
	기후변화 관련 스트레스의 부문 전체 스트레스의 통합
물리적 리스크	특정 기온상승 가정에 기초한 기후변화 시나리오 수립
	특정 홍수발생 시나리오에 기초한 주택 및 상업용 건축물의 손해와 금융기관 익스포저에의 영향 예상
	거점 전개의 지리적 분산에 기인한 기업의 자산 취약성 분석

출처: NGFS, "A call for action: Climate change as a source of financial risk"

제언 2: 포트폴리오관리에 지속가능성 요인의 통합

> 【제언 2】 국가별로 법제도가 상이하다는 점을 인식하고, NGFS는 중앙은행이 자신의 포트폴리오관리에서의 지속가능성 요인을 공개하여 금융기관에 대한 모범을 제시할 것을 장려한다.

중앙은행이 솔선하여 자신의 포트폴리오에서의 지속가능 요인을 공개하는 것은 다음과 같은 의미가 있다.

- 투자자가 기후변화 리스크에 대해 장기적인 리스크와 기회를 이해하는 것을 돕고 사회에도 긍정적인 영향을 미친다.

· 포트폴리오에서의 지속가능 요인을 솔선 공개하여 중앙은행 자신의 평판리스크를 관리할 수 있다.

NGFS는 많은 중앙은행이 극히 한정적인 투자목적하에서 포트폴리오를 운영하고 있기 때문에 위와 같은 이점을 활용하는 것에 한계가 있다는 것을 인식하고 있다. 한편으로는 중앙은행 일부는 지속가능 요인의 공개에 대해「선두 주자(The front runner)」로서의 역할을 수행하고 있으며, 이러한 사례는 향후 중앙은행 포트폴리오의 지속가능성 요인 공개에 영향을 미칠 가능성이 있다.

제언 3: 데이터 갭의 보완

> 【제언 3】 NGFS는 G20 주도의 이니셔티브에 의해 각국의 감독당국이 보유한 기후변화 리스크평가관련 데이터를 공유할 것을 장려한다. 또한 현재의 데이터 갭을 보완하고 기후변화 리스크와 기회를 평가하기 위한 워킹그룹 설치가 바람직하다고 생각한다.

NGFS는 기후변화 리스크 관련 데이터 결여가 기후변화 리스크 분석을 어렵게 하고 있다는 인식 하에 다음과 같은 문제점을 지적하고 있다.

· 데이터의 가용성: 기후변화 리스크에 대한 익스포저, 특히「녹색」자산 및「브라운」자산별 리스크와 리턴의 관계를 생각하는 것은 기후변화 리스크를 평가하기 위한 중요한 정보가 된다. 또한, 기후변화 리스크가 거시경제에 미치는 영향에 대한 상세한 데이터도 불가결하다. 또한 이러한 데이터는 특히「녹색」자산시장의 발전을 정량평가하기 위해서도 필요하다.
· 보유기간: 현재 실제로 이용가능한 데이터의 대상 기간이 기후변화 리스크 적용 측면에서는 너무 짧다.
· 분석능력 부족: 기후관련 데이터와 금융데이터를 통합한 분석을 하기 위해서는 관계자의 노하우를 집결시킬 필요가 있다.

제언 4: 자원배분에 의한 기술지원과 지식공유의 촉진

【제언 4】 NGFS는 중앙은행, 감독당국 및 금융기관이 조직내 기후변화 리스크 분석력을 향상시켜, 외부관계자와 기후변화의 리스크와 기회에 대한 상호이해를 심화시킬 수 있도록 협력하는 방안을 장려한다.

특히 중앙은행, 감독당국 및 금융기관에 다음의 사항을 장려한다.

- 기후변화 관련 리스크와 기회를 평가하기 위해서 조직 내에 충분한 자원을 배분할 것
- 필요한 역량과 지식을 익히기 위한 연수의 실시
- 학계 및 싱크탱크와의 협력
- 기금융시스템 내부에서 지식 공유에 의한 인식의 향상

상기 사항에 대해 NGFS는 이미 학계, 싱크탱크, NGO, G20, OECD, IOSCO, TCFD 및 각국 중앙은행 등과의 협력에 더해, 향후 신흥국 시장에 대한 기술지원을 시도하고 있다. 이와 같이 다양한 단체와의 협력을 통해, NGFS는 금융업계와 감독당국이 지속가능한 금융시장 발전을 촉진하는 역할을 수행할 수 있도록 지원한다.

제언 5: 국제적으로 정합적인 기후 및 환경관련 디스클로저의 실현

【제언 5】 NGFS는 기후 및 환경관련 디스클로저 측면에서 국제적으로 정합적인 틀을 구축하는 것이 중요하다고 주장하고 TCFD의 대응을 지원하고 있다. TCFD 제언은 조직이 가지고 있는 기후변화 관련 리스크와 기회에 대해 정합적으로 비교가능성이 높고 또한 투자판단에 기여하는 디스클로저를 제공하고 있다. NGFS

는 금융기관뿐만 아니라 공모채 및 주식을 발행하는 모든 조직이 TCFD제언을 채택할 것을 장려하고 있다. 감독당국은 TCFD제언이 폭넓게 채택되도록 지원해야 하며 국제적으로 정합적인 환경 디스클로저의 확대 방안을 검토해야 한다.

금융기관이 기후변화 관련 디스클로저를 수행하는 것은 다음과 같은 장점이 있다.

- 기후변화 관련 리스크에 관한 프라이싱을 정교화하고 자본시장을 보다 효율적이고 효과적으로 기능시키기 위해서는 적절한 공개는 중요하다.
- 공개를 적절하게 추진하기 위해서는 정확한 데이터 수집과 기후변화 리스크의 인식 및 평가를 수행하기 위한 프로세스를 강화할 필요가 있고, 이는 결과적으로 기후변화 리스크관리의 고도화에 기여하게 된다.
- 적절한 공개는 시장관계자 및 감독당국이 지속가능에 관한 기회를 인식, 실현하는 것을 가능하게 하고, 결과적으로 「녹색」 금융시스템의 성장을 촉진하게 된다.

한편으로, 디스클로저에 관한 글로벌 표준을 위한 틀이 마련되지 않은 경우에는 주로 ①국가를 넘은 디스클로저 비교가 어렵게 된다, ②국가의 경계를 넘은 공평한 경쟁이 불가능하게 되어 국가별로 규제에 대응해야 하기 때문에 규제대응 비용이 상승한다는 문제가 발생하게 된다.

이런 의미에서 NGFS는 TCFD제언이 기후변화 관련 정보공개에서의 글로벌 표준화 기준이 될 가능성이 있다고 생각한다.

또한 NGFS는 감독당국이 환경 및 기후변화 관련 정보공개에 대해 금융기관과 대화하고 또한 공개 기준에 대한 추가적 지침의 공표 등을 통해 금융부문에서의 기후변화 관련 표준 디스클로저를 위한 틀을 지원할 수 있다고 생각한다.

제언 6: 경제활동의 환경관련 택소노미의 개발 지원

> **【제언 6】** NGFS는 (ⅰ)저탄소경제로의 이행에 공헌하고, (ⅱ)기후 및 환경리스크에 관한 투명성 강화에 기여하는 공통의 택소노미 개발을 감독당국이 지원해야 한다고 생각한다. 택소노미는

- 금융기관이 기후 및 환경리스크를 인식, 평가 및 관리하는 것을 가능하게 한다.
- 상이한 자산간 리스크를 이해하는 것을 돕는다.
- 파리협정과 정합적인 저탄소경제에 자본이 유입되는 것을 촉진시킨다.

NGFS는 환경문제를 분석하기 위해서는 「녹색 자산」, 「녹색이 아닌 자산」 및 「브라운 자산」에 대한 명확한 택소노미가 불가결하다고 생각한다.

공통된 정의 및 분류를 제공하는 「택소노미」는 (a)이른바 「그린 워싱(그린세정)」을 막고, (b)녹색 자산과 이에 대한 투자에 대해 「공인」을 제공하고, (c)올바른 리스크 분석을 가능하게 한다는 점에서 중요하다. 또한 택소노미는 기술혁신 및 국제적인 금융규제 변화를 감안한 유연성을 가지지 않으면 안되며, 장래적으로는 글로벌하게 통일된 틀이 설정될 필요가 있다.

NGFS는 글로벌하게 통일된 택소노미에 의해 규제의 협조가 가능하게 되고 공정한 경쟁이 가능해 진다는 장점을 인식하고 있는 한편, 지역 및 국가별로 상이한 사정이 이른바 상충관계에 있다는 것도 인지하고 있다. 그런 의미에서 글로벌하게 통일된 택소노미에 합의하기 위한 장애는 많겠지만, NGFS는 지역 및 국가별로 상이한 택소노미의 비교가능성 및 정합성을 확보하기 위한 노력을 지원하겠다는 자세를 보이고 있다.

제4절 NGFS의 작업 방향성과 향후 계획

기후변화를 둘러싼 상황은 시시각각으로 변하고 있다. 종합보고서의 마지막에 NGFS는 향후 작업의 방향성으로 이하 3가지 사항을 들고 있다.

① 금융감독 당국과 금융기관을 위한 기후변화 리스크관리 핸드북 작성
② 기후변화 리스크 시나리오 분석과 관련된 가이드라인의 추진
③ 중앙은행 자신의 포트폴리오관리에서 지속가능 기준을 반영시키기 위한 베스트 프랙티스의 공표

이에 기초하여 NGFS는 그 후 활발히 활동을 계속하여 2019년과 2020년에 연달아 보고서를 공표하였다(도표 5-7 참조). 이하에서는 그 후에 공표된 보고서의 개요를 살펴보기로 한다.

도표 5-7 2019년부터 2020년의 NGFS 보고서

공표 연도	보고서명
2019년 7월	「기후변화가 유발한 거시경제와 금융안정에의 시사점」
2019년 10월	「중앙은행의 포트폴리오 매니지먼트를 위한 지속가능 책임투자 가이드」
2020년 5월	「기후변화 및 환경리스크를 금융감독에 통합하기 위한 감독당국자 가이드」
2020년 6월	「기후변화의 거시경제 및 금융안정에의 영향: 우선해야 할 조사 사항」
2020년 6월	「기후변화와 금융정책: 초기 단계의 정리」
2020년 6월	「중앙은행 및 감독 당국 대상 NGFS 기후 시나리오」
2020년 6월	「중앙은행 및 감독 당국 대상 기후 시나리오 분석 안내서」

「기후변화가 초래한 거시경제와 금융안정에의 시사점」
NGFS는 2019년 7월에 보고서 「기후변화가 가져다 주는 거시경제와 금융안

정에의 시사점」을 공표했다. 동 보고서의 목적은 기후변화가 거시경제와 금융시스템에 미치는 영향을 분석하기 위한 모델에 대해 그간의 학계 논의 상황을 정리하고, 향후 추가적인 연구가 필요한 분야를 특정하려는 점에 있었다. 그런 의미에서 본 보고서는 종합보고서를 작성할 때의 기반이 되는 사고 및 데이터를 정리한 것으로 생각할 수 있다.

또한, NGFS는 2020년 6월에 추가 보고서격인 「기후변화의 거시경제 및 금융안정에의 영향: 우선해야 할 조사 사항」을 공표하고 향후 어느 분야를 우선적으로 조사해야 할 것인지에 대한 NGFS의 생각을 정리하였다.

먼저 2019년 7월의 보고서 「기후변화가 가져온 거시경제와 금융안정에의 시사점」은 ①거시경제와 기후변화, ②금융안정과 기후변화, ③지식 및 기법간 갭과 중앙은행과 금융감독자의 옵션으로 구성되어 있다. 이 중 ①거시경제와 기후변화와 ②금융안정과 기후변화에 대해서는, 우선 각각 양자의 관계를 분석하기 위해 사용되는 모델을 정리하고 기후변화가 거시경제 내지 금융안정에 미치는 영향을 그 파급 경로, 추계 범위의 특정, 영향의 분포의 순으로 논의하고 있다.

① 거시경제와 기후변화

기후변화 리스크와 관련된 거시경제모델에는 기후변화 수준을 사전에 설정(예를 들어 「2100년에 2도 미만의 상승으로 억제하는 『2도 시나리오』」)하고, 이의 발생확률을 모델화하고 거기에 필요한 정책 행동(배출량의 몇 % 감축 등)을 도출하는 이른바 2세대 통합어세스모델(IAMs; Second Generation Integrated Assessment Models)이 주류를 이루고 있다.

다음으로 기후변화에 의한 물리적 리스크와 이행리스크 각각이 거시경제에 미치는 영향을 파급 경로, 시산 결과 및 영향의 분포에 대한 각종 연구 성과를 정리하는 접근법도 제시되었다(도표 5-8 참조).

도표 5-8 물리적 리스크의 거시경제에의 영향의 파급 경로

쇼크의 종류		지구온난화에 의한 충격	이상기후현상에 의한 충격
수요	투자	장래의 수요와 기후변화 리스크 관련 불투명성	기후변화 리스크 관련 불투명성
	소비	소비패턴의 변화	주택의 홍수 리스크 상승
	무역	운수시스템과 경제활동의 변화에 의한 무역 패턴의 변화	이상기후 현상에 의한 수출입의 일차적 정체
공급	노동력	기온상승에 의한 노동종사시간의 감소	이상기상현상에 의한 일시적 노동력 부족 인구이동에 의한 노동력 부족
	에너지/식량 등	농업생산성의 저하	식료 등의 부족 발생
	자본 쇼크	생산성이 높은 투자에서 적응 투자로의 리소스전환	이상기상에 의한 손해의 발생
	테크놀로지	기술혁신에서 적응 투자로의 리소스 전환	기술혁신에서 재구축 및 재건에의 리소스 전환

출처: NFGS, "Macroeconomic and financial stability implications of climate change"

② 금융안정과 기상 변화

기후변화 리스크 관련 금융안정 분석 모델은 ①재무상태표 분석, ②시나리오 분석, ③(주로 물리적 리스크의) 사례분석을 채택하고 있다. 그 후 기후변화에 의한 물리적 리스크와 이행리스크가 금융안정에 미치는 영향에 대해 그 파급 경로, 시산 결과 및 영향의 분포 순으로 각종 연구의 성과를 정리하는 형태로 제시되었다.

이 중 물리적 리스크가 금융안정에 미치는 영향의 파급 경로로는 비즈니스리스크, 신용리스크, 보험인수 리스크, 시장 리스크 및 법적 리스크가 있다(도표 5-9 참조).

도표 5-9 물리적 리스크가 금융안정에 미치는 영향의 파급 경로

리스크의 종류	영향(예)
비즈니스리스크	· 이상기후 현상이 동반한 업무정체에서의 조업 리스크 · 브라운자산 투자에 의한 평판리스크 등
신용리스크	· 기후변화에 동반한 손익 예상 변화에 의한 부채변제능력 저하 및 담보평가 하락에서 발생하는 신용리스크의 증가 등
보험인수리스크	· 이상기상 현상의 증가에 의한 부동산 및 업무계속 보험의 보험인수리스크 · 보험료 상승에 의한 보험인수 리스크의 가계, 기업에의 영향
시장리스크	· 투자자산의 재평가에 의한 투자채산성 저하 · 날씨파생상품 활용으로 금융기관으로의 리스크 이전
법적 리스크	· 환경손해에 대한 소송 리스크

출처: "Report on EU Green Bond Standard"에서 필자 작성

이행리스크가 금융안정에 미치는 영향의 파급 경로는 저탄소경제로 이행하는 경우에 이른바 「좌초 자산(Stranded Assets)[4]」이 증가하고 신용리스크와 시장리스크를 증가시킬 가능성이 있다. 보고에서는 좌초 자산은 자본 가치가 하락하는 「좌초 자본」 손실과 기업가치 및 프로젝트의 가치가 하락하는 「좌초 가치」 손실로 구분하고 각각의 영향에 대한 연구결과를 소개하고 있다(도표 5-10 참조).

---

4. 저탄소경제로 이행하는 과정에서 소비자 및 사회의 선호 및 수요가 변화하여 자산가치가 하락하고 감손처리를 포함한 손실이 발생하는 자산을 지칭

도표 5-10 좌초 자본과 좌초 가치

분류	컨셉	가격하락 동인
좌초 자본	이행리스크에 의한 투자자본의 좌초화 리스크	프로젝트에 필요한 설비투자 및 노동비용 등의 투하 인풋
좌초 가치	이행리스크에 의한 기업 및 프로젝트의 시장가치 하락 리스크	프로젝트로부터의 장래 수익

출처: NGFS, "Macroeconomic and financial stability: Implications of climate change"

③ 지식·기법 간 갭과 중앙은행·금융감독기관의 옵션

보고서에서는 기후변화 리스크 관리를 위해 향후 추가적인 개선이 필요하고 갭이 큰 분야로는 기후변화가 거시경제에 미치는 영향을 평가하는 모델 개발, 금융안정에 미치는 영향의 평가방법의 확립, 거시경제 영향과 금융안정 영향과의 관계에 대한 분석, 물리적 리스크와 이행리스크 쌍방을 고려한 시나리오 분석 검토를 들고 있다(도표 5-11, 5-12 참조).

도표 5-11 기후변화가 거시경제에 미치는 영향 분석과 개선 필요 부문

리스크의 타입		경제적 영향	타이밍	존재하는 갭
물리적 리스크	이상 기상현상	예상하지 못한 수급 쇼크의 발생	단기 ~중기	· 다양한 파급 경로와 관련한 이론 모델 · GDP요소에의 영향의 정량적 분석
	지구 온난화	생산성 및 경제성장에의 영향	중기 ~장기	· 리소스 이동의 정량적 분석
이행리스크		수급쇼크, 경제성장의 영향	단기 ~중기	· 기후변화 관련 정책의 투자, 노동, 생산성에의 영향에 대한 정량적 분석 · 저탄소경제이행의 GDP성장에의 영향 분석

출처: NGFS, "Macroeconomic and financial stability: Implications of climate change"

도표 5-12 기후변화의 금융안정에의 영향 분석을 위해 존재하는 갭

리스크의 타입		경제적 영향	타이밍	존재하는 갭
물리적 리스크	이상 기상현상	물적 자산, 보험 및 은행에의 영향. 시스템적 리스크에의 예상 외 쇼크 발생	단기 ~중기	기후변화 가속의 물적 자산에의 영향 비교적 짧은 기간(2030년까지 등)의 물적 영향과 금융안정에의 파급 경로
	지구 온난화	상정된 물적 자산 및 금융자산의 쇼크	중기 ~장기	비교적 짧은 기간(2030년까지 등)의 물적 영향
		상정된 금융 및 비금융 부분의 변화 (수익성, 보험 등)	중기 ~장기	특정 부문(농업, 부동산, 보험 등)의 중기적 영향
이행리스크		예상을 벗어나 금융자산에의 쇼크 (좌초 자산)	단기 ~중기	1.5도 시나리오에서의 좌초 자산의 발생 이행리스크 시나리오의 상세 정의와 재무적 영향(개별 기업, 부문, 경제 수준) 시스템적 리스크로 연결되는 파급 경로, 피드백 루트

출처: NGFS, "Macroeconomic and financial stability: Implications of climate change"에서 필자 작성

그 위에 향후 중앙은행 및 금융감독 당국이 채택해야 할 옵션으로 거시경제모델의 개발, 기후변화 시나리오의 개발, 스트레스 테스트분석, 주요 리스크 지표(KRI) 개발, 금융시스템에 대한 기후변화 리스크의 익스포저분석을 들고 있다.

1년 후에 공표된 추가보고서인 「기후변화의 거시경제 및 금융안정에의 영향: 우선해야 할 조사 사항」에서는 NGFS가 향후 어떠한 분야를 우선적으로 조사할지에 대해 다음과 같이 정리하고 있다.

① **【테마 1】기후변화 관련 금융시스템 리스크와 파급 경로**

Q1: 기후변화의 물리적 리스크 및 이행리스크가 금융안정에 영향을 미치는 직접/간접 파급 경로는 무엇인가?

Q2: (보험사, 재보험사, 연금기금, 은행, REIT 등의) 금융시스템 참가자에게 기후변화 관련 리스크 익스포저(비지니스리스크, 신용리스크, 보험인수리스크, 운영리스크, 유동성리스크, 시장리스크, 법적리스크)에는 어떠한 것이 있는가?

Q3: 시장 및 투자자는 탄소관련 리스크를 어디까지 시장가치에 반영하고 있는가? 증권시장은 유가증권 가격에 이행리스크를 어느 정도까지 고려하고 있는가?

Q4: 금융시스템 및 개별 금융기관은 엄격한 기후변화 시나리오에 대해 어느 정도 회복력을 가지고 있는가?

Q5: 기후변화 관련 금융리스크에 의해 금융부문 및 실물 경제의 재평가가 진행된 경우, (네트워크 효과 등) 잠재적인 피드백효과 및 전파효과에는 어떠한 것이 고려되는가?

② **【테마 2】거시경제 평가와 금융정책**

Q6: 보다 빈번하고 강한 이상 기후현상이 발생했을 경우, 단기적인 가격 변동 및 생산 갭에 미치는 거시경제상 영향은 어느 정도인가?

Q7: 저탄소경제로 이행하는 과정에서의 단기적 내지 중기적 거시경제 및 개별 부문에 대한 영향은 어느 정도인가?

Q8: 지구온난화가 생산성 및 잠재적인 생산 활동, 경제성장 등에 미치는 장기적인 영향은 어떠한가?

Q9: 기후변화는 인플레 기대에 어떠한 영향을 미치는가?

기후변화 리스크는 경제활동뿐만 아니라 사회활동 전체에 지극히 광범위한 영향을 미친다. 검토해야 할 분야도 여러 분야에 걸쳐있는 한편, 관계자의 가용 자원에는 한계가 있다. 중앙은행 및 금융감독 당국을 중심으로 구성된 NGFS는 향후 우선적으로 조사해야 분야를 명확히 하여, 조직내 자원 배분을 효율화함과 동시에 금융기관 및 학계를 포함한 관계자에 대해 금융감독 당국의 관심사항 및 기대감을 전달하고자 한 것으로 생각된다. 그런 의미에서 본 보고서는 2019년 7월 보고서에 대한 후속 작업과 접근법을 정리한 보고서로 이해할 수 있다.

중앙은행의 포트폴리오관리를 위한 지속가능 책임투자 가이드

NGFS는 2019년 10월에 「중앙은행의 포트폴리오관리를 위한 지속가능한 책임투자 가이드」를 공표하고, 중앙은행 스스로가 지속가능한 책임투자를 수행할 수 있는 지침으로 제시되었다. 그런 의미에서 본 보고서는 종합보고서상의 제언 2 「포트폴리오관리에서의 지속가능한 요인의 통합」에서 제시한 「국가별 법제도의 상이함을 인식하고, NGFS는 중앙은행이 자신의 포트폴리오관리에서의 지속가능 요인을 공개하는 것으로 금융기관의 모범이 될 것을 장려한다」를 실천한 가이던스로 생각할 수 있다.

보고의 구성은 도표 5-13과 같으며, 제4장의 「전략」은 ①네거티브스크리닝, ②베스트인클래스, ③ESG 인테그레이션, ④임팩트 투자, ⑤의결권행사와 인게이지먼트로 되어 있고, GSIA에 의한 ESG 투자 기법을 답습했다.

또한 보고서에서는 주요 중앙은행에서의 가이드라인 도입에 대한 사례 연구가 제시되어 있다. 이 점도 중앙은행이 지속가능 공개의 모범이 되는 내용을 스스로 실천한 대응이라고 할 수 있을 것이다.

도표 5-13 보고서의 구성

장	항목	
1	머리말	
2	중앙은행 포트폴리오	
3	사회적 책임 투자의 목적과 적용 범위	
4	전략	① 네거티브 스크리닝, ② 베스트 인 클래스, ③ ESG 인테그레이션, ④ 임팩트 투자자, ⑤ 의결권행사와 인게이지먼트
5	모니터링	
6	보고	
7	케이스 스터디	

출처: NGFS, "A Sustainable and responsible investment guide for central banks' portfolio management"에서 필자 작성

「기후변화 및 환경리스크를 금융감독에 통합하기 위한 감독당국자 가이드」

NGFS는 2020년 5월에 금융감독자가 기후변화 리스크를 금융감독에 통합하는 경우의 가이던스로 삼을 수 있는 「기후변화 및 환경리스크를 금융감독에 통합하기 위한 감독당국자 가이드」를 공표했다. 본 가이던스는 종합보고서상 제언 1에서 제시한 「기후변화 관련 리스크를 금융안정화 모니터링 및 미시수준의 금융감독과 통합해야 한다」를 실천하는 것으로 생각할 수 있다. 또한 NGFS의 작업방향성으로 제시된 「금융감독당국을 위한 기후변화 리스크 관리 핸드북 작성」에도 대응한 것으로 생각할 수 있다. 가이던스는 크게 5개의 제언항목으로 구성되어 있다.

> 제언 1: 금융감독 당국은 기후 관련 및 환경리스크가 각국의 경제와 금융부문에 파급되는 경로를 특정하고 이러한 리스크가 감독하의 금융기관에 미치는 영향의 크기를 파악해야 한다.

제언 2: 금융감독 당국은 기후관련 및 환경리스크 문제를 해결하기 위한 명확한 전략을 수립하고 내부조직을 구축함과 동시에 충분한 경영자원을 할당해야 한다.

제언 3: 금융감독 당국은 기후관련 및 환경리스크에 대해 취약한 금융기관의 익스포저를 특정화함과 동시에 이들 리스크가 현재화한 경우의 잠재적 손실을 평가해야 한다.

제언 4: 금융감독 당국이 기후 관련 및 환경리스크에 대한 적절한 대응이라고 생각하는 내용은 금융기관의 감독상 우선 목표로 명확히 설정해야 한다.

제언 5: 금융감독 당국은 금융기관이 기후 관련 및 환경리스크를 적절히 관리할 것을 요구하고, 필요에 따라 리스크 저감조치를 취해야 한다.

이 중 제언 4는 금융기관에 대한 금융감독 당국의 감독 상 우선 목표로 금융기관에 체제정비를 요구하게 되지만, 그 내용으로 「거버넌스」, 「전략」, 「리스크 관리」, 「시나리오 분석과 스트레스 테스트」, 「디스클로저」의 5가지 사항을 들고 있고, TCFD제언과 정합성을 가진 것으로 되어 있다. 또한 제언 5의 리스크 저감조치에 대해서는 정성적 및 계량적 판단기준에 의거해야 하고 금융감독 당국이 가지는 기존의 감독 툴을 활용하는 방법도 가능하다.

「기후변화와 금융정책: 초기단계의 정리」

NGFS는 2020년 6월에 보고서 「기후변화와 금융정책: 초기단계의 정리」를 공표했다. 전 항에서언급한 「금융감독에 통합하기 위한 감독가이드」가 금융감독의 관점에 서 있는 것에 비해, 본 보고서는 중앙은행의 금융정책에 대한 시점에 서서 제언 항목을 정리한 것으로 생각할 수 있다.

보고서에서는 중앙은행으로서 기후변화 리스크에 대한 아래 6가지 인식을 제시하고 각각에 대해 제언을 하는 구성으로 되어 있다.

【인식 1】 기후변화와 그 저감은 금융정책을 실시하는 경우 주요한 거시경제 변수에 보다 큰 영향을 미치고 있다.

→【제언 1】 NGFS는 중앙은행이 기후변화가 경제에 미치는 영향을 충분히 고려해야 하고, 기후변화는 이미 금융정책의 일부를 구성하고 있다고 인식해야 한다. 이러한 영향 중에는 3년에서 5년 정도의 종래의 시간 축을 넘어서서 금융정책에 영향을 미칠 가능성도 있다.

【인식 2】 기후변화는 중앙은행의 정책 범위에 관한 평가의 경계선을 불명확하게 할 가능성이 있다.

→【제언 2】 본래 자연이자율은 확인할 수 없는 변수이지만 중앙은행이 이것을 검증하는 것에 의미가 있다. 기후변화가 자연이자율에 미치는 영향에 대한 검증을 통해 정책의 채택 여지가 종래 생각하고 있던 것 보다 충분하지 않다는 점이 보다 명확해질 가능성이 있다.

【인식 3】 기후변화는 금융정책의 파급 경로에 영향을 미칠 가능성이 있다.

→【제언 3a】 NGFS는 중앙은행이 기후변화가 금융정책의 파급 경로에 미치는 영향에 대해 보다 심도깊게 분석하는 것이 중요하다고 강조한다.

→【제언 3b】 기후변화 관련 충격이 중앙은행의 포트폴리오 및 시장조작 오퍼레이션의 리스크 프로파일에 영향을 미칠 가능성이 있기 때문에, NGFS는 중앙은행이 리스크 관리 실무에 미치는 영향을 평가할 것을 제언한다.

【인식 4】 중앙은행은 기후변화 리스크를 거시경제 모델 및 경제예측 모델에 반영하여 중앙은행의 분석 툴을 강화할 필요가 있다.

→【제언 4a】 NGFS는 중앙은행이 기후변화의 영향을 조사하는 경우, 여타 분야에 걸친 어프로치를 채택하고 거시경제 모델에 반영할 것을 제언한다.

→【제언 4b】 중앙은행은 각각의 조사 주제를 공유하고 환경경제학의 노하우 및 생물물리학상의 제약 등 통상적으로 고려할 수 있는 범위를 넘어선 지혜를 집약하는 것이 바람직하다.

【인식 5】 모든 금융 레짐은 기후변화 및 그 저감책에 의한 과제에 직면하게 된다.

→【제언 5】 기후변화가 (1)중앙은행의 목표, (2)중앙은행이 목표를 달성하기 위한 시간 축, (3)금융정책 상 유연성의 정도 등 금융의 틀(레짐)에 근본적인 영향을 가져올 지 여부에 대해 중앙은행 및 학계는 연구할 필요가 있다.

【인식 6】 중앙은행이 고려해야 할 향후 추진 방향

→【제언 6】 중앙은행은 가계, 기업, 공적 부문 및 금융시장 참가자가 기후변화 리스크와 이행 정책에 대응하는 것을 도와주는 커뮤니케이션전략을 고도화할 것을 검토해야 한다.

상기 인식 및 이에 대한 제언은 이제까지의 인식 및 방향성을 중앙은행 및 금융정책 담당자의 시점에서 총괄한 것이라 할 수 있다.

NGFS는 보다 많은 관계자를 포함시키고 활동의 폭을 넓혀 가고자 한다. 2019년 발표된 종합보고서의 제언 내용은 물론이고 거기에서 제시된 작업의 방향성에 대해서는 2020년 전반기에 모두 추가 보고가 진행될 것이며, 극히 투명성이 높은 형태로 실행되어 왔다고 평가할 수 있을 것이다. 향후 기후변화 리스크 시나리오 분석을 둘러싼 논의도 NGFS를 중심으로 전개될 가능성이 있기 때문에 관련 동향에는 주목할 필요가 있다.

BOX4 그린 스완 보고서 - 국제결제은행

2020년 1월 국제결제은행은 「그린 스완 보고서」라는 특이한 이름의 보고서를 공표했다. 보고서 표지는 녹색의 백조가 우아하게 물 위를 헤엄치는 그림으로 장식되었다.

그린 스완 이름의 유래는 금융시장에서 사용되는 「블랙 스완」이라는 용어에서 기인한 것으로 생각된다. 블랙 스완이란 2008년 글로벌 금융위기에서 보여진 것과 같이, ①사전에 예상하지 못하고 예상 외로, ②영향이 극도로 크고, ③사후적으로만 설명되는 극단적인 현상이 산발적으로 확인되는 것을 금융시장에서 「검은 백조」에 빗댄 것이다. 이에 대해 본 보고서는 기후변화에 있어 금융계의 블랙 스완처럼 비선형이고 불가역한 현상이 예측불가능한 상황에서 사회전체의 시스템적인 리스크를 유발하는 「그린 스완」으로 발전할 가능성이 있다는 것을 경고한 것이다.

보고서는 그린 스완은 블랙 스완과 몇 가지 점에서 상이하다고 말하고 있다. 우선 기후변화의 영향은 불투명하지만 기후변화 리스크 자체는 거의 확실히 실현된다. 따라서 어떠한 형태로든 행동을 할 필요가 있다. 다음으로 그린 스완은 그 영향 범위의 폭에서 금융시스템적 리스크라기 보다는 보다 심각한 사회시스템적 리스크를 일으킬 수 있고 인류의 생존에 위협이 될 수도 있다. 마지막으로 그린 스완은 금융계에서의 블랙 스완보다 복잡하고, 물리적 리스크와 이행리스크의 복잡한 연쇄반응과 파급 효과는 예측불가능한 환경적 및 지정학적 대규모의 사회경제 변동을 만들어 낸다.

또 보고서는 기후변화 리스크에 대한 시나리오 분석은 기후변화 리스크에서의 그린 스완에 대한 준비를 개별 금융기관 수준에서 하는 의미에서는 유용한 툴이 될 수 있지만, 그린 스완에서 발생하는 사회구조변화의 전체상을 파악할 수 없고 부분적인 해결책만 제공된다고 주장하고 있다.

그린 스완의 리스크를 인식하는 경우, 금융안정화를 목적으로 하는 중앙은행은 어떻게 대처해야 할까. 보고서는 중앙은행 자신이 지도없이 해역에 나가야 하는 상황임을 인지하고, 중앙은행의 역할과 모순되지 않는 범위 내에서 지속가능 기준을 중앙은행 자신에 의한 포트폴리오보유 및 금융안정정책에 적극적으로 반영하는 방식으로 장기적인 역할을 수행할 수 있다.

　마지막으로 보고서는 장래의 기후변화 과제에 대처하기 위한 재정, 금융, 건전성 관련 정책믹스를 향한 사회적 논의를 진행해야 한다고 강조하고 있다. 또한, 기후안정화를 공공재로 인식하고, 국제금융시스템의 수단과 개혁에 의해 지지되어 지속가능을 기업회계와 국민경제계산(국민 경제 활동을 복식 부기의 방식으로 분류 및 집계하는 일-역자 주)의 틀에 반영해야 한다고 주장하고 있다.

　기후변화의 비선형 및 불가역한 변화에 대해 중앙은행이 적극적으로 행동해야 한다는 주장은 본래 정치 및 행정의 영역에 관한 논의가 아닌가라는 의문이 있을 수 있다. 그렇지만 「지평선의 비극」 가능성이 불식되지 않은 가운데, 통화부문 수문장인 중앙은행이 행동을 시작해야 한다는 주장이 의미가 없다고 단언할 수는 없다. 오히려 그것이 중앙은행을 중심으로 이니셔티브를 발휘하는 NGFS의 분위기라고 이해해야 할 것이다.

제2편 금융기관의 기후변화 리스크 관리

제6장

금융기관의 리스크 관리 어프로치

제1절 금융기관 리스크 관리의 기본적 시각

제2절 리스크 관리 실무: 시장리스크 관리

제3절 리스크 관리 실무: 신용리스크 관리

제4절 평판리스크 관리

제5절 종합리스크 관리 / 리스크 거버넌스

제6절 금융감독 관련 규제

제2편 금융기관의 기후변화 리스크 관리

제6장 금융기관의 리스크 관리 어프로치

　제2편에서는 금융기관이 기후변화 리스크 관리체제를 구축하기 위해 필요한 기본적인 프로세스를 검토한다. 금융기관이 기후변화 리스크를 어떻게 관리할 것인가를 생각하기 위해서는 기후변화 리스크가 일반적인 금융기관의 리스크 관리와 어떻게 다른지를 먼저 명확히 할 필요가 있다. 이를 위해 본 장에서는 우선 금융리스크 관리에 대한 기본적인 사고에서 출발하여 금융리스크 관리체제 정비를 위한 프로세스, 특히, 기후변화 리스크 관리를 위한 틀을 중심으로 살펴보기로 한다.

제1절 금융기관 리스크 관리의 기본적 시각

리스크 관리란 무엇인가

　리스크와 리턴은 동전의 양면적인 성격으로 리스크를 부담하지 않으면 리턴을 얻을 수는 없다. 금융기관도 예외없이 비즈니스를 수행하는 과정에서 다양한 리스크를 취급하고 있다. 예를 들어, 대출업무의 경우, 거래처의 신용상태가 악화되었을 때에 손실을 입을 신용리스크, 시장업무의 경우, 금리 및 환율의 움직임이 예상과 다른 방향으로 변동되었을 경우에 손실을 입을 시장리스크, 그리고 보험업무의 경우에는 보험인수리스크, IT시스템 장애로 발생하는 시스템리스크 등을 생각할 수 있다. 리스크 관리는 비즈니스와 관련한 리스크에 적극적으로 대응하여 리턴을 높이고 기업가치를 극대화하려고 노력하는 것이다.

　만일 이러한 리스크가 현재화하여 손실이 발생하는 경우에는, 금융기관의 실적에 악영향을 끼치고 자본을 훼손하게 된다. 발생한 손실이 거래처의 도산에서 기인한 경우나 시스템장애에서 발생한 경우 모두 자본을 훼손한다는 의미에서는 큰 차이가 없다. 금융기관의 경영 건전성을 지킨다는 관점에서 보면, 금융기관이 부담하고 있는 다양한 리스크 중 어느 하나라도 현재화하여 손실이 발생한 경우에 대응할 수 있도록 리스크 관리체제를 정비할 필요가 있는 것이다.

　금융기관은 자신이 어떠한 리스크를 취하고 있는지 그리고 결과적으로 어떠한 리스크에 노출되어 있는지, 이에 더해 노출되어 있는 리스크가 당초 상정했던 범위 내에 위치해 있는지를 확인할 필요가 있다. 그렇지 않으면 스스로가 생각하지도 못했던 리스크에 노출되거나 생각했던 것 이상으로 리스크를 부담하게 된다. 이러한 상황에서는 금융기관의 자본이 과도하게 리스크에 노출될 수 있기 때문이다.

　금융가치를 높이기 위해서 어떠한 비즈니스를 수행하고 그를 위해 필요한 리스크를 어느 정도 취할 것인지에 대한 의사결정은 금융기관의 최고의사결정기관인 이사회가 수행한다. 이에 대해 금융기관이 부담하는 리스크가 이사회가 규정한 범위에 수렴하고 있는지 여부를 모니터링하고 관리하는 역할은 금융기관의 경영진에게 위임되어 있다. 경영진은 모니터링과 관리를 적절하게 수행하기 위해 CRO(Chief Risk Officer)와 그 산하에 리스크 관리부서를 설치하고 이 업무들을 담당하게 한다. 즉, CRO와 리스크 관리부문의 역할은 금융기관의 리스크가 이사회가 정한 범위 내에 수렴하는지 여부를 모니터링하는 것이다. 또한 그 전제로 이사회에 대해 금융기관의 리스크 부담과 관련한 적절한 정보를 제공하고 이사회의 의사결정을 지원하는 것도 CRO와 리스크 관리부문의 중요한 역할이다. 이들은 역할 수행을 위해 금융기관 경영을 위한 리스크 관리방식과 툴을 제공해야 한다. 이른바 이사회의 의사결정을 정점으로 하는 리스크 부담과 관리에 관련한 피라미드를, 비즈니스가 수행되고 있는 현장까지 포함하는 체제를 구축하고 유지하는 것이 금융기관의 리스크관리이다.

이처럼 이사회의 의사결정을 정점으로 한 리스크 관리의 피라미드적 체계 및 그것을 종합적으로 유지하는 것을 「리스크 거버넌스」라고 부른다. 이른바 리스크를 공통 언어로 한 기업 지배구조라고 할 수 있다.

리스크 거버넌스적 사고에 기초하면 리스크 관리실무는 ①리스크 카테고리별 관리와 ②리스크횡단적 통합관리, ③이사회 관리 하 전체를 유지관리하는 리스크 거버넌스의 조합이라 할 수 있다. 리스크 카테고리별 관리란 신용리스크 및 시장리스크, 시스템리스크 등 리스크를 카테고리별로 관리체제를 구축해서 관리하는 것이다. 이에 대해 리스크횡단적 통합관리란 리스크 카테고리별로 관리된 리스크를 전체로서 파악하고 리스크 전반에 걸쳐 관리 틀을 제공하는 것이다. 마지막으로 리스크 거버넌스는 이러한 틀 전체의 균형과 관리의 충분성을 확보하는 활동이다. 이하에서는 각각의 개요를 살펴본다.

리스크 카테고리

 리스크 카테고리별 관리를 위해서는 금융기관이 노출되어 있는 다양한 리스크를 리스크 카테고리별로 분류한 다음 명확히 정의를 내릴 필요가 있다. 리스크의 정의는 은행, 보험 혹은 자산운용업 등 금융기관의 업태에 따라 상이하지만, 이하에서는 은행업을 중심으로 한 리스크 카테고리를 중심으로 살펴보기로 한다.

① **신용리스크**

 신용리스크란 대출 등 여신 거래의 거래처 및 채권 및 어음 등의 금융상품 발행자가 도산하거나 신용상태가 악화되는 등의 사유로 당해 여신 거래의 가치가 소실 혹은 감소되어 손실을 입는 리스크를 의미한다.

 여신 거래처의 디폴트(채무 불이행)로 인해, 대출금 등 채권의 전액 혹은 일부가 회수불가능하게 되어 손실을 입는 경우가 전형적이다. 하지만, 여신 거래처가 디폴트가 아닌 경우에도 여신 거래처의 신용상태 악화와 동반하여 추가 담보 등이 발생하거나 보유 채권의 가격 하락 등에 의해 손실이 발생할 가능성이 있는 경우도 포함될 수 있다는 것에 주의가 필요하다.

 신용리스크와 기후변화 리스크의 관계를 보면 예를 들어, 태풍 및 고조(高潮) 등의 기상현상으로 주택 파괴 및 침수 등의 직접 피해가 발생하는 주택 론의 손실 및 해면상승으로 연안지역 주택의 담보가치가 하락하여 주택 론의 대주인 금융기관에게 초래된 신용리스크 증가 등을 생각할 수 있다.

② **시장리스크**

 시장리스크란 금리, 환율, 주식 등의 시장요인이 변동하여 보유한 금융자산 및 부채 포지션의 가치 하락으로 손실을 입는 리스크를 말한다.

시장리스크 요인은 금리, 환율 및 주식뿐만 아니라 금리 및 환율 등의 변동율, 옵션 계약으로 발생하는 옵션 요인, 개별 기업의 신용력을 반영한 크레딧 스프레드, 채권 상품 및 예금 상품에 내재된 중도해약률 등도 시장리스크 요인으로 생각할 수 있다. 또한, 금융시장 외에도 원유 및 귀금속 등의 상품가격에 더해 이산화탄소의 배출권 등도 시장리스크 요인이다.

시장리스크와 기후변화 리스크의 관계로 보면, 이산화탄소 배출권을 보유한 기업은 배출권가격의 변동이라는 시장리스크에 노출되게 된다. 또한 석유회사는 화석연료로서의 원유(코모더티) 가격 변동에 대한 시장리스크 익스포저를 갖게 된다.

③ 유동성리스크

유동성리스크에는 자금유동성 관련 리스크와 시장유동성 관련 리스크가 있고 이들은 각각 상이한 성격을 가지고 있다.

자금유동성 리스크란 이른바 자금융통 리스크이고 부채에 대한 자산의 유동성을 확보할 수 없게 되어 필요한 자금 확보가 어려워지거나, 부채의 조달비용이 크게 상승하여 막대한 손실을 입는 리스크를 말한다. 예를 들어 운용과 조달기간의 비일치 및 예상 외의 자금 유출, 시장 전체의 혼란 및 신용 수축 등으로 필요 자금의 확보가 어려워지는 상황 등의 리스크가 포함된다.

이에 비해 시장유동성 리스크란 시장의 혼란 등으로 보유 포지션을 적절한 시점 혹은 적절한 가격으로 처분할 수 없게 된 상황으로 인해 손실을 입는 리스크를 말하고 주로 보유 포지션을 처분하려고 할 때 발생하는 리스크이다.

④ 보험인수리스크

보험사가 인수하는 보험리스크의 대가가 되는 보험료는 경제 정세 및 보험사고 발생률·손실액 등에 대한 예측을 기초로 산출된다. 이러한 보험료 설정 시의 상정을 뛰어넘는 사태가 발생하여 보험사가 손실을 입는 리스크가 보험인수리스크이다. 보험인수리스크는 보험료 산출 시 예측과 실적 간 괴리에 따라 다양한 형태로 일어날 가능성이 있다. 대표적인 예를 들자면, 적절하지 않게 설정된 보험료에 의해 손실이 현재화되는 경우 및 대규모 지진 등처럼 발생 빈도는 낮지만 규모가 큰 보험사고가 발생하여 예상을 넘는 보험료를 지불해야 하는 경우 등을 생각할 수 있다.

보험인수리스크와 기후변화 리스크의 관계는 매우 밀접하다. 태풍 및 홍수 등의 물리적 리스크가 현재화된 경우에는 거액의 보험료가 지불되지만, 해면상승으로 연안지역 주택의 침수 피해 빈도가 상승하여 설정된 보험료 예측이 잘못되는 경우도 있을 수 있다. 기후변화 리스크는 보험인수리스크에 있어 장래 중요한 요인이 될 가능성이 있다.

⑤ 운영리스크

운영리스크란 내부 프로세스, 인적 요인 및 시스템의 부적절(기능하지 않는 것 등) 혹은 외생적인 현상으로 손실을 입는 리스크로 정의된다. 운영리스크는 금융기관이 업무를 수행하는 과정에서 필요한 사무, 시스템 혹은 소유 사무소의 손상, 법적인 분쟁 등에서 손실이 발생하는 등의 리스크이다. 이들은 내부관리 체제에 문제가 있는 내부 요인과 재해 및 도난 등의 외부 요인으로부터 손실을 입는 리스크로 분류될 수 있다. 전술한 신용리스크 및 시장리스크가 비즈니스를 추진하기 위해 적극적으로 취하는 리스크인데 비해, 운영리스크는 그러한 비즈니스의 결실로서 발생한다. 즉, 사무, 시스템 혹은 법적인 절차 등 이른바 비지니스의 결과로 생겨나는 리스크라는 점에 가장 큰 특징이 있다. 하지만 운영

리스크라고 해도 시스템 장애로 발생하는 손실리스크와 소송안건에서 발생하는 법적인 손실 리스크는 성격이 전혀 다르고 그 관리 방법도 상이하다. 운영리스크는 구체적인 내용에 따라 사무리스크, 시스템리스크, 정보보안리스크 등과 같은 하위 카테고리로 세분화되고 각각에 상응한 방법으로 관리하는 것이 일반적이다.

(a) 사무리스크

사무리스크는 금융기관의 임직원 및 기타 구성원이 고의 혹은 과실과 관계없이 사무를 소홀히 하거나 부정 사고 등을 일으키는 것에 의해 손실을 입는 리스크라고 정의된다. 이른바 「사무적 차원의 실수」에서 손실이 발생하는 경우와 업무상 부정에서 손실이 발생하는 리스크로 대별된다.

(b) 시스템리스크

시스템리스크는 IT시스템의 다운 또는 오작동 등 IT시스템의 불완전에 동반하여 손실을 입는 리스크 및 컴퓨터가 부정하게 사용되는 것에 의해 손실을 입는 리스크로 정의된다. 시스템 장애를 일으키는 요인으로 인한 손해배상 등의 손실이 발생하는 경우도 시스템리스크에 해당된다.

(c) 정보보안리스크

정보보안리스크는 금융기관의 정보 자산이 부정 혹은 과실에 의해 회사 외부로 유출되거나 손해배상, 벌금 등으로 손실을 입는 리스크로 정의된다. 이른바 사이버공격에 의해 고객정보가 유출되는 경우는 정보보안리스크의 대표적 사례이다.

(d) 컴플라이언스리스크[1]

컴플라이언스리스크는 관련한 법규제 등의 준수를 소홀히 하여 행정처분, 업무정지 및 업무개선명령 등을 받게 되어 벌금 등 업무상 기회손실 발생 등으로 손실을 입는 리스크로 정의된다.

(e) 법적 리스크

법적리스크는 계약 등의 행위가 예정된 법률적 효과를 발휘시키기 위한 검토 및 소송 등에 대한 대응 불충분으로 인해서 손실을 입는 리스크로 정의된다.

기후변화 리스크 관련으로는 기후변화 리스크와 관련된 대응이 불충분하여 기업 및 공공단체가 시민단체 및 환경단체로부터 소송을 당하는 사례가 빈번해지고 있다. 제1장에서 소개한 캘리포니아의 산림화재 책임을 물어 경영 파탄에 빠진 미국 PG&E사는 그 전형적인 예이다. 소송리스크는 법적 리스크의 일부로 생각되고 기후변화 리스크는 법적 리스크 관리 상 중요한 요소이다.

(f) 인적 리스크

인적 리스크란 조직의 인재 유출, 상실, 사기 저하 등으로 손실을 입는 리스크로 정의된다.

(g) 유형자산리스크

유형자산리스크는 자연재해 등의 외생적 현상으로 인해 토지, 건물 및 비품 등의 유형자산이 손상되어 손실을 입는 리스크로 정의된다.

---

1. 본래 컴플라이언스는 법령준수라는 업무 운영의 기본과 관련이 있고, 종래 리스크관리와는 독립하여 파악하려는 사고가 일반적이었지만, 최근 유럽 및 미국 금융기관들은 법령준수 및 업무 운영에 기인한 거액의 벌금 사고가 다수 발생하고 컴플라이언스와 관련한 손실의 영향이 커졌기 때문에 오퍼레이셔널리스크의 하위 카테고리로 다루는 경우가 증가하고 있다.

유형자산리스크는 기후변화 리스크와 매우 밀접한 관계에 있다. 물리적 리스크의 결과로 태풍 및 고조 등의 이상 기상현상이 발생하여 기업의 건축물이 손상을 입는 경우 및 사무소가 입주한 건축물이 이행리스크에 대응하지 못하여 손실이 발생하는 경우 등 기후변화 리스크는 유형자산리스크 관리 상 중요한 부분을 차지한다.

(h) 규제 · 제도변경 리스크

규제 · 제도변경 리스크는 세제 및 회계제도 등 각종 제도 변경에 의해 손실을 입는 리스크로 정의된다.

규제 · 제도변경 리스크는 기후변화 리스크의 이행리스크와 강한 관련이 있다. 예를 들어 저탄소경제로 이행하는 과정에서 이산화탄소 배출에 대해 새롭게 탄소세가 부과되어 대상이 된 기업 및 기업이 보유한 자산이 감가되는 경우가 이에 해당한다.

(i) 평판리스크

평판리스크는 고객 및 시장 등의 평판이 악화됨에 따라 손실을 입는 리스크로 정의된다.

평판리스크 역시 기후변화 리스크와 강하게 관련이 있다. 기후변화 리스크에 대한 기업의 대응이 불충분하다고 판단되는 경우, 환경단체 등이 해당기업 및 금융기관에 대해 네거티브 캠페인을 벌이는 경우가 있고, 금융기관의 평판리스크에 영향을 미칠 가능성이 있기 때문이다. 기업의 사회적 책임이 중시되는 가운데 기후변화 리스크는 평판리스크 관리의 관점에서도 중요한 부분이다.

각 리스크 카테고리를 정리하면 도표 6-1과 같다.

도표 6-1 리스크 카테고리와 정의

리스크 카테고리		정의
신용리스크		여신처 및 금융상품의 발행자가 도산하거나 신용상태가 악화하는 등의 사유로 당해 여신거래 가치가 소실 혹은 감소하거나 손실을 입을 리스크
시장리스크		금리, 환율, 주가 등의 시장요인이 변동하여 보유하는 금융자산 및 부채 포지션의 가치가 변동하고 손실을 입을 리스크
유동성 리스크	자금유동성 리스크	부채에 대한 자산의 유동성이 확보할 수 없게 되어 필요한 자금의 확보가 불가능해지거나 부채의 조달비용이 현저하게 상승함으로 인해 손실을 입을 리스크
	시장유동성 리스크	시장의 혼란 및 거래량 부족 등에 의해 보유하는 포지션을 적절한 시기 내지 적절한 가치로 처분할 수 없게 되어 손실을 입을 리스크
보험인수리스크		경제 정세 및 보험사고 발생률이 보험료 설정 시 상정을 넘어서 변동함으로써 보험회사가 손실을 입을 리스크
운영 리스크	사무리스크	금융기관의 임직원 및 여타 구성원이 고의 혹은 과실에 관계없이 정확한 사무를 소홀히 하거나 사고 부정 등을 일으키는 것에 의해 손실을 입을 리스크
	시스템 리스크	IT 시스템 다운 혹은 오작동 등 IT 시스템의 불완전에 동반하여 손실을 입을 리스크, 혹은 사고, 부정 등을 일으키는 것에 의해 손실을 입을 리스크
	정보보안 리스크	정보 자산이 부정 혹은 과실에 의해 사회로 유출되고 손해배상, 벌금 등으로 손실을 입을 리스크
	컴플라이언스 리스크	관련한 법규제 등의 준수를 소홀히 하는 것에서 벌금의 지불 및 기회 손실의 발생 등으로 손실을 입을 리스크
	법적리스크	계약 등의 행위가 예정된 법률적 효과를 발휘시키기 위한 검토 및 소송 등에의 대응이 불충분해 손실을 입을 리스크
	인적리스크	조직의 인재의 유출, 상실, 사기 저하 등에 의해 손실을 입을 리스크

운영 리스크	유형자산 리스크	자연재해 등의 외생적 현상에 의해 토지, 건물, 및 비품 등의 유형 자산이 손상되어 손실을 입을 리스크
	규제·제도 변경 리스크	세제, 회계제도 등의 각종 제도변경에 의해 손실을 입을 리스크
	평판리스크	고객 및 시장 등에서 평판이 악화되어 손실을 입을 리스크

출처: 도쿄리스크매니저협의회 발표 자료

리스크 카테고리는 각각 독립적인 리스크 요인으로 상호 겹치지 않는 본원적인 리스크 요인이다. 이에 비해 기후변화 리스크는 본원적인 리스크 요인이라기보다는 리스크에 영향을 미치는 요인이라는 성격이 강하다. 예를 들어, 기후변화 리스크의 물리적 리스크인 거대 태풍이 발생하여 파괴된 가구 및 침수 가구가 대규모로 발생하게 되면 신용리스크 및 보험인수리스크와 동반한 손실이 발생한다. 혹은 이산화탄소 배출 규제가 새롭게 도입되는 이행리스크가 현재화되어 규제·제도변경 리스크에 동반된 손실이 발생하는 상황 등이다. 손실 자체는 신용리스크 및 보험인수리스크라는 본원적인 리스크 요인으로 발생하며, 기후변화 리스크는 이들에게 악영향을 미치는 요인이라 생각할 수 있다.

그렇다면 이들 리스크를 어떻게 관리해야 할 것인가. 이하에서는 기후변화 리스크와 관련한 리스크 카테고리 중 시장리스크, 신용리스크 및 운영리스크(평판리스크)를 예로 들어 리스크관리 어프로치와 관리 실무에 대한 기본방향을 소개하고 금융리스크 관리를 위해 필요한 사항을 이해하고자 한다.

제2절 리스크 관리 실무: 시장리스크 관리

시장리스크는 금리, 환율, 주가, 크레딧 스프레드, 상품가격, 이러한 상품의 변동률, 중도 해약률 등의 시장요인이 변동하여 보유한 금융자산 및 부채 포지션의 가치가 변동하여 손실을 입는 리스크를 말한다. 도표 6-2는 주요 시장리스크 요인을 정리한 것이다.

도표 6-2 시장리스크 요인

시장리스크 요인	개요
금리	금리 Yield Curve(국내, 각국 금리 등)의 변화 등
외환	각국 외환의 변동
주가	개별 주식가격, 주가지수의 변동
코모더티	각 코모더티(원유, 귀금속 등) 가격의 변동
크레딧 스프레드	발행자의 기간별 크레딧 스프레드의 변동
변동성	각종 시장 리스크요인의 변동 등
중도상환률/중도해약률	각종 상품의 중도상환률, 중도해약률 등의 변화

기업 및 금융기관이 보유하는 채권 및 에쿼티 상품 등의 금융자산, 현금 채무 및 사채 채무를 포함한 자산부채 포트폴리오는, 가령 시장이 전혀 변동하지 않는다면 가치는 변하지 않고 손익은 발생하지 않는다. 그러나 시장리스크 요인이 변동하면 가치가 증감하고 이에 따라 필연적으로 손익이 발생하게 된다. 시장리스크 요인의 움직임이 플러스로 움직이면 포트폴리오 가치는 이익을 내지만 마이너스 방향으로 움직이면 손실이 발생하게 된다.

금리, 외환 및 주가가 복잡하게 움직이는 경우 또한 다양한 채권, 환율 에쿼티상품[2]으로 구성된 포트폴리오를 보유하고 있는 경우, 당해 포트폴리오가 시장 변동의 결과로 손실이 발생할 지 아니면 이익이 발생할 지는 한 마디로 단정하기 어렵다. 이와 같은 시장리스크 요인에서 발생하는 손실 리스크를 관리하는 것이 시장리스크관리 실무의 주요 대상이 된다.

이 경우 생각해야 할 요소로는 시장리스크 요인의 영향을 받는 포트폴리오를 구성하는 금융상품에 대한 분석과 금리 및 주가 등의 시장리스크 요인의 변동에 대한 분석이다.

금융상품의 가치 변동

우선 금융상품의 가치가 어떠한 시장리스크 요인의 영향을 받는지를 생각해 보자.

① 금리외환상품

국내외 채권, 어음, 금리 스왑 및 외환 스왑, 금리 옵션 및 유동화 상품 등 이른바 금리외환상품은 지불이자 및 원금의 만기 상황이라는 현금흐름으로 구성되어 있고, 그러한 현금흐름이 시장리스크 요인의 변화에 따라 가치가 변동한다.

금리외환상품에 영향을 미치는 시장리스크 요인에는 금리, 환율, 이들의 변동성, 중도 해약률 등이 있고 해당 금융상품에 따라서 어떠한 시장리스크 요인이 영향을 미치는지는 상이하다.

---

2. 주식관련 상품은 총칭하여 에쿼티상품이라고 불리며, 주식에 더해 전환사채, 주식지수선물, 워런트, 주식관련 옵션 등이 있다.

② 에쿼티상품

에쿼티상품에 가장 큰 영향을 미치는 시장리스크 요인은 주가 리스크이기 때문에 주식은 주가 리스크에 노출되어 있다. 이에 더해 전환사채는 원금 상환 현금흐름이라는 채권적인 요소에 주식으로 전환할 수 있는 옵션의 성격도 갖기 때문에 주가 리스크에 더해 금리 리스크 및 변동리스크에 노출되어 있다고 할 수 있다.

③ 기타 상품

금리외환상품과 에쿼티상품 이외의 금융상품에 영향을 미치는 시장리스크 요인은 해당 상품의 성격에 따라 상이하고 다양한 시장리스크 요인의 조합이라 할 수 있다. 예를 들어 원유의 현물거래인 경우, 코모더티리스크(원유)가 주요한 시장 리스크요인이 된다. 그리고 탄소배출권의 선물거래라면 배출권가격이 주요한 시장리스크 요인이 될 것이다.

이와 같이 금융상품의 가치에 영향을 미치는 시장리스크 요인을 정리하면 도표 6-3과 같다.

도표 6-3 금융상품과 시장 리스크 요인

금융상품			시장리스크 요인						
			일반시장 리스크				개별 리스크/기타 리스크		
			금리	환율	주가	상품	크레딧	변동성	중도상환율
시장성	선형성	자국 국채	○						
		사채	○				○		
		모기지론유동화상품	○				○		○
		외국국채(고신용도 국가)	○	○					

		항목	1	2	3	4	5	6	7	8
		외국국채(신흥국 등)	○	○						
		외국사채	○	○			○			
		금리스왑	○							
		환율스팟		○						
		환율예약	○	○						
		통화스왑	○	○						
		주식			○					
		전환사채	○		○			○		
		원유스팟				○				
		원유선물	○			○				
	비선형형	채권 옵션	○					○		
		금리 스왑션	○					○		
		환율옵션	○					○		
		주식옵션	○	○	○			○		
		주식 워런트	○	○	○			○		
비사장성	선형형	예금(원 표시, 중도해약 불가)	○							
		예금(외화 표시)	○							
	비선형형	예금(원 표시, 중도해약 가능)	○							○

출처: 동경리스크매니저간담회에서 필자 작성

시장리스크 요인의 변동

다음으로 시장리스크 요인의 변화 특성을 분석하는 것이 필요하다.

시장리스크 요인은 매일 시시각각으로 변화한다. 중장기적인 상승 및 하락 트랜드가 제시되는경우도 있지만 적어도 단기적으로는 무작위적으로 변화한다고 생각할 수 있다. 단기적 변화의 크기에 대해서는 주로 과거 시장의 변화를 통계적으로 분석하면 알 수 있다.

도표 6-4는 닛케이평균주가의 일단위 등락률 빈도를 그래프로 나타낸 것이다. 분포의 형상은 거의 좌우 대칭으로 되어 있고 주가의 변동이 거의 균등하게 발생하고 있다는 것을 보여주고 있다. 또한 대부분 전일 주가 대비 상하 0.5% 이내로 수렴되어 있고, 중심의 산이 높고 선 그래프로 보여준 정규 분표와 유사한 형상을 취하고 있다는 것을 알 수 있다.

만일 닛케이 평균주가의 일단위 등락률이 정규분포를 따른다면, 일단위 등락률의 평균치와 표준편차가 구해지고 등락률이 1 표준오차의 범위 내에서 수렴하는 확률은 68.26%, 2 표준오차 범위 내에서 수렴할 확률은 95.44%가 되는 것으로 알려져 있다. 이와 같이 시장리스크 요인에 대해서는 변동이 어떻게 분포되어 있는지를 분석하면 단기적인 변화를 확률적으로 예측할 수 있다.

이러한 시장리스크 요인의 변동은 시장의 상황 및 수급 관계, 시장참가자의 수 및 상황에 의해 변동된다. 따라서 각 시장리스크 요인의 변동 상황은 지속적으로 모니터링할 필요가 있다. 또한 실제 시장의 움직임은 도표 분포의 양극단에 위치하는 극단적인 경우가 통계상 확률보다도 많이 발생한다. 이른바 「팻 테일(Fat tail)」적인 특성이 있기 때문에 극단적인 경우를 과소평가할 가능성이 있다는 점에도 유의해야 한다.

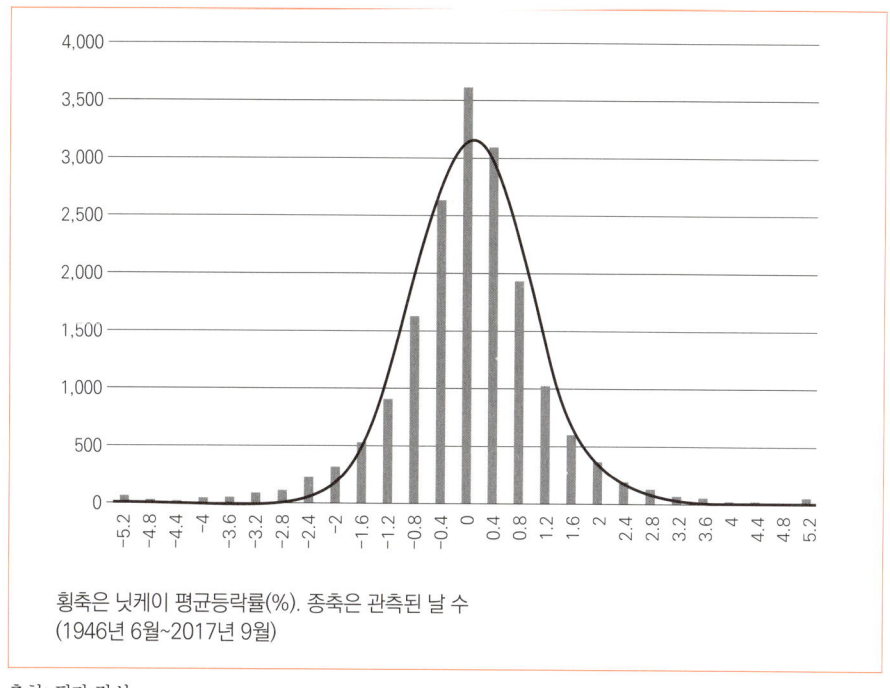

도표 6-4 닛케이 평균등락률 빈도 분포

횡축은 닛케이 평균등락률(%). 종축은 관측된 날 수
(1946년 6월~2017년 9월)

출처: 필자 작성

시장리스크 관리 기법

시장리스크 관리 실무는 정규 분포를 전제로 크게 민감도 분석, VaR(Value at risk) 등의 통계분석, 스트레스 테스트를 포함한 시나리오 분석의 3가지 기법의 조합으로 진행된다.

① 민감도 분석

민감도 분석은 시장리스크 요인이 미세하게 변동한 경우에 포트폴리오를 구성하는 금융상품의 가치가 어느 정도 변화하여 손익이 얼마나 발생하는지를 분석하는 기법으로 시장리스크 관리 실무를 위한 기초적인 기법이다. 포트폴리오가 가진 시장리스크의 프로파일을 이해하는 데에 매우 효과적인 기법이라 할 수 있다.

(a) 금리민감도 분석

채권 및 예금, 금리, 스왑 등 금리상품의 민감도 분석에는 장래의 현금흐름에 대해 현재의 금리 일드커브로부터 일드 커브의 전체 내지 일부의 금리를 미세하게 변화시킨 경우에 경제가치가 어느 정도 변화할 것인지가 나타난다. 만일 금리를 0.01%(0.01%=1bp) 변화시킨 경우의 가치 변화는 당해 상품의 금리 변화(0.01%)에 대한 금리민감도라고 한다.

(b) 외환민감도 분석

외화예금 및 외화표시 채권 등의 상품은 시장리스크 요인으로서의 외환시세 움직임이 상품가격에 영향을 미친다. 외환리스크에 대한 민감도 분석은 외환시세가 1% 혹은 원/달러 환율이라면 미국 달러에 대해 엔달러 환율이 1엔 움직인 경우 상품가치가 얼마나 변동할 것인가를 기준으로 외환민감도로 표현하는 것이 일반적이다.

(c) 에쿼티민감도 분석

에쿼티 관련 상품에 대한 민감도 분석은 예를 들어 주가가 1% 상하로 변동한 경우의 상품가치 변동을 나타내는 경우가 많다.

에쿼티민감도 분석에서는 시장 전체의 변동에 의한 「일반시장 리스크」부분과 개별적인 주식 종목과 관련한 「개별 리스크」부분 등 양쪽 리스크요인의 영향이 있다는 것에 주의할 필요가 있다. 예를 들어, 경제 전반의 문제로 주가 전체가 상하로 변동하는 경우는 일반시장 리스크에 의한 것인 데에 반해, 전반적인 경제는 변화가 없지만 특정 주식 종목의 실적 전망 및 불상사의 발생으로 해당 주식 종목의 주가만이 변동하는 경우는 개별 리스크가 영향을 미친 것이다.

(d) 기타 민감도 분석

코모더티리스크 및 변동성 등 기타 시장리스크 요인에 대해서도 유사한 민감도 분석이 이루어진다. 예를 들어, 원유 선물가격이 1달러 변동한 경우의 포트폴리오에 대한 영향, 변동성이 1% 변화한 경우의 포트폴리오에 대한 영향 등 각 시장리스크 요인별로 민감도 분석이 이루어진다.

민감도 분석은 개별 금융상품 단위로 이루어지지만, 시장리스크 요인이 움직인 경우 포트폴리오를 구성하는 상품에 대해 합산함으로써 포트폴리오 전체에 대한 가치 변동을 전망할 수 있다.

② **밸류업리스크(VaR) 분석**

시장민감도 분석은 각 시장리스크 요인의 미세한 움직임에 대한 시장가치의 변동을 보여주지만, 이러한 움직임이 발생할 가능성, 확률 및 시장리스크 요인간 상관관계는 고려하지 않는다. 이에 비해, 발생할 수 있는 모든 상황을 상정하여 어떤 확률로 손실이 발생할 것인가를 파악하려는 것이 밸류업리스크 분석이다.

밸류업리스크 분석은 현재 보유 중인 자산부채 포트폴리오에서 금리 및 환율 등 시장리스크 요인이 변화함에 따라 얼마나 큰 손실을 입을 가능성이 있는지에 대해 일정 기간(보유 기간)에 일정 확률(신뢰 수준)로 입을 수 있는 최대 손실액의 형태로 나타낸 지표이다. 예를 들어, 「신뢰수준 99%로 보유기간 10일간의 VaR갑은 1억 원이다」라고 하는 경우, 현재 포트폴리오를 10일 간 지속 보유할 경우 100회에 99회까지는 발생할 손실이 1억 원 이내로 수렴한다는 것을 의미한다. 「신뢰수준 99%」 및 「보유기간 10일간」 이라는 조건은 금융기관 자신이 스스로의 업무 특성 등에 비추어 설정한다. 앞선 도표 6-4에서 주가의 변동확률 분포를 제시하였다. VaR은 이 확률분포에 민감도 분석을 조합하여 시장리스크 요인의 변동에서 발생하는 포트폴리오 손익 전체의 확률분포를 그리고 분포에서 발생하는 손실이 큰 1%부분에 해당하는 점을 나타낸 것이다(신뢰구간 99%의 VaR 이미지는 도표 6-5 참조).

도표 6-5 밸류업리스크(VaR)

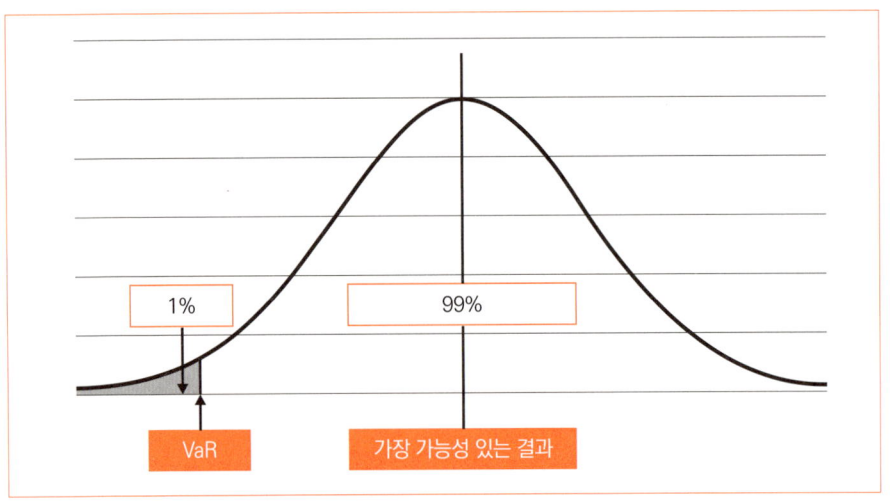

VaR 산출은 대략 도표 6-6에서 제시된 프로세스를 기준으로 진행된다.

도표 6-6 VaR 계측 프로세스

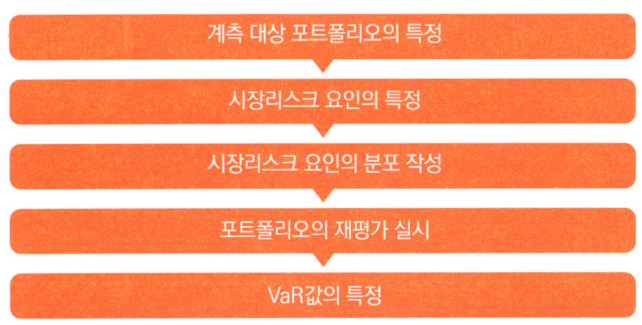

출처: 도쿄리스크매니저협의회 발표자료에서 필자 작성

    VaR은 1990년대 이후 급속히 확대되어 시장리스크 관리를 위한 「디폴트 스탠다드」가 되었다. 최대 이점은 무엇보다도 알기 쉽다는 점이다. VaR 이용자는 향후 시장이 어떻게 움직일 것인가에 대한 주관적 생각을 논의할 필요없이, 스스로 확률(신뢰구간)과 기간(보유기간)을 지정하면 현재 포트폴리오에서 발생할 수 있는 최대 손실액으로의 VaR이라는 객관적 분석치를 얻을 수 있다. 이에 더해 VaR분석에서는 시장변동의 확률분포 작성 시에 금리 및 환율, 주가 등 시장리스크 요인간 상관관계가 고려되는 점도 포트폴리오 전체의 시장리스크 관리에 효과적이다.

    한편으로 VaR에 대해서는 산출 기준이 되는 시장리스크 요인의 확률분포는 과거의 움직임을 통계적으로 파악한 것이라는 점에는 주의할 필요가 있다. 즉, VaR분석은 시장리스크 요인의 과거 움직임에 기초하여 산출되고 시장리스크 요인이 과거와 상이한 움직임을 보이는 경우에는 VaR분석은 유효하지 않다는 것이다. 또한 앞서 보여준 것처럼 시장리스크 요인의 분포에는 팻 테일적인 성격이 있고 시장이 극단적으로 움직이는 경우는 통계상 추계보다도 높은 빈도로 발생한다. VaR은 과거의 시장 움직임을 기초로 계측되기 때문에 이러한 극단적인 움직임을 과소평가할 가능성이 높다. 이러한 VaR의 한계를 보완하기 위해 사용되는 리스크관리 실무가 시나리오 분석 및 스트레스 테스트이다.

③ 시나리오 분석 · 스트레스 테스트

시나리오 분석 및 스트레스 테스트는 각각 아래와 같이 정의된다.

- 시나리오 분석: 특정 시장 시나리오를 상정하고 그 시나리오가 발생할 경우의 포트폴리오 가치 변동을 분석 및 평가하는 리스크 관리 기법
- 스트레스 테스트: 예외적이긴 하지만 개연성이 있는 금융시장의 큰 변화가 보유한 자산 및 부채의 손익에 미치는 영향을 파악하기 위한 리스크 관리 기법

정의에서도 알 수 있듯이 스트레스 테스트는「예외적이지만 개연성이 있는 금융시장의 큰 변화」로 시장이 크게 움직이는 (「시장스트레스」라고도 함) 시나리오를 채택한 시나리오 분석의 한 유형이라고 생각할 수 있다.

이처럼 시나리오 분석과 스트레스 테스트는 특정 시나리오를 상정하고 그 시나리오 하에서 포트폴리오의 가치가 어떻게 변화할 것인가라는 재평가를 내리고 포트폴리오가 어떠한 시장리스크 요인에 취약한 지를 추출해 내는 리스크 관리기법이다. 시나리오 분석의 실무는 대략적으로 도표 6-7과 같이 진행된다.

도표 6-7 시나리오 분석 프로세스

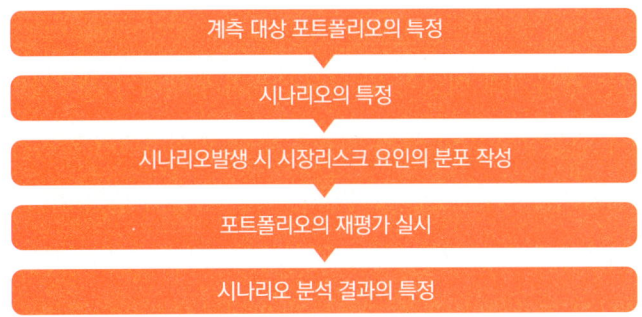

출처: 도쿄리스크매니저협의회 제출 자료에서 필자 작성

시나리오 분석의 장점은 시나리오를 유연하게 상정하고 그 영향을 분석할 수 있다는 점이다. 예를 들어, 1987년의 블랙 먼데이 및 2008년 리먼 쇼크처럼 이전에 발생한 극단적인 현상과 같은 일이 발생한 경우에는 어떻게 될까라는 분석 및 과거 경험한 것이 아닌 상황을 상정한 시나리오 분석도 가능하다. 이것은 앞에서 지적한 VaR분석의 약점을 보완하는 의미에서도 중요한 리스크 관리 기법이 된다.

시나리오 분석에서는 적절한 시나리오를 설정하는 것이 매우 중요하다. 시나리오 설정은 통계적인 확률에만 기초한 것이 아니라 주관적인 요소도 반영된다. 극단적인 시나리오를 설정해도 보유중인 포트폴리오에 영향이 없는 시나리오라면 포트폴리오의 취약성을 드러낼 의미가 없다. 한편 발생할 가능성이 있을 수 없는 시나리오는 작성한다 해도 실무적으로는 의미가 없다. 이러한 실무상 과제는 있지만 시나리오 분석은 객관적인 통계치인 VaR분석과 보완관계에 있고, 양자를 취합 사용하여 가장 유효한 결과를 만들어 낸 것이라 할 수 있다.

이상과 같이 시장리스크 관리의 실무는 시장리스크 요인의 변동이 보유 중인 포트폴리오에 미치는 영향을 정량적인 분석 기법을 기초로 한 통계적인 VaR기법과 시나리오 분석을 조합하여 관리하는 어프로치에 기반하고 있다고 할 수 있다.

제3절 리스크 관리 실무: 신용리스크 관리

　신용리스크는 금융거래 여신처 및 금융상품의 발행자가 채무불이행(디폴트)을 일으키거나 신용상태 악화 등의 이유로 당해 여신거래의 가치가 소실 혹은 감소되어 손실을 입는 리스크로 정의된다. 여신 대상이 법적 파산에 도달하지 않아도 채무지불유예 혹은 채무 리스트럭처링의 경우도 광의에서는 「채무 디폴트」가 발생했다고 간주된다. 또한 디폴트가 발생하지 않았다고 해도 신용력 악화 및 신용평가 하락으로 채권가격이 하락해서 손실을 입는 경우도 신용리스크 손실로 생각할 수 있다.

　금융기관에서 가장 중요한 리스크요인은 신용리스크이다. 은행에서는 대출 포트폴리오가 재무상태표의 핵심부분을 차지하고 있고 채권 및 주식 등의 유가증권 포트폴리오에서도 발행자에 대한 신용리스크가 차지하는 부분은 크다. 보험사에서도 대출 업무는 상당한 포트폴리오를 차지하고 있으며, 보험인수 업무 및 유가증권 포트폴리오에서도 신용리스크는 주요한 리스크이다.

　앞 절에서 시장리스크 요인의 변동은 단기적으로는 좌우대칭이라고 생각되고 손익의 기대치도 제로였다. 하지만 신용리스크는 상황이 다르다. 장래에 걸쳐 도산할 가능성이 전혀 없는 기업은 존재하지 않기 때문에 도산할 가능성으로서의 「도산 확률」은 0가 아니라고 할 수 있다. 재무 기반이 탄탄하고 수익력이 높다면 도산 확률은 낮아지지만 그렇다 하더라도 업황 및 손익에 따라 도산 확률은 변동하게 된다. 따라서 신용리스크 관리의 출발점은 기업의 신용력을 신중하게 심사하여 채무 디폴트 가능성으로서 도산 확률을 규명하는 것이다.

개별 채무자·개별 안건의 신용리스크 평가와 신용평가

개별 채무자 및 개별 안건을 대상으로 하는 신용리스크 평가란 여신 채무가 기일대로 지불될 지 여부를 평가하는 것이다. 통상적으로 채무자 내지 안건의 신용력을 심사 및 평가한 후, 신용평가를 부여하는 실무작업이 이어진다.

예를 들어 개별 채무자를 대상으로 평가를 부여하는 경우, 우선 채무자의 재무상황, 수입 및 현금흐름 등의 상황을 평가모델에 기초하여 정량적으로 평가한다. 평가 모델은 디폴트와 상관이 높은 재무지표를 가중 평가하는 스코어링 모델로 업종별, 규모별 및 지역별로 모델을 조정하기도 한다(도표 6-8 참조). 이러한 정량적 평가에 계열 그룹 기업의 지원 등의 정성적 조정을 더하여 최종적인 평가가 내려진다.

도표 6-8 정량적 평가에 이용되는 지표

지표의 종류	구체적 지표 예
규모 지표	자기자본율, 순자산액
안전성 지표	유동비율, 자기자본비율, 경상수지비율
수익성 지표	순자본경상이익율, 매출영업이익율, 유이자부채 변제연수, 이자 커버리지 비율
기타	증수율, 증액율

출처: 도쿄리스크매니저협의회 발표 자료에서 필자 작성

신용평가에는 외부 평가기관이 내리는 외부 평가와 금융기관이 자사의 신용리스크 관리를 목적으로 하는 내부 평가가 있다. 실제적으로 양자의 평가가 크게 상이한 경우는 거의 없지만, 사용하는 정보의 차이 및 평가방법의 차이로 인해 평가가 달라지는 경우는 있을 수 있다. 도표 6-9는 대표적인 평가기관인 무디스의 평가 기호와 정의를 보여주고 있다.

도표 6-9 평가기관의 평가 기호와 정의 (무디스 사례)

기호	정의
Aaa	신용력이 가장 높다고 판단되고 신용리스크가 최저 수준에 있는 채무에 대한 평가
Aa	신용력이 높다고 판단되고 신용리스크가 지극히 낮은 채무에 대한 평가
A	중급의 상위로 판단되고 신용리스크가 낮은 채무에 대한 평가
Baa	중급으로 판단되고 신용리스크가 중간 정도이기 때문에 일부 투기적 요소를 포함할 수 있는 채무에 대한 평가
Ba	투기적이라고 판단되고 상당한 신용리스크가 있는 채무에 대한 평가
B	투기적으로 간주되고 신용리스크가 높다고 판단되는 채무에 대한 평가
Caa	투기적으로 안정성이 낮다고 간주되고 신용리스크가 지극히 높은 채무에 대한 평가
Ca	매우 투기적이고 디폴트에 빠져있는지 혹은 그것에 가까운 상태에 있고 원금의 일부 회수만이 예상되는 채무에 대한 평가
C	가장 평가가 낮고 통상적으로 디폴트에 빠져있고 원금의 회수 가능성이 지극히 낮은 채무에 대한 평가

출처: 무디스 재팬 웹사이트

도산 확률과 평가 수정

　여신 대상에 대한 신용리스크 평가는 외부 및 내부 평가에 의해 이루어지지만 각각의 평가 구분에서 1년 이내에 어느 정도의 디폴트가 발생할 것인가라는 도산 확률은 과거의 평가구분별 디폴트 발생 건수를 통해 통계적으로 추정할 수 있다. 또한 신용력 변화에 의한 신용리스크 변동에 대해서는 각 평가 구분에 속한 기업이 다음 해에 같은 평가 구간에 머물러 있는지, 또는 평가 상승 및 평가 하락이 발생한지라는 평가 수정을 확인하여 평가 구간의 안정성 및 변동성도 추계할 수 있다. 이와 같이 기업의 신용리스크 평가 관련 실무는 개별 채무대상 및 개별 안건에 대한 평가를 실시한 후 통계적인 분석 및 추정을 더해 진행된다.

신용리스크량 계측-신용 VaR

신용리스크 손실량은 도산 확률에 더해 디폴트 시 손실률 및 디폴트 시 익스포저 지표에 의해 결정된다(도표 6-10 참조). 여신은 담보 등으로 보전되어 있는 경우가 많고 또한 기업의 디폴트 처리에 의해 채권자에게 배분되는 채권회수율도 영향을 미친다. 디폴트 시 손실률은 그러한 채권회수를 뺀 실제의 손실률을 보여주는 비율이다. 또한 코미트먼트 라인(일정한도까지 고객이 수시로 차입할 수 있는 융자제도-역자 주)을 부여했지만, 디폴트 시에는 그 일부만 사용되는 경우도 있다. 디폴트가 발생한 시점에서 실제로 여신처에 대한 익스포저가 어느 정도였는지에 대한 지표는 디폴트 시 익스포저로 불린다. 이 비율은 신용리스크 파라미터라고 불리고 각각 PD(Probability of Debt), LGD(Loss given Default), EAD(Exposure at Default)로 약칭된다. 여신처가 디폴트한 때의 신용리스크 손실은 다음의 산식으로 계산된다.

> 신용리스크 손실= 도산 확률(PD) × 디폴트시 손실율(LGD) × 디폴트 시 익스포저(EAD)

신용리스크 파라미터는 각각 그때 그때 상황에 따라 변동한다. 또한 이들 지표 간의 상관관계에 대해서도 고려할 필요가 있다. 신용리스크 관리를 담당하는 실무자는 이들 지표값에 더해 그 변동을 가미해서 신용리스크량인 신용VaR을 계측한다.

도표 6-10 주요 신용 리스크 파라미터

파라미터	정의
도산확률(PD)	장래 일정 기간에 채무불이행(디폴트)이 발생할 확률
디폴트 시 손실율(LGD)	여신 대상이 디폴트한 시점에서의 여신액에 대한 손실 예정액 비율
디폴트 시 익스포저(EAD)	여신 대상이 디폴트한 시점에서의 여신 대상에 대한 익스포저액

출처: 도쿄리스크매니저협의회 발표 자료

　신용리스크량 계측은 우선 여신 포트폴리오를 구성하는 개개의 대출에 대해 신용력 심사에 기초한 PD, LGD, EAD를 할당하여 그 변동률 및 상관관계를 고려한 시뮬레이션을 실시하고 포트폴리오에서 발생하는 손실액을 추계하고 손실 분포를 작성하는 것으로 이루어진다. 작성된 손실 분포가 장래, 다양한 시뮬레이션하에서 신용리스크가 현재화된 경우의 손실 분포가 된다. 그 분포에 대해 금융기관 자신이 설정한 보유기간 및 신뢰수준에 기초한 분포의 점이 신용리스크와 관련한 신용 VaR값으로 인식된다. 예를 들어, 보유기간 1년, 신뢰수준 99.9%의 신용VaR을 10만 회 시뮬레이션으로 구하는 경우, 10만 회의 시뮬레이션 결과 중 손실액이 큰 쪽에서 100번째 값이 신뢰수준 99.9%의 신용 VaR이 된다. 이 신용 VaR값은 현상의 여신 포트폴리오를 1년간 지속하는 경우, 1,000회 중 1회는 계측된 신용 VaR값을 넘어선 신용리스크 손실이 발생할 가능성이 있다는 의미를 가지게 된다(도표 6-11 참조).

도표 6-11 신용 VaR

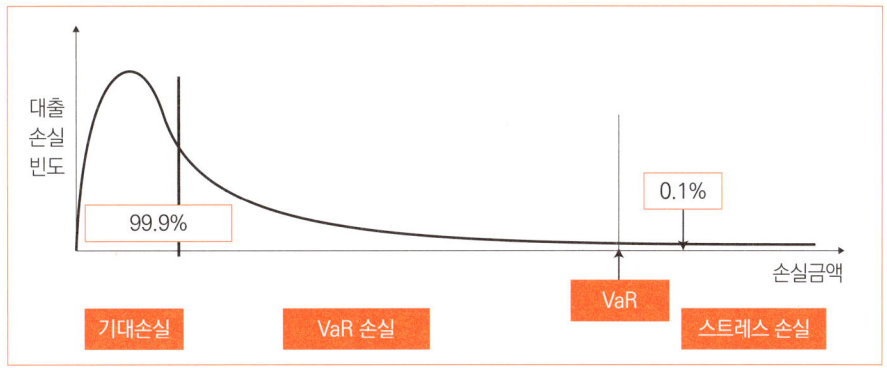

신용리스크에 대해 신용VaR값을 계측하는 이점은 현상의 신용 포트폴리오와 과거 관측된 신용리스크 패러미터를 전제로 하는 경우에 어느 정도의 신용리스크 손실이 발생할 가능성이 있는지라는 점에 대해 정량분석에 기초한 객관적인 지표값이 된다는 점에 있다. 신뢰수준 및 보유기간이라는 패러미터를 금융기관 자신이 결정할 수 있다는 장점도 시장 VaR과 동일하다. 한편으로 신용VaR에서도 도산 확률 등의 패러미터가 과거와는 상이한 움직임을 보인 경우에는 유효하지 않게 된다. 그렇기 때문에 신용리스크에서도 시나리오 분석 및 스트레스 테스트에서 신용 VaR분석을 보완할 필요가 생기게 된다.

신용시나리오 분석 · 스트레스 테스트

신용리스크 관리에서도 시나리오 분석 및 스트레스 테스트는 실무상 중요한 도구로 활용된다. 특히 신용 VaR에서는 파악할 수 없는 경기의 순환적인 악화 영향 및 여신처의 신용력 악화라는 현상에 대해서는 특정 시나리오 및 스트레스 상황을 상정하고, 해당 경우의 신용리스크 손실의 발생 및 신용리스크 양의 변화를 파악한다(도표 6-12 참조).

도표 6-12 신용리스크 시나리오 분석 시나리오 예

시나리오 종류	시나리오 예
거시시나리오(경기순환 시나리오)	실질 GDP 성장률의 3년 연속 마이너스 5% 실업률의 상승 등
대규모 여신 대상 디폴트 시나리오	여신 대상에 대한 대폭적인 평가 하락의 발생 여신 대상의 도산 등
국가리스크 시나리오	익스포저가 큰 특정국가의 정세불안 및 시장폐쇄, 자산동결 등에 의한 여신리스크의 현재화 등

신용시나리오 분석 및 스트레스 테스트의 장점은 시나리오를 유연하게 상정하고 그 영향을 분석할 수 있다는데 있다. 특히 신용리스크는 경기 순환 및 거래처 동향으로부터 영향을 받기 쉽고 신용VaR산출 데이터 관측 기간 안에 경기후퇴 기간이 포함되어 있지 않은 경우에는 경기후퇴 시나리오 분석은 불가결하다. 한편, 적절한 시나리오를 설정하는 것이 중요한 이유도 시장리스크의 경우와 동일하다. 각각의 금융기관 포트폴리오에 따른 「예외적이지만 개연성이 있는 큰 변화」라는 정의에 입각하여 여신 포트폴리오에 있어 영향이 큰 여신처 및 경기후퇴 패턴을 고려하는 것이 중요하다.

제4절 평판리스크 관리

　시장리스크 관리와 신용리스크 관리의 실무 어프로치는 정량분석적 사고에 따라 객관적이고 정량적인 계측을 실시하고 그것을 기초로 분석하는 것이었다. 이에 비해 사무리스크 및 시스템리스크 등의 운영리스크 관리는 조금 다른 점이 있으며, 이는 정량적 분석에 한계가 있기 때문이다.

　한편으로, 기후변화리스크와의 관련해 운영리스크의 하위 카테고리인 평판리스크는 중요한 요소가 된다. 기후변화 리스크에 대한 기업의 대응이 불충분하다고 간주되는 경우, 환경단체 등이 해당 기업 및 금융기관에 대해 네거티브 캠페인을 벌이는 경우가 있기 때문이다. 본사 건물 앞이나 주주총회 회의장 앞에서 연좌데모를 하는 것 등은 매스컴의 보도 대상이 되기 쉽고, 이는 기업의 사회적 책임이 중시되는 가운데 금융기관의 평판리스크 상 심각한 영향을 미칠 가능성이 있다. 그래서 본 절에서는 금융기관의 평판리스크 관리 어프로치에 대해 살펴보기로 한다.

3가지 「평판의 악화」

　평판리스크는 고객 및 시장 등에서 평판의 악화로 손실을 입는 리스크로 정의된다. 평판의 악화는 크게 3 종류로 분류된다.

　첫 번째는 악화 이유를 설명할 수 있는 현상이 있고, 그것이 정당하게 평가받은 것에 의한 평판의 악화이다. 예를 들어 경제 정세의 악화 및 특정 거래체의 경영 파탄이 원인이 된 실적 악화로 100억 엔의 손실 계상을 발표하고 시장관계자가 그것을 정확하게 평가한 경우이다. 이 경우에도 100억 엔의 손실 계상은 사실이고 그것에 상응하는 평판의 악화가 뒤따른다.

　두 번째는 악화 이유가 되는 현상은 있지만 그것이 실태 이상으로 과대하게 받아들여져 지나치게 평판이 악화된 경우이다. 앞의 예로 말하면 100억 엔의 손실 계상을 공표한 것에 대해 시장관계자가 실상은 더 큰 손실이 발생한 것을 숨기고 있다고 의심하는 경우이다. 시장관계자는 100억 엔의 손실이 발생한 것은 리스크 관리체제가 취약하다는 증거이고 더 많은 손실 발생을 유발시킬 수도 있다는 믿게 되어 실제의 100억 엔 손실이상으로 평판이 악화되는 경우이다.

마지막으로 실제에는 손실 계상 사실은 없지만 마치 손실이 발생한 것처럼 시장관계자가 받아들여 평판이 악화되는 경우이다. 예를 들어 금융위기가 발생하여 A은행이 경영 파탄을 일으켰을 때에 다른 B은행도 위험하지 않을까라는 소문으로 B은행의 평판이 악화되는 경우를 생각할 수 있다. 이러한 경우 평판을 떨어트리는 현상은 실제로 발생하지 않았고, 평판의 악화는 「사실무근」의 「소문」에 의한 것이지만, 결과적으로 주가 하락 및 예금 유출이 발생하고 평판리스크가 현재화하게 된다.

3개의 패턴 중에서 금융기관이 피해야 하는 경우는 두 번째와 세 번째 패턴인 것은 자명하다. 사실이 정확하게 전달되고 정확하게 이해된다면 거기에는 「리스크」는 존재하지 않는다. 평판리스크 관리 상 중요한 것은 사실이 과대하게 알려지거나 사실이 존재하지 않는데도 마치 존재하는 것처럼 이해되는 것이다. 이 때 어려운 점은 오해를 포함하여 원인이 되는 현상을 이해하는 것은, 금융기관 스스로의 직접적인 제어가 불가능한 외부관계자라는 점이다.

평판리스크 관리

이러한 특성으로 평판리스크를 정량적으로 분석하는 것은 용이하지 않다. 이러한 한계로 평판리스크 관리는 정성적인 어프로치를 중심으로 주로 3가지 수순인 ①사전관리, ②과중관리, ③사후관리로 구분되어 진행된다.

① 사전관리

평판리스크 관리의 출발점은 자사에 대한 매일매일의 보도 모니터링에 있다. 보도에는 공식적인 미디어뿐만 아니라 트위터 및 인스타그램 등의 SNS도 포함되고 의도와 상관없이 자사가 어떻게 보도되고 있는지 그리고 거기에 평판리스크 요인은 없는지 여부를 모니터링하는 것이다. 특히 거래처의 도산 등 특정 현상의 공표가 예견되는 경우에는 그 전후 보도 내용 및 변화에 주의를 기울일 필요가 있다.

또한 중요한 것은 매일매일의 디스클로저 개선과 투명성의 향상이다. 올바른 정보를 외부에 전달하고 그것이 올바르게 전달되는지 여부를 검증하여 외부관계자에게 오해를 사지 않도록 커뮤니케이션관계를 구축하는 것이 중요하다.

「유비무환」적 자세로 평판리스크 현상이 발생한 경우에 대비한 체제 정비도 필요하다. 사건 발생 시 관계자 간 협의 사항 및 행동 수칙 등은 평상시에 미리 준비해 둘 필요가 있다.

② 대응관리

일단 평판리스크 상황이 발생하면 신속한 대응이 요구된다. 사실과 달리 전달되는 현상 및 사실무근의 보도에 대해서는 정확한 내용을 신속하고 정확하게 전달하여 평판 피해를 억제할 필요가 있다. 감독당국 및 이사회 등과의 커뮤니케이션도 적절하게 할 필요가 있다. 비상계획의 발동 등이 필요해질 가능성도 있고 상황을 정확하게 파악해서 적절한 행동을 취할 필요가 있다.

③ 사후관리

평판리스크 현상이 완화 국면으로 접어들면, 업무를 평상시대로 되돌린 후 대응 상황을 검증할 필요가 있다. 외부와의 커뮤니케이션은 적절하게 이루어졌는지, 개선점은 없는지, 평판리스크 관리의 틀에 개선점은 없는지 등에 대해 사후 검증을 할 필요가 있다. 검증 결과로 판명된 개선점은 체제정비 프로세스에 반영시켜 ①의 사전관리로 되돌아가는 이른바 PDAC의 사이클에 반영시켜야 한다.

이상의 평판리스크 관리 어프로치에서 가장 중요한 것은 적절한 정보 공개와 외부관계자와의 커뮤니케이션이다. 평상시부터 적절한 정보공개와 커뮤니케이션을 진행하여, 잘못 보도되는 리스크를 줄일 수 있는 예방적 효과를 염두에 두고 추진해야 한다.

제5절 종합리스크 관리 / 리스크 거버넌스

종합리스크 관리

앞 절에서 살펴본 바와 같이 리스크관리의 기본은 리스크 카테고리를 정의하고 카테고리별로 VaR기법으로 대표되는 정량적인 분석을 실시하고, 시나리오 분석 및 스트레스 테스트로 보완하는 것이다. 이를 통해 금융기관이 노출되어 있는 다양한 리스크에 대해 정량적인 기법을 이용할 수 있다면 그것들을 종합하여 금융기관이 노출되어 있는 리스크의 총량을 파악할 수 있다. 이와 같이 금융기관이 노출되어 있는 리스크의 총량을 구하려는 접근법을 종합 리스크관리라고 하고 금융기관 전체의 리스크관리 및 자본관리를 위해 반드시 필요한 것이라는 공감대가 형성되고 있다(도표 6-13 참조).

도표 6-13 종합 리스크관리 (이미지)

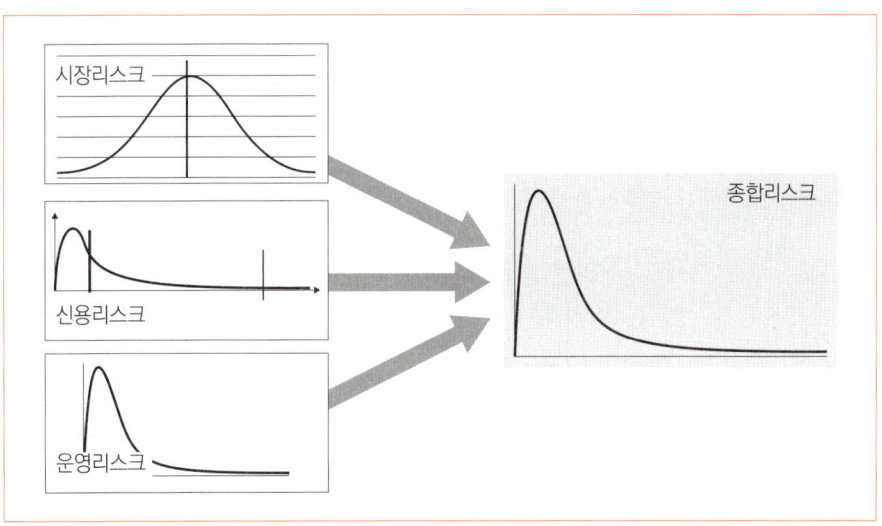

리스크자본 관리

　종합 리스크관리에 의해 금융기관 전체가 노출되어 있는 리스크의 전체상을 파악할 수 있다면, 그것과 금융기관의 자본과의 관계를 살펴볼 필요가 생긴다. 금융기관의 비즈니스에서 생기는 손실은 금융기관의 자본이 완충역할을 하여 흡수된다. 그렇기 때문에 종합 리스크관리 측면에서 금융기관 스스로가 상정하는 종합리스크량에 비해 자본은 항상 충분히 확보되어 있어야 한다. 예를 들어 99%라는 신뢰수준에서 계측한 종합리스크량이 금융기관의 자본을 초과하면, 100회에 1회 확률로 리스크가 현재화된 경우에 자본은 부족해지고 금융기관의 경영측면에서는 건전하다고 말하기 어렵다. 종합 리스크관리에서 보여지는 높은 신뢰수준의 리스크량에 대해서도 충분한 자본이 확보되어야 한다.

　이러한 종합리스크량에 대한 접근은 금융기관의 경영건전성 확보에 그치지 않고 경영전략 그 자체에 응용될 수 있다. 즉, 금융기관 경영은 스스로의 자기자본에서 리스크에 노출되어도 문제가 되지 않을 자본을 특정하고 그 자본을 신용리스크 및 시장리스크에 배분하는 방식으로 경영자원을 배분할 수 있다. 이처럼 자기자본의 일부를 각 리스크에 대응한 「리스크자본」에 할당하고 각각의 비즈니스는 배분된 리스크자본의 범위 내에서 업무를 경영한다. 이러한 경영관리 기법은 「리스크자본 배분」 또는 「리스크자본 관리」로 불리며 대규모 금융기관에서는 일반적인 기법이 되어 있다.

　리스크자본의 배분은 이사회에서 결정되어 각 비즈니스부문에 전달된다. 비즈니스부분은 배분된 리스크자본의 범위 내에서 업무를 경영한다. 기중(期中)의 리스크자본 사용 상황 및 그것이 기초(期初)에 배부된 리스크자본의 범위 내에 수렴하고 있는 지, 또한 기중의 상황변화 등에 의해 리스크 자본계측의 전제가 달라졌는지 여부에 대한 모니터링은 리스크관리 부분에 의해 실시되며, 이것이 리스크자본 관리의 실무이다. 도표 6-14는 리스크자본의 사용 상황과 자기자본의 관계를 보여준다.

도표 6-14 리스크자본 배부 (이미지)

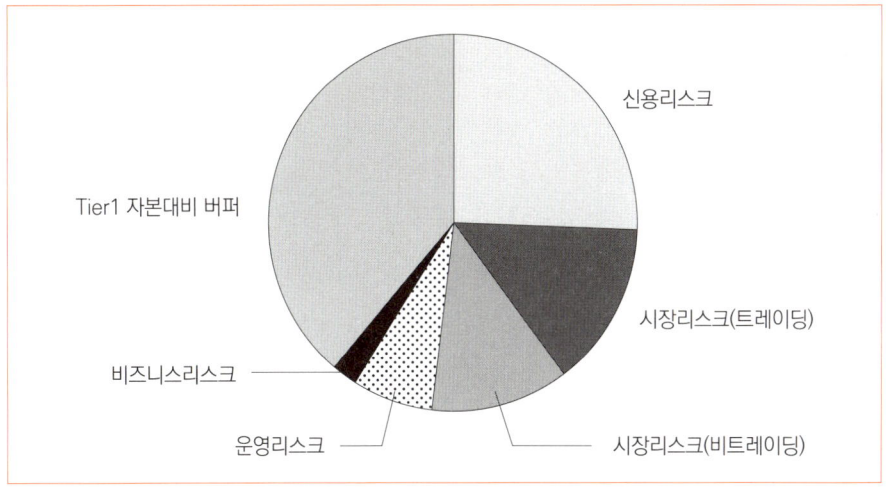

출처: 독일은행 디스클로저(잡지)에서 필자 작성

종합 스트레스 테스트

　이상과 같이, 종합리스크 관리 및 리스크자본 관리는 과거 데이터에 기초한 VaR적 사고에 입각한 것이다. 그렇기 때문에 종합 리스크관리에 대해서도 신용리스크 및 시장리스크가 과거와는 다른 움직임을 보이는 경우에 대해서는 취약하게 된다. 그렇기 때문에 종합 리스크관리에 있어서도 장래의 움직임에 대해 시나리오 분석 및 스트레스 테스트로 보완할 필요가 있다. 금융기관 전체의 자본을 지킨다는 관점에서 보면, 종합 리스크관리에서의 스트레스 테스트는 매우 중요한 의미를 갖기 때문에 거시경제 시나리오를 포함한 종합 스트레스 테스트를 실시하는 것이 일반적이다. 종합스트레스 테스트에서는 향후 수년간의 금리 및 환율 등의 금융시장 지표에 더해 경제성장률 및 실업률 등의 거시경제 지표를 조합하여 스트레스 테스트를 구축하고 시나리오가 현재화된 경우의 불량채권 발생 및 리스크량, 그리고 비즈니스 및 수익에의 영향을 시산하여 자본에 대한 영향을 측정한다.

리스크 거버넌스

① **리스크 거버넌스: 이사회를 정점으로 한 거버넌스 체제**

　2008년에 발생한 글로벌 금융위기를 계기로 기존의 금융기관 경영 및 리스크관리가 충분히 기능하지 못한 것에 대한 반성이 있었다. 특히 경영진이 VaR을 중심으로 한 과거 통계에 기초한 정량적 기법의 한계를 정확히 이해하지 못했던 점은 혹독한 비판의 대상이 되었다. 그 결과 경영진에게 주체적으로 리스크를 인식하고 관리하도록 요구되었고 동시에 금융기관의 최고 의사결정기관인 이사회가 리스크관리에 주체적으로 관여하는 체제가 요청되었다. 국제결제은행의 바젤은행감독위원회는 2010년에「코퍼릿 거버넌스를 강화하기 위한 원칙」을 공표하고 은행을 중심으로 한 금융기관의 코퍼릿 거버넌스 원칙을 제시했다. 그리고, 금융기관의 리스크관리 체제 정비 및 운영에 이사회의 책임이 확대되는 것은, 넓게 보면「리스크 거버넌스」의 강화가 요구되는 흐름이 형성되고 있다고 이해할 수 있다(도표 6-15 참조).

도표 6-15 은행을 위한 기업 지배구조 원칙

원칙	내용
원칙1	**[이사회의 전반적 책무]** 이사회는 은행의 전략적 목표, 거버넌스의 틀 및 기업문화를 승인하고, 경영진에 의한 실천을 감시하는 것을 포함하여 은행에 대한 전반적인 책임을 가진다.
원칙2	**[이사회의 자질과 구성]** 이사는 개인 및 집단으로 스스로의 책무에 적합한 자질을 가져야 하고 그러한 자질을 유지해야 한다. 이사회는 스스로가 그러한 감시 및 기업 지배구조 부문에서 수행해야 할 역할을 이해하고 은행에 관련된 사항에 대해 건전하고 객관적인 판단을 내릴 능력을 가지고 있어야 한다.
원칙3	**[이사회의 구조와 실무]** 이사회는 스스로의 업무에 대해 적절한 거버넌스와 실무를 명확히 정해야 하고, 그러한 실무가 시행되고 지속적으로 실효성이 향상될 수 있도록 정기적으로 검증되는 수단을 구비해야 한다.
원칙4	**[고위 경영진]** 이사회의 지휘와 감독하, 고위경영진은 이사회에 의해 승인된 업무전략, 리스크 수용범위, 보수 및 기타 방침과 정합적인 방법으로 은행의 사업을 수행하고 관리해야 한다.
원칙5	**[그룹 구조의 거버넌스]** 그룹구조에서 모회사의 이사회는 그룹에 대한 전반적인 책임을 가지고 그룹 및 그룹 내 기업의 구조, 업무 및 리스크에 비추어 적절하고 명확한 거버넌스의 틀 확립 및 운영을 확보하는 책임을 가진다. 이사회와 고위경영진은 은행 그룹의 조직적인 구조 및 그것이 가져다주는 리스크를 알고 이해해야 한다.
원칙6	**[리스크관리 기능]** 은행은 충분한 지위, 독립성, 경영자원, 이사회에의 접근을 가진 최고 리스크책임자(CRO)의 지휘하에 효과적이고 독립적인 리스크 관리기능을 가지고 있어야 한다.
원칙7	**[리스크의 파악, 모니터링, 통제]** 리스크는 은행 전체 및 개별 법인의 수준에서 계속적으로 파악되고 모니터되어야 한다. 또한 은행리스크관리 및 내부통제를 위한 사내 기반은 은행 리스크의 특성, 외부적 리스크 환경 및 업계실무변화와 함께 고도화되어야 한다.

원칙	내용
원칙8	**[리스크커뮤니케이션]** 효과적인 리스크거버넌스의 틀에는 조직 전체를 관통하는 횡단적 커뮤니케이션과 이사회 및 고위경영진에의 보고를 통한 종단적인 커뮤니케이션 쌍방에서 리스크와 관련한 은행 내부의 견고한 커뮤니케이션이 필요하다.
원칙9	**[컴플라이언스]** 은행의 이사회는 은행의 컴플라이언스 관리를 감독하는 책임을 가진다. 이사회는 컴플라이언스 기능을 확립하고 컴플라이언스리스크와 관련된 은행의 방침과 컴플라이언스를 파악, 평가, 모니터링, 보고 및 조언을 하는 프로세스를 승인해야 한다.
원칙10	**[내부감사]** 내부감사기능은 이사회에 대해 독립적인 보증을 제공하고 이사회와 고위경영진이 효과적인 거버넌스 프로세스와 은행의 장기적인 건전성을 촉진하는 것을 지원해야 한다.
원칙11	**[보수]** 은행의 보수 구조는 건전한 기업 지배구조와 리스크 매니지먼트를 지원해야 한다.
원칙12	**[디스클로저와 투명성]** 은행의 거버넌스는 주주, 예금자, 기타 주요 이해관계자 및 시장참여자에 대해 충분히 투명해야 한다.
원칙13	**[감독당국의 역할]** 감독당국은 포괄적 평가를 통해 또한 이사회 및 고위경영진과의 정기적인 대화 등을 통해 은행의 지배구조에 대한 가이던스를 제공하고 은행을 감독해야 한다. 감독당국은 필요에 따라 개선 및 시정 조치를 구해야 한다. 그리고 기타 감독당국과 기업 지배구조에 관한 정보를 공유해야 한다.

출처: 「은행을 위한 지배구조 원칙」 일본금융감사협의회 번역

　상기의 원칙에서도 알 수 있듯이 이사회는 금융기관의 비즈니스와 리스크에 대해 적절한 거버넌스 틀을 구축하고 운영할 책임이 있다. 특히 리스크관리, 감사, (임원들의)지명·보수에 대해서는 경영진으로부터 독립한 이사가 의장을 맡는 이사회직속의 위원회를 설치할 것이 요구되는 등 거버넌스체제를 구축하는

시점부터 이사회의 주도적인 역할 수행이 기대되고 있다.

② 리스크 선호 · 프레임워크

이사회가 주도하는 리스크 거버넌스의 틀 안에 중요한 것이 리스크 선호 · 프레임워크이다(도표 6-16 참조). 리스크 선호란 금융기관이 어떠한 비즈니스에서 어느 정도의 리스크를 부담할 것인가에 대한 방침을 이사회가 정하는 것이다. 기본적인 시각으로는 전술한 리스크자본 관리와 유사하지만 리스크자본 관리가 정량적인 어프로치에 경도되어 형식적인 것이 되기 쉬운 것에 비해, 리스크선호 · 프레임워크는 이사회가 주도하는 형태로 정량적인 분석과 정성적인 평가를 종합적으로 고려하여 결정한다는 점에서 상이하다.

도표 6-16 리스크선호 · 프레임워크

| 이해관계자의 관심, 기대의 명확화와 경영전략의 관계 파악 | 리스크 수용범위의 설정 및 결정 | 리스크 수용범위, 스테이트먼트의 결정, 사내 통지, 침투 | 기중 관리와 모니터링 |

출처: 후쿠이 『일본의 금융리스크 관리를 변화시킨 10대 사건』

리스크선호 · 프레임워크는 금융기관의 강고한 리스크문화를 정착시키기 위한 툴로 기능하여 이사회로부터의 리스크선호 성명(Statement)의 형태로 조직 내에 체화시켜야 한다. 여기에서도 리스크선호를 모든 종업원에게 전달하고 이른바 「리스크 문화」라고 말할 만한 행동양식을 조직에 배양할 책임은 이사회에 있다고 여겨지기에 이사회가 주도적인 역할을 수행하도록 요구되고 있다.

또한 설정된 리스크선호에 대해서는 기중 모니터링을 실시할 필요가 있다. 그

때 리스크선호 지표로 불릴 수 있는 모니터링지표를 설정하는 것이 일반적이다. 리스크선호 지표로는 비즈니스의 지표가 될 업무계획의 진전 상황 및 리스크자본의 사용 상황, 규제상 리스크자산 상황 등의 주요 퍼포먼스 지표("KPI(Key Performance Indicators)")를 리스크 지표로 삼고, 자기자본비율 및 VaR값, 유동성에 관한 지표 등의 주요 리스크 지표("KRI(Key Risk Indicators)")를 설정하여 리스크선호 관련 상황을 기중 모니터링할 필요가 있다.

③ 3개의 방어선(Defense line)

리스크거버넌스가 중시되는 과정에서 재인식하게 된 것이 「3개의 디펜스라인(방어선)」의 중요성이다.

3개의 방어선이란 금융기관의 리스크관리에 있어, 우선 비즈니스의 최전선에 있는 프론트부문이 리스크의 1차적인 소유자로서 담당업무의 리스크 움직임을 감지하고 리스크가 크게 부상한 경우에는 스스로 적절한 리스크 제어 기능을 수행하는 역할을 담당한다. 다음으로 리스크관리 부분이 프론트 부문과는 독립적으로 리스크 모니터링을 하여 2차적인 방어선 역할을 수행한다. 마지막으로 내부감사 부문이 3차 방어선으로 1차, 2차 방어선, 리스크 거버넌스 및 내부통제 시스템 전체 틀의 유효성에 대해 독립적인 검증을 수행한다. 이 「3가지 방어선」은 각각이 유효하게 기능하고 밸런스가 확보된 운영이 되어야만 비로소 효과적으로 기능할 수 있다(도표 6-17 참조). 금융기관의 리스크관리 체제정비에서는 3개의 방어선이 효과적으로 기능할 수 있도록 구축해야 한다.

도표 6-17 금융기관의 3가지 방어선

1차 방어선	2차 방어선	3차 방어선
프론트 부문 / 업무집행 부문	리스크 관리부문 컴플라이언스 부문 등	내부감사부문
1차적인 리스크 부담자로, 위험감수와 동시에 업무 리스크를 감지하고 적절한 리스크 제어를 한다.	프론트부문에서 독립적인 입장에서 프론트부문의 위험감수 활동을 모니터링하다.	1차, 2차 방어선 각각으로부터 독립적인 입장에서 리스크 관리 및 리스크 거버넌스의 틀에 대해 독립적인 검증과 객관적인 보증을 제공한다.

출처: 후쿠이 『일본의 금융리스크 관리를 변화시킨 10대 사건』

이상 금융기관의 리스크관리 실무는, ①리스크 카테고리별 관리와 ②리스크 횡단적 통합관리, ③이사회 하에서 이들의 전체상을 관리할 리스크 거버넌스로 구성된다. 이러한 사고는 기후변화 리스크 관리체제를 정비하는 데 있어서도 공통적인 부분이 많다.

제6절 금융감독 관련 규제

이상에서 제시한 금융리스크 관리의 실무는 금융감독 규제의 변천과 병행하여 발전해 왔다. 금융감독 규제에 대한 해설은 본서의 목적에서 벗어나기 때문에 기후변화리스크 관리 고려 시, 필요한 금융감독 규제의 개요 중심으로 간단히 살펴보기로 한다.

자기자본비율 규제-바젤Ⅲ

자기자본비율 규제는 금융감독규제의 중심적 위치를 차지하고 있다. 금융기관의 경영건전성을 확보하기 위해서 최소한도로 필요한 자기자본비율을 유지하도록 요구하고 있는 것이다. 금융시스템의 안정성 확보를 최우선 목표로 하는 금융감독 당국에게도 자기자본비율 규제는 중요한 금융감독 수단이다. 현 시점에서 은행에 대한 자기자본규제는 「바젤Ⅲ」, 보험사의 자기자본규제는 「솔벤시Ⅱ」라고 불리고 있으며, 그 내용은 상이하다. 이하에서는 은행의 바젤Ⅲ 규제를 예로 들어 그 구성과 접근법을 살펴보자.

① 필라 1: 자기자본비율 규제

바젤Ⅲ은 자기자본비율 규제를 「필라 1」로 삼고, 감독상 검증으로 칭하는 「2필라 2」, 그리고 이것들을 공개하는 「필라 3」을 규제의 전체상으로 하고 있다.

이 중 「1필라 1」인 자기자본비율 규제는 은행이 보유하는 대출 등 리스크자산을 「리스크에셋」으로 정의하고, 리스크에셋에 대한 일정 비율의 자기자본액을 최저소요자기자본으로서 항상 유지할 것을 의무화하는 규제이다. 자기자본액을 분자로 하고 리스크에셋을 분모로 계산된 비율이 자기자본비율이고, 자기자본비율이 최소소요수준을 상회하여 충분히 확보하는 것이 은행의 건전성 확보로 이어진다고 보는 규제이다(도표 6-18 참조).

도표 6-18 바젤Ⅲ의 자기자본비율 규제

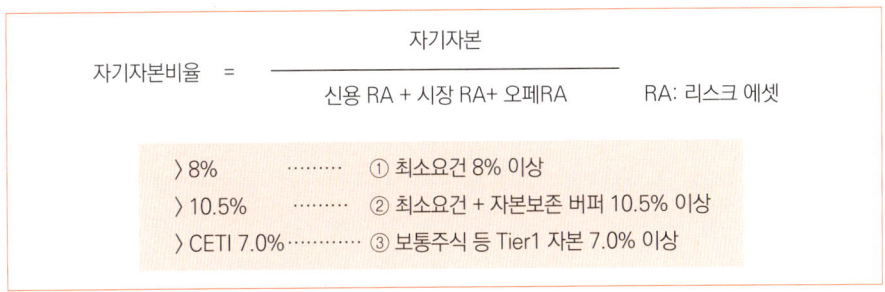

리스크에셋은 리스크에 따른 에셋의 크기를 의미하고 신용리스크에셋, 시장리스크에셋, 운영리스크에셋으로 구성된다.

이 중 시장리스크에셋과 신용리스크에셋에 대해서는 규제상 요건을 충족하고 감독당국의 승인을 얻은 경우, 각각 시장 VaR값, 신용VaR값에 기초한 계산결과를 리스크에셋으로 채택할 수 있으며, 이 기법들은 본 장에서 제시한 금융기관리스크 관리의 실무와 정합성을 확보한 것으로 간주된다.

또한 자기자본에 대해서는 자본금 및 이익준비금을 중심으로 한 보통주식 등 기본자본(Core Equity TierⅠ)이 대부분을 차지하고 있을 필요가 있는 등 최소소요수준을 상회하는 자본보전 버퍼(Buffer) 등 다양한 요건이 부과된다.

이와 같이 바젤Ⅲ의 자기자본비율 규제는 VaR값으로 제시된 정량적인 리스크계측 기법을 채택하고 통계적으로 극단적인 경우가 발생한 경우에 대비해 은행이 충분한 자기자본을 확보하는 것을 금융감독 규제면에서 담보하는 것이라고 할 수 있다.

② **필라 2: 감독상 검증**

그렇지만 특히 자기자본비율 규제에 있어서의 시장 및 신용리스크 에셋이 정량적인 VaR적인 기법에 기초하여 산출된다는 것은 VaR이 가진 통계기법상 약점을 가지게 된다는 것을 의미한다. 예를 들어 여신집중리스크와 같이 신용리스크 에셋에서는 충분히 파악할 수 없는 리스크 및 필라 1에서 고려되지 않은 리스크, 혹은 경기순환과 같은 통계상 관측 기간을 벗어난 요인에 대해서는 자기자본비율 규제만으로는 불충분하다. 그렇기 때문에 바젤Ⅲ에서는 감독상 검증이라고 불리는 프로세스를 「필라 2」으로 삼아 자기자본비율 규제를 보완하고 있다. 예를 들어 금융기관의 판단에 의해 규제상 최소소요자기자본을 넘는 자기자본을 보유하거나 시나리오 분석 및 스트레스 테스트를 도입하여 정량기법에 기초한 필라 1을 보완하는 등이다. 시나리오 분석 및 스트레스 테스트로 정량기법을 보완하는 어프로치는 제2절, 제3절에서 제시한 것과 동일하고 필라 2에서 기대된 이사회의 관여는, 리스크 거버넌스에서 제시된 사고와 동일하다. 그래서 은행의 이사회 및 경영진과 감독당국 간 적시적절한 커뮤니케이션을 통해, 개별 은행의 비즈니스 및 리스크 프로파일에 따른 감독 내용 및 리스크관리 실무가 추진되고 있다.

③ **필라 3: 시장규율-디스클로저**

은행의 자기자본비율 규제 및 감독당국에 의한 감독상 검증에 더해 시장관계자로부터의 감시도 금융시스템의 건전성을 확보하기 위해 중요한 요소이다. 바젤Ⅲ이 제시한 「필라 3」은 은행의 리스크에 대한 디스클로저를 충실히 수행하는 것으로, 은행의 경영상황에 대한 투명성을 높이는 것이다. 적절한 디스클로저를 추진하여 평가기관 및 에널리스트 등의 외부기관에 은행의 전략 및 리스크를 상세하게 평가할 기회를 제공하고 외부 이해관계자에 의한 거버넌스 즉 시장

기능에 의한 규율을 확보하려는 것이다.

필라 3 도입에 의해 은행의 디스클로저 정보는 크게 충실해졌다. 디스클로저 정보를 금융감독규제의 틀에 반영시켜 은행경영의 투명성은 높아졌다고 할 수 있다.

당국의 스트레스 테스트

2008년 발생한 글로벌 금융위기는 금융시스템적 리스크의 양상을 보여주었고, 유럽 및 미국에서는 대규모 금융기관의 경영 건전성 나아가서는 금융시스템 전체에 대한 불신감을 초래했다. 이러한 금융시스템에 대한 불신감을 불식시키기 위해, 유럽 및 미국 금융감독 당국은 글로벌 금융위기 후에 당국 주도로 스트레스 테스트를 도입했다. 이른바 감독당국이 지정한 공통의 거시 스트레스시나리오 하에서 은행의 종합 스트레스 테스트를 실시하여 시나리오가 현재화된 경우의 금융기관의 경영건전성 상황을 검증하는 것이다. 스트레스 테스트 결과 자기자본이 충분하지 않다고 판단된 금융기관은 일정 기간 내에 자본확충 및 리스크 에셋 축소 등을 통해 건전성 회복을 강제할 틀도 마련되었다. 감독당국이 지정한 공통의 스트레스 시나리오 하에서 경영 건전성을 확인함으로써 금융시스템에 대한 신뢰를 회복하고자 한 것이다.

미국에서는 미국연방준비이사회(FRB)가 2009년부 「CCAR(Comprehensive Capital Assessment Review)」로 불리는 스트레스 테스트를 매년 실시하고 있다. 테스트 결과 자본의 준비가 충분하지 않다고 판명된 은행에게는 자본계획 제출과 자본조달 실시를 의무화했다(도표 6-19 참고). 한편, 유럽에서는 2010년 이후 유럽은행감독국(EBA)이 매년 당국 주도의 스트레스 테스트를 실시하고 미국과 같이 자본이 불충분하다고 판정된 금융기관은 자본계획 및 자본조달이 요구된다. 영국에서는 EBA에 의한 스트레스 테스트와는 별개로 잉글랜드은행이 국내 주요 은행과 보험사에 대해 독자적인 스트레스 테스트를 실시하고 있다.

도표 6-19 미국 CCAR 스트레스 테스트(2020년)의 시나리오 개요

거시 경제 지표	시나리오 예
실업률	당초 1년반에 10%까지 상승
실질 GDP 성장율	당초 1년 반에 8.56% 저하
소비자물가지수 상승율	2020년 제1사분기에서 1.25% 저하하고 그 후 3년 연속으로 1.75%까지 천천히 상승
3개월물 T-Bill 금리	제로%까지 하락하고 이후 3년간 계속
10년물 미국국채 금리	2020년 제1사분기에서 0.75%로 하락하고 그 후 3년간 2.25%까지 천천히 상승
주가	2020년말까지 50% 하락
VIX 지수(공포지수)	2020년말까지 70% 상승
주택가격	당초 2년간에 28% 하락
상업용 부동산가격	당초 2년간에 35% 하락
해외경제	유로권, 영국, 일본, 아시아의 혹독한 경기침체 진입
환율	미국 달러 강세의 발생

출처: FRB 자료에 의해 필자 작성

이상 금융감독 규제의 개요를 살펴보았다. 금융기관의 자주적 리스크관리를 중시하면서도 금융감독 당국이 결점을 보완하거나 당국 주도 스트레스 테스트와 같이 금융시스템의 건전성 확보와 회복력 강화를 위해 자본조달을 요구하는 강력한 조치도 가능하게 되었다. 여기에서 공통적인 부분은 통계와 확률적 사고에 기반한 객관적인 분석을 시도하는 한편, 그러한 정량적 분석의 한계를 시나리오 분석 및 스트레스 테스트로 보완하고 있다고 할 수 있다. 또한 적절한 리스크 거버넌스의 틀을 확보한다는 어프로치도 더해졌다고 생각할 수 있다.

제7장

기후변화 리스크 관리 실무

제1절 기후변화 리스크 관리와 금융리스크 관리

제2절 기후변화 리스크 관리체제의 구축: 리스크 거버넌스

제3절 기후변화 리스크 관리체제의 구축: 리스크 관리 실무

제2편 금융기관의 기후변화 리스크 관리

제7장 기후변화 리스크 관리 실무

금융리스크 관리는 시장리스크, 신용리스크 및 운영리스크 등 상이한 리스크 카테고리를 명확하게 정의하고 각 카테고리에 적합한 관리방법을 개별적으로 적용해야 한다. 적용 시에는 정량적인 사고를 기초로 최대한 객관적인 분석과 비교 한다.

다음부터는 금융리스크 관리와 기후변화 리스크 관리의 상이점과 유사점을 분명히 하고 기후변화 리스크 관리를 위한 체계 구축을 실무자 시점에서 살펴보기로 한다.

제1절 기후변화 리스크 관리와 금융리스크 관리

물리적 리스크와 이행리스크

제1장과 제3장에서 살펴본 바와 같이 기후변화 리스크는 「물리적 리스크」와 「이행리스크」로 대별된다(도표 7-1 참조).

도표 7-1 물리적 리스크와 이행리스크

물리적 리스크		기후변화로 인해 발생하는 직접적인 손실. 기후변화 자체에 의해 자산에 가해지는 직접적인 손해 및 공급망 단절 등으로 발생하는 간접적인 손실로 구분
	급성리스크	태풍 및 홍수 등 기상현상에 기인하는 리스크
	만성리스크	지구온난화에 동반한 해면 상승 등 기후의 장기적 변화에 기인하는 리스크
이행리스크		기후변화에 대한 대응을 위해 저탄소경제로 이행해 가는 과정에서 발생하며, 정책의 도입, 기술혁신, 시장의 변화 등에 기인한 리스크

「물리적 리스크」는 기후변화의 결과로 발생한 현상에서 기인한 손실을 말하고, 「기후변화 자체에 의해 자산에 가해지는 직접적 상해 및 공급망 단절로 인한 간접적 재무 영향」으로 정의된다. 물리적 리스크는 「급성리스크」와 「만성리스크」의 2종류로 분류된다. 급성리스크는 태풍 및 홍수의 발생 등 기상현상에 기인한 리스크이다. 한편으로 만성리스크는 기후의 장기적 변화에 기인한 리스크이다. 예를 들어 기후변화에 동반한 장기적인 해면 상승에 의해 어느 지역이 거주불능이 되어 손실이 발생하는 경우가 이에 해당한다.

기후변화 리스크의 또 하나의 유형이 「이행리스크」이다. 이행리스크는 저탄소경제로 이행해 가는 과정에서 발생하는 정책 및 법규제, 기술혁신 및 시장 변화 등에서 발생하는 리스크로 정의된다. 예를 들어, 저탄소배출설비에 대한 징벌적인 과세가 부과되는 정책이 취해지거나 석탄화력 발전설비의 가치가 크게 하락하여 기업이 어쩔수 없이 감원을 하게 되어 손실이 발생하는 경우가 이에 해당한다.

금융리스크 관리와의 상이점

① 리스크 정의 차이

상기 기후변화 리스크 정의를 리스크관리를 위한 실무 관점에서 보면, 기후변화 리스크는 금융리스크와 2가지 점에서 크게 상이하다.

첫 번째로 기후변화 리스크의 물리적 리스크와 이행리스크는 그 내용이 독립적이지 않고 상호 의존관계, 또는 상충 관계에 있다. 만일 조기에 추가적인 정책이 도입된 RCP2.6시나리오가 실현되었다고 가정해 보자. 이 경우, 각국은 온실가스 배출감축정책을 조기에 도입하여 좌초자산이 증가하고 단기적으로는 이행리스크가 높아지게 된다. 한편으로 저탄소경제로의 이행이 조기에 실현되고 장래 예상되었던 자연재해 증가가 억제되면 물리적 리스크는 저감된다. 반대로 추가적인 정책이 취해지지 않은 RCP8.5시나리오가 실현될 경우, 추가적인 정책의 미실시로 단기적으로 이행리스크는 발생하지 않는다. 한편으로 지구온난화가 방치되어 장래에 걸쳐 자연재해는 증가하고 물리적 리스크가 높아지게 된다. 이처럼 물리적 리스크와 이행리스크는 상충 관계에 있고 양자를 개별적으로 관리하는 것은 의미가 없다. 기후변화 리스크 관리를 위해서는 양자를 연결한 시나리오의 큰 틀에서 생각할 필요가 있다(도표 7-2 참조).

도표 7-2 물리적 리스크와 이행 리스크의 상충 관계

시나리오	RCP2.6	RCP4.5	RCP6.0	RCP8.5
채택된 추가 저감정책	대	중간	소	없음
2100년 평균기온 상승	2도 미만	2도를 상회할 가능성 있음	2도를 상회할 가능성 큼	4도 전후 내지 그 이상
이행리스크	대	중간	소	없음
물리적 리스크	소	중간	대	극대

출처: "The Green Swan"등에서 필자 작성

이에 대해 금융리스크 관리 관련 각 카테고리는 기본적으로 독립적인 성격이다. 예를 들어 시장리스크와 신용리스크 혹은 사무리스크 등 각 카테고리는 본질적으로 리스크의 성격이 상이하다. 이른바 「본원적인 리스크 요인」으로서 기본적으로 독립적인 것이라고 생각할 수가 있고, 기후변화 리스크에서의 물리적 리스크와 이행리스크와 같이 밀접한 상호관계 및 상충 관계는 존재하지 않는다.

두 번째 차이점은 상기의 「본원적 리스크」라는 점에 대해서이다. 금융리스크 관리를 위한 각 리스크가 본원적 리스크라는 점에서 각각의 리스크 요인에서 발생하는 손실 현상은 독립적인 성격을 갖는다. 예를 들어, 외환시장의 급변에서 발생한 손실은 「시장리스크 손실」, 기업의 디폴트에 기인한 손실은 「신용리스크 손실」, 사무 실수에서 발생한 손실은 「사무리스크 손실」로 정의되는 것처럼 발생한 손실은 본원적인 리스크 요인으로 분류할 수가 있다.

이에 대해 기후변화 리스크는 금융리스크 관리에서의 각 본원적 리스크 요인에서의 손실로서 현재화된다. 예를 들어보자. 기후변화 리스크의 물리적 리스크가 대형 태풍의 발생이라는 형태로 현재화되었다고 가정해 보자. 풍우 및 고조에 의해 주택 및 공장 등이 피해를 입고 건물의 전반파, 침수 등이 발생하면 이들 건물 및 부동산을 담보로 잡고 있는 은행에서는 담보가치가 훼손되어 신용리스크 손실이 현재화하게 된다. 은행 자신의 점포 및 시설이 손해를 입은 경우는 유형자산 리스크로서 현재화된다. 보험금 지불이 급증한 보험사에서는 보험인수 리스크가 현재화되게 된다. 이행리스크의 경우도 유사하다. 예를 들어, 자동차 업계에 대해 온실가스 규제가 새롭게 도입되어 이행리스크가 현재화했다고 하자. 새로운 규제에 적절하게 대응할 수 없는 자동차 제조업체는 실적 악화로 인한 신용력 악화가 초래되어 기업에 대한 신용리스크가 증가하게 된다. 이와 같이 기후변화 리스크는 보험인수리스크 및 신용리스크 등의 본질적인 금융리스크의 손실현상으로 현재화한다.

그런 의미에서 기후변화 리스크는 리스크 관리 상 본원적 리스크라기 보다 금융리스크를 발생시키거나 금융리스크를 증폭시키는 요인, 이른바「리스크 드라이버」로 생각할 수 있다.

이 점에 대해 민간 금융기관과 금융감독 당국의 시각은 대략적으로 일치하고 있다. 민간 금융기관의 리스크관리 관계자로 구성된 NPO조직인 GARP(Global Association of Risk Professionals)는 2020년 5월 기후변화 리스크 관리에 대한 설문조사를 실시했다. 전세계 71개 금융기관이 응답한 본 설문조사는 기후변화 리스크를 본원적인 리스크 요인으로서 취급하고 있는 금융기관은 20%에 불과하고, 대부분은 여타 금융리스크에 횡단적으로 영향을 미치는 리스크 드라이버로서 다루고 있는 것을 보여주고 있다.

국제결제은행의 바젤은행감독위원회는 2020년 4월에 보고서「기후관련 금융리스크: 현재의 대응에 관한 설문」을 공표하고 금융감독 당국에서의 기후변화 관련 금융리스크에의 대응 상황을 검토했다. 거기에서는 복수의 금융감독 당국이 기후변화 리스크는 새로운 리스크 요인으로 다루는 것보다는 가능한 기존의 금융리스크 관리 틀에 반영시켜야 한다고 대답했다.

그렇다면 기후변화 리스크는 어떠한 리스크 요인에 영향을 미칠 것인가. 국제결제은행의 「그린 스완」 보고서에서는 기후변화 리스크는 주로 신용리스크, 시장리스크, 운영리스크, 보험인수리스크 등의 리스크 카테고리에 미치는 영향이 크다. 또한 TCFD제언에서는 영향이 큰 리스크 카테고리로 신용리스크, 법적리스크, 규제변동리스크, 시장리스크, 평판리스크, 및 유형자산리스크를 들고 있다. NGFS보고서에서도 기후변화 리스크의 파급 경로로서, 신용리스크 및 보험인수리스크 등의 금융리스크에의 영향을 미치는 것으로 보고 있다(도표 7-3 참조).

도표 7-3 물리적 리스크가 금융안정 리스크에 영향을 미치는 파급 경로

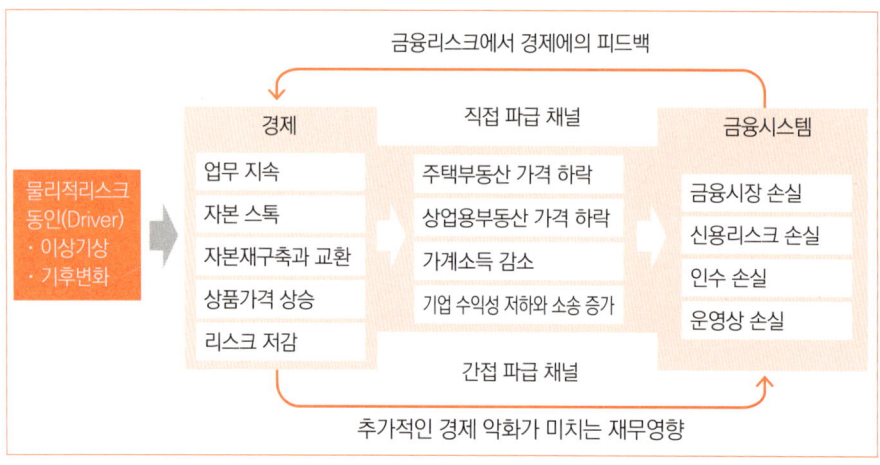

출처: NGFS, "A call for action: Climate change as a source of financial risk

이 점은 기후변화 리스크의 관리체제 정비와 관련하여 큰 의미를 가진다. 리스크관리 실무상 기후변화 리스크가 「리스크 드라이버」라고 생각한다면, 금융기관은 기후변화 리스크에 대해 전혀 새로운 리스크요인을 위한 관리체제를 맨땅에서 구축하는 것이 아니라, 현재의 각 금융리스크 요인을 관리하는 부서에서

기후변화 리스크의 영향을 고려한 리스크관리를 추진해야 한다는 것이 된다.

② 리스크관리 대응상 차이점

기후변화 리스크 관리는 기법적인 면에서도 종래의 금융리스크 관리와 상이한 성격을 가지고 있다(도표 7-4 참조).

도표 7-4 기후변화 리스크와 금융리스크의 차이점

항목	기후변화 리스크	금융 리스크
리스크 요인의 정의	상호의존적 혹은 「리스크 드라이버」적	본원적 정의
대상기간	길다(10년에서 수십년)	최장 1년에서 3년 정도
불확실성	높다	상대적으로 낮다
모델	미확립	일정 정도 확립
데이터	불충분	어느 정도 충분
영향 범위	넓다	주로 경제활동에 영향
파급경로	다양하고 복잡 현재의 대응이 미래의 리스크 발생을 좌우한다	거시모델 등에서 상당 정도 특정되어 있다.

(a) 긴 기간

금융리스크의 관리 기간은 시장리스크의 경우는 수일, 신용리스크 및 오퍼레이션리스크는 1년정도, 장기 시나리오 분석에서는 3년 정도이다. 이에 비해 기후변화 리스크의 관리 시간은 적어도 5년~10년 혹은 20년~30년이라는 장기간에 걸쳐 있다.

(b) 모델이 미확립

금융리스크 관리를 위해서는 경제모델 및 재무 이론에 기초한 정량모델을 이용할 수 있지만 기후변화 리스크 발생가능성을 예측하는 모델은 아직 확립되어 있지 않다.

(c) 데이터가 불충분

금융리스크 관리 부문에서는 과거 시장 및 디폴트 동향을 추적하는 등 분석의 기본이 되는 데이터가 상당 정도 축적되어 있지만, 기후변화 리스크 관리와 관련, 데이터 집적이 충분하지 않은 것이 현실이다.

(d) 높은 불확실성

금융리스크 관리에서는 경제학 및 파이낸스 이론을 통해 장래에 대한 불확실성이 어느 정도 예측 가능하지만, 기후변화 리스크 관리에서는 장래 어떠한 물리적 리스크 및 이행리스크가 발생할 것인가는 비선형적이며 불가역성이 강해 불확실성이 매우 높다.

(e) 넓은 영향 범위

금융리스크는 주로 경제활동에 영향을 미치는 것에 비해, 기후변화 리스크는 경제활동뿐만 아니라 사회생활 및 생태계 전반 등 영향 범위가 매우 넓다.

(f) 다양하고 복잡한 파급 경로

금융리스크의 파급 경로는 거시경제 모델 및 자금순환분석 등에 의해 상당 정도 특정할 수 있지만, 기후변화 리스크의 파급 경로는 다양하고 복잡하여 특정하기 어렵다. 또한 기후변화 리스크는 현재의 대응이 장래의 기후변화 리스크 현상 발생에 영향을 미친다는 의존관계가 존재한다.

앞서 나온 바젤은행감독위원회의 보고서에서는 기후변화 관련 금융리스크 관리상 과제로서「데이터의 가용성」,「분석 기법 상 문제」,「리스크의 파급 경로 분석」,「시간 축의 불일치」등이 거론된다(도표 7-5 참조). 이러한 인식은 금융기관의 과제 인식과 대체적으로 공통되어 있다고 생각할 수 있다.

이상과 같이 기후변화 리스크와 금융리스크 관리는 성격이 크게 상이하다. 전장에서 금융리스크 관리 실무는 리스크 카테고리별로 최대한 정량적 분석을 실시한 후, 그것을 시나리오 분석 및 스트레스 테스트로 보완한다고 밝혔다. 그러나 기후변화 리스크 관리에서는 이러한 데이터 및 모델이 확보되어 있지 않고 금융리스크 관리에 사용해 온 정량분석을 그대로 채택할 수는 없다.

이러한 이슈는 금융감독 당국도 인식하고 있다.「그린 스완」보고서에서는 과거 데이터와 충격이 확률 분포를 따른다는 가정에 기초한 전통적인 금융리스크 관리 기법을 기후변화 리스크에 적용하려고 하는 것은, 기후변화 리스크의 미스프라이싱(Mispricing)으로 연결된다고 전제하고, 기후변화 리스크의 불확실성 크기와 복잡한 파급 경로, 모든 경제주체와 관련한 광범위한 영향 범위에서 기후변화 리스크 현상은 전통적인 금융리스크 관리기법으로는 대응하기 어렵다고 보고 있다.

도표 7-5 금융감독 당국이 인식하는 기후변화 리스크 관리 상 주요 이슈

과제	투표 수
충분히 상세하고 신뢰할 수 있는 데이터의 가용성	10
협조적인 분석방법 틀의 결여 (기후변화의 영향 정량화의 불확실성을 포함)	7
기후변화와 저탄소경제에의 이행이 가져오는 리스크의 파급 경로 파악의 어려움 (특정 부문, 지역, 시장 및 금융시스템에의 영향을 포함)	5
적당한 인적 자원의 결여	4
감독 당국 및 금융기관에 전형적인 시간 축과 기후변화의 장기 예측에 필요한 시간 축의 불일치	3
충분히 상세하고 타당성이 있는 기후변화 예측의 결여	2
기후변화 관련 금융리스크에 관한 국가간 및 은행간 인식의 차이	2
기후변화 관련 금융리스크와 관련한 신용평가의 결여	2
기후변화 관련 금융리스크에 관련한 국제 협력의 결여	2
녹색자산/ 브라운자산에 대한 명확히 공유된 택소노미의 결여	2

출처: 바젤은행감독위원회 「기후관련 금융리스크: 현재의 대응에 관한 설문조사」

금융리스크 관리와의 공통점과 정합성의 확보

전 장에서는 기후변화 리스크 관리와 금융리스크 관리의 차이를 예로 들었지만 기후변화 리스크 관리체제 정비와 금융리스크의 체제 정비와의 공통점도 존재한다. 그것은 이사회를 정점으로 하는 리스크 거버넌스의 시점에 기초하여 기후변화 리스크 관리체제를 금융기관 전체의 금융리스크 관리체제와 정합성을 가진 형태로 정비한다는 점이다.

제6장에서 이사회가 주도적으로 금융기관의 리스크 관리체제에 대해 감독책임을 지는 것을 「리스크 거버넌스」로서 제시했다. 리스크 거버넌스의 시점에서, 이사회는 리스크관리의 기본방침 및 리스크선호를 스스로 승인하고, 금융기관

이 적절한 리스크 관리체제를 정비·운영하는 것을 감독해야 한다. 기후변화 리스크 관리체제 정비를 추진할 때에도 이사회를 정점으로 한 리스크 거버넌스의 시점은 그대로 적용될 수 있다. 기후변화 리스크의 영향 범위는 지극히 광범위하고 또한 리스크 측면뿐만 아니라 장래의 비즈니스 기회 및 금융기관의 사회적 책임으로 연결되는 면도 있다. 그렇기 때문에 이사회의 관여 및 감독이 요구되는 분야라고 할 수 있다.

또한 기후변화 리스크는 「리스크 드라이버」로서 기존의 금융리스크의 손실에 영향을 미친다. 이것은 금융리스크 관리체제를 정비하기 위해서는 기후변화 리스크의 영향도 고려해야 한다는 것을 의미하고, 기후변화 리스크 관리체제 정비는 기존의 금융리스크 관리체제와 정합성을 가지고 추진할 필요가 있다고 생각된다.

바젤은행감독위원회의 보고서에서도 기후변화 리스크에 관한 감독 지침을 공표했거나 검토 중인 금융감독 당국의 대부분은 기후변화 관련 금융리스크를 금융기관의 리스크 관리 틀과 적절하게 통합하기 위한 지침을 검토하고 있다고 한다.

영국에서는 금융감독 당국인 영국 PRA(건전성 규제기구)가 2019년 4월에 은행과 보험사를 대상으로 기후변화 리스크 관리 체제에 관한 지침을 발표했다. 동 지침은 주로 「거버넌스」, 「리스크 관리」, 「시나리오 분석」, 「디스클로저」 측면에서 체제정비를 요구하는 내용으로 구성되어 있다.

제2절 기후변화 리스크 관리체제의 구축: 리스크 거버넌스

기후변화 리스크 대응을 위한 4가지 방법

제1장에서 금융기관에 요구되는 기후변화 리스크 대응에는 4가지 룰이 있다는 점을 확인했다. 첫 번째는 금융기관의 사업활동 자체에서 발생하는 온실가스 배출 억제, 두 번째는 금융기관의 자산부채 포트폴리오가 노출되어 있는 기후변화 리스크 관리, 세 번째는 금융기관의 투융자 활동을 통해 거래처 및 투자처의 기후변화 리스크 대응에 대한 영향력 행사, 마지막으로 금융시스템적인 리스크 가능성 배제이다.

첫 번째 금융기관 사업활동 자체에서 온실가스를 배출하는 전형적인 예는 점포 등의 보유 부동산 및 IT시스템센터의 냉난방 등이다. 공장 등의 생산설비를 보유하는 제조업만큼 많지는 않지만 금융업이 보유하고 있는 종업원 및 거점 수도 적지 않고, 각지에 소재하는 지점 등의 사업소 부동산에서의 탄소배출 및 전력소비는 상당한 양이다. 또한 IT시스템센터에서의 전력 소비, 공조 등으로부터의 탄소 배출도 무시할 수 없다. 이 루트에 대한 기후변화 대응으로는 Scope1에서 Scope3까지의 탄소 배출량을 산출해서 모니터링할 필요가 있다. 또한 효율적 관리를 위해서는 전력 절약 및 종이자원의 절약 또는 비행기를 이용한 출장의 억제 대응을 생각할 수 있다.

두 번째 금융기관의 자산부채 포트폴리오가 노출되어 있는 기후변화 리스크 관리는 기후변화 리스크 관리체제의 중심적 부분이다. 예를 들어 보험사의 경우, 거대 태풍 및 홍수 등 물리적 리스크 발생으로 예상을 뛰어넘는 보험금 지불 채무가 발생할 리스크가 있다. 은행의 경우, 태풍 및 홍수 등 물리적 리스크 발생으로 재해를 입은 주택에 대한 모기지론이 불량채권으로 변질될 리스크가 있다. 또한 거래처가 장래 법규제의 변경 및 기술진보 등 이행리스크에 대응할 수 없는 경우, 이들 거래처의 자산가치가 하락하고 이런 거래처에 대한 대출 채권이 이른바「좌초자산」이 되어 신용리스크가 증가하거나 보유 주식의 주가가 하락하여 예상 외의 손실이 발생할 리스크도 있다. 또한 자산보유자 및 자산운용사도 스스로의 투자 포트폴리오를 구성하는 기업이 기후변화 리스크를 적절하게 평가 및 대응하지 않으면 이들 투자처의 실적이 예상외로 저조하고 투자 리턴을 확보할 수 없게 될 가능성이 있다. 이 루트에 대한 기후변화 대응으로는 기후변화 리스크 발생가능성 및 영향 정도를 분석하여 리스크 관리 및 재무측면에서의 조치를 취할 필요가 있다. 이를 위해서 기후변화 리스크 시나리오 분석을 활용하는 것도 도움이 된다.

세번째 루트는 투융자활동을 통한 거래처 및 투자처에 대한 거버넌스의 발휘이다. 금융기관은 거래처 및 투자처에 대해 융자 및 대출이라는 금융중개기능을 제공함으로써 이들 거래처 및 투자처의 사업활동 및 거버넌스체제에 영향을 미칠 수 있다. 금융기관의 공공성을 감안하여 거래처 및 투자처가 기후변화 리스크에 적절히 대응할 수 있는 거버넌스기능을 발휘하도록 촉진할 것이 기대된다. 예를 들어 은행의 경우, 환경문제에 악영향을 영향을 미치는 파이낸스 안건에는 투융자를 거절함으로써 주주로서의 대화 및 의결권 행사 등을 통해 기업 운영에 영향력을 행사할 수 있다.

마지막으로 특히 은행 및 보험사에 대해서는 기후변화 리스크로부터의 예상외 손실리스크가 금융시스템적 리스크로 이어지지 않도록 유의할 필요가 있다.

이들 4가지 루트의 성격 및 구체적 대응 내용은 상당히 다르지만 한쪽으로 편중되지 않도록 균형잡힌 일관된 방침 및 대응이 요구된다(도표 7-6 참조).

도표 7-6 금융기관의 기후변화 리스크 관리의 주요 과제

	요구되는 기후변화 리스크 관리
1	스스로의 사업소 및 IT 시스템 등에서 발생하는 온실가스의 억제
2	보유하는 자산부채 포트폴리오가 노출되는 기후변화 리스크 관리
3	투자활동을 통해 거래처가 기후변화 리스크 대응을 추진할 수 있도록 영향을 미치는 효과
4	금융시스템적 리스크의 가능성 배제

이사회를 정점으로 한 거버넌스 체제

기후변화 리스크 관리에서도 이사회를 정점으로 하는 거버넌스가 체제 구축의 출발점이 된다. 금융기관의 이사회는 전술한 기후변화 리스크 대응의 4개 루트에 대한 대응 상황을 적극적으로 감독해야 한다(도표 7-7 참조).

도표 7-7 기후변화 리스크 관리의 주요 이슈와 대응

	요구되는 기후변화 리스크 관리	대응
1	자사 사업소 및 IT 시스템 등에서 발생하는 온실가스의 억제	에너지절약기구의 도입, 리사이클 활동, 비행기이동에 의한 출장 억제 등
2	보유한 자산부채 포트폴리오가 노출되어 있는 기후변화 리스크 관리	리스크요인별 리스크 관리체제정비의 기후변화 리스크 고려
3	투자활동을 통해 거래처가 기후변화 리스크 대응을 추진할 수 있도록 영향을 미치는 효과	국제연합의 책임은행원칙의 도입과 업무운영방침에의 반영 지속가능성을 고려한 거래처와의 대화, 인게이지먼트
4	금융시스템적 리스크 가능성 배제	기후변화 리스크 관리체제의 적절한 디스클로저

전술한 GARP 보고서에서는 설문조사에 참가한 71개의 금융기관 중 90프로의 금융기관이 이사회가 기후변화 관련 리스크와 기회에 대해 거버넌스기능을

발휘하고 있다고 대답했다. 또한 영국 PRA 지침에서도 이사회가 기후변화 리스크가 비즈니스에 미치는 영향을 명확히 이해한 후, 분명한 역할과 책임을 다해야 한다고 주장하고 있다.

이사회가 구체적으로 주도해야 하는 행동에는 아래와 같은 내용이 포함된다.

- 기후변화 리스크에 대한 리스크 수용 범위(Risk appetite)의 승인
- 기후변화 리스크와 관련한 전략의 승인
- 기후변화 리스크 관리의 기본방침을 포함한 기본적인 관리 방침 및 절차의 승인
- 기후변화 리스크 관리조직, 담당이사 등 관리조직체제의 승인 및 임명
- 기후변화 리스크 관련 디스클로저의 승인
- 기후변화 리스크 관리에 관한 사내 문화의 조성
- 기후변화 리스크에 관한 모니터링 및 보고의 내용 검증

이들 가운데 특히 중요한 것은 기후변화 리스크에 대한 리스크 수용 범위, 전략 및 관리 방침의 승인과 사내 문화의 조성이다. 기후변화는 리스크임과 동시에 비즈니스 기회를 의미한다. 그것은 금융기관의 거래처에게도 동일하게 적용된다.

금융기관 이사회는 4개의 루트를 고려하면서 기후변화 리스크와 기회에 대해 어떻게 대응해야 할 것인가라는 금융기관의 방침을 승인할 필요가 있다. 또한 기후변화 리스크와 같이 매일매일의 효과가 보이지 않은 이슈에 대해 임원이 관심을 갖도록 하기 위해서는 최고경영자가 관심을 가지고 있다는 것을 적극적으로 발신하는「최고경영자로부터의 메시지」가 매우 중요하다. 이는 이사회가 적극적으로 수행해야 할 역할이다.

리스크의 수용, 기본방침과 절차

많은 금융기관은 국제연합의 책임원칙에 찬성을 표하고 있다. 또한 대부분의 금융기관은 SDGs의 17개 원칙에 대해서도 지지를 표명하고 있다. 이와 같이 금융기관의 지속가능에 대한 고려는 기후변화 리스크 관리에 그치지 않고 금융업 전반에 미치는 성격을 가진다.

① 지속가능 기본원칙

기후변화 리스크 관리와 관련한 절차 체계를 검토함에 있어 출발점이 되는 것은 기후변화 리스크 관리를 포함한 지속가능과 관련된 기본방침(이하,「지속가능 기본방침」)의 수립이다.

지속가능 기본방침은 금융기관 전체에 관한 지속가능의 정의 및 SDGs 목표와의 관계, 나아가 국제연합의 책임원칙과의 정합성을 규정하고 금융기관으로서 지속가능에 대한 대응방침을 규정한 것이다. 금융기관의 기본방침을 밝힌 문서로서의 의미가 있기 때문에 지속가능 기본방침은 이사회에서 승인되어야 한다.

② 리스크 관리 규정과 절차

지속가능 기본방침을 금융기관 전체에 대한 기본방침으로 이해하고 기후변화 리스크 관리에 관한 규정과 절차를 정할 필요가 있다. 다만 제1절에서 제시한 것처럼 기후변화 리스크는 독립적인 새로운 리스크요인으로서 분류하는 것보다는 신용리스크 및 시장리스크 등 기존의 리스크 요인에 영향을 미치는 리스크 드라이버로 취급하는 것이 타당하다. 이를 감안, 기후변화 리스크 관리 규정이라는 독립적인 리스크 관리규정을 수립하는 것이 아니라, 기존 리스크 카테고리별 관리규정 및 절차 중에 기후변화 리스크의 영향을 반영시키는 방안을 생각할 수 있다. 동일하게 기후변화리스크 관련 시나리오 분석에 대해서도 종합 스트레스 테스트 및 종합 시나리오 분석 등 관련 리스크 관리 절차로 이해할 필요가 있다. 절차별 승인 수준은 반영된 개별 규정 및 절차의 승인 수준에 기초하게 된다.

③ 국제연합의 책임원칙과 특정 부문에 대한 대응 방침의 여부

지속가능 기본방침의 수립 및 금융리스크 관리규정에 기후변화 리스크를 반영할 때에는, 국제연합의 책임원칙도 함께 고려할 필요가 있다. 많은 금융기관은 관련한 국제연합의 책임원칙에 찬성을 표하고 있기에, 예를 들어 은행의 경우에는 신용리스크 관리 규정은 스스로가 찬성한 책임원칙 내용도 반영시킬 필요가 있다. 여기에서도 책임원칙 그 자체를 독립적으로 규정할 필요는 없고 관련 규정에 책임원칙 내용이 반영되게 하는 것이 타당하다고 생각한다.

이러한 접근법을 취할 경우, 추가로 검토가 필요한 부분이 특정 부문에 대한 대응방침을 수립해야 하는지 여부이다. 기후변화 관련이라면 화석연료 관련 및 환경파괴와 관련한 투융자, 혹은 살상병기의 제조 및 반사회적 활동에의 자금공여로 이어질 투융자 등 금융기관의 공공성에 의문이 생길 수 있는 투융자에 대해서는 네거티브 스크리닝 관점에서 거래를 배제하거나 혹은 대응이 용인되는 경우를 명기하는 경우를 생각할 수 있다. 화석연료 및 환경파괴 관련 투융자 활동에는 외부 이해관계자의 관심도 높고 특정 부문에 대한 대응방침을 수립해야 하는지 혹은 통상의 신용리스크 관리를 위한 기본방침 범위 안에서 대응할 것인지에 대해서는 검토할 필요가 있을 것이다. 이러한 작업의 중요성을 고려하면 특정 대응방침을 정하는 경우에는 이사회 수준의 승인이 바람직하다.

④ 리스크 수용·프레임워크

기후변화 리스크를 리스크 수용·프레임워크 가운데 설정하는 것도 중요하다. 리스크 수용·프레임워크에는 리스크 수용 지표로 불리는 KPI와 KRI 등의 모니터링 지표를 활용하는 것이 일반적이지만, 통상적인 리스크 수용 관련 지표의 시간 축은 1년 내지 최장 3년 정도를 전제로 하고 있어서 시간 축이 긴 기후변화 리스크의 리스크 수용과 관련하여 동일한 기준으로 생각하는 것은 용이하지 않다.

기후변화 리스크에 대한 리스크 수용에 대해서는 상이한 시간 축, 상이한 리스크 수용 범위 지표를 설정할 필요가 있고, 같은 리스크 수용·프레임워크 가운데 상이한 기준이 혼재되어 있는 것을 이해하고 운영할 필요가 있다.

조직 체제

다음으로 기후변화 리스크 관리를 담당하는 조직 체제를 검토할 필요가 있다.

① 최고지속가능경영책임자(CSO)

맨 처음 검토가 필요한 것은 기후변화 관련 사항 전반을 담당하는 고위 경영진의 임명이다. 기후변화 리스크를 포함하는 SDGs 및 지속가능성 전반의 중요성과 영향의 광범위함을 고려하면 지속가능시책 전반을 책임지는 고위 경영진을 임명하는 것이 바람직하다. 유럽 및 미국의 금융기관에서는 「Chief Sustainable Officer(CSO)」라는 직책을 설치하는 것이 일반적이다. CSO는 기후변화리스크의 4개 루트 전반을 관장한다.

문제는 CSO의 자리에 어떠한 경영진을 임명할 것인가라는 것이다. 특히 일선 인력을 배치할지 아니면 리스크 관리 부문과 같은 전문스탭 인력으로 배치할지가 문제가 된다. 기후변화 문제는 리스크임과 동시에 비즈니스 기회의 의미가 있다. 거래 방침 및 거래처에의 설명 및 교섭의 발생 가능성을 고려하면 일선 부문의 강력한 관여가 필요하게 된다. 기후변화 리스크라고 하면 리스크 관리 부문과 그 책임자인 CRO의 얼굴이 떠오르지만 SDGs 전체를 생각하면 업무 전반을 총괄할 수 있는 부사장정도의 직책 및 기획부문 책임자 혹은 사장 자신이 그

역할을 담당하는 것도 고려할 여지가 있다.

② **담당부서**

　전술한 바와 같이 기후변화 리스크에는 크게 4가지 루트가 있고 각각의 내용은 상이한 부분이 많다. 또한 SDGs까지 고려하면 포함되는 범위는 상당히 광범위하다. 4가지 루트별 및 SDGs 항목별로 적당한 담당부서를 정할 필요가 있다.

　예를 들어 SDGs 전반에 대해 그 대상 범위가 넓고 부문간 걸쳐있는 업무에 대해서는 조정의 필요성이 있기 때문에 기획부문이 전체를 총괄하는 것이 바람직하다고 생각된다. 4가지 루트에 대해 살펴보면, 자사의 온실가스 모니터링 및 억제에 대해서는 예를 들어 CSR실과 같은 전문 부서나 기획 부서가, 보유중인 자산부채 포트폴리오가 노출되어 있는 기후변화 리스크 관리에 대해서는 각각의 리스크 카테고리(신용리스크, 시장리스크, 평판리스크 등)를 소관하는 부서가, 투융자활동을 통한 거래처 및 투자처에 대한 인게이지먼트에 대해서는 기획 부서 및 관리부서가, 금융시스템적 리스크 회피에 대해서는 종합 리스크관리를 총괄하는 부서가 담당해야 한다. 그 위에 기후변화 리스크 관리의 전체상 및 틀에 대해서는 종합 리스크관리체제를 담당하는 부서가 총괄하는 것이 바람직할 것이다(도표 7-8 참조).

도표 7-8 기후변화 리스크의 주요 이슈와 담당 부서

요구되는 기후변화 리스크 관리	담당 부서
SDGs 전반	기획 부문
자사 사업소 및 IT 시스템 등에서 발생하는 온실가스의 억제	CSR실(기획 부문)
보유한 자산부채 포트폴리오가 노출되어 있는 기후변화 리스크 관리	각 리스크 카테고리(신용, 시장 등)을 소관하는 리스크 관리 부문
투자활동을 통해 거래처가 기후변화 리스크 대응을 추진할 수 있도록 영향을 미치는 효과	기획 부문 관리 부문

| 금융시스템적 리스크의 가능성 배제 | 종합 리스크관리 부문 |

SDGs 및 기후변화 리스크의 영향 범위는 금융기관의 업무 전반에 걸쳐있다. 그렇기 때문에 관리부문뿐만 아니라 일선부문에서 내부감사부분에 이르기까지 사내 모든 부서가 전술한 「3가지의 방어선」의 사고에 기초하여 각각에 기대되는 역할을 수행할 필요가 있다. 제2장에서 보여지듯이 SDGs 및 기후변화 리스크에 대해서는 외부 이해관계자와의 커뮤니케이션이 지극히 중요하다. 그런 의미에서 대외 커뮤니케이션을 담당하는 대외협력부문의 역할은 특히 중요하다.

③ 회의체

기후변화 리스크 관련 조직체제에서 불가결한 것이 기후변화 리스크 상황 및 대응 상황, 설정한 모니터링지표의 보고 및 시나리오 분석결과의 보고 등을 수행하는 회의체의 설치이다. 초기 단계에서는 리스크관리위원회를 통해 논의를 진행하는 것도 생각해 볼 수 있지만, 비지니스부문을 포함한 기후변화 리스크의 영향 범위가 광범위하다는 점을 고려하면 지속가능위원회 및 ESG위원회 등 별도로 전문위원회를 설치하는 것이 바람직하다. 특히 기후변화 리스크의 4가지 루트를 고려하면 회의체에서 논의되어야 할 테마는 지극히 넓고 리스크 관리위원회에 적합하지 않은 내용도 많다. 조직 내에서 기후변화 리스크 관리에 관한 인식이 높아지는 것에 맞추어 지속가능과제를 전문적으로 취급하는 위원회를 설치하는 것을 검토해야 할 것이다.

위원회에서 논의되는 내용은 사내 상위 경영회의에 보고되어야 하고 주요 내용에 대해서는 임원회의 내지 이사회 직속 위원회 등에 보고한 다음 추가 논의를 진행하여 적절한 거버넌스기능이 발휘될 수 있도록 해야 한다.

제3절 기후변화 리스크 관리체제의 구축: 리스크 관리 실무

 금융기관은 리스크 허용·프레임워크 및 지속가능 기본방침에서 중요한 리스크로 설정된 기후변화 리스크를 적절하게 모니터링할 필요가 있다. 도표 7-6에서 제시한 기후변화와 관련한 4가지 루트 중 4번째인 금융시스템적 리스크 회피에 대해서는 두번째인 자산부채 포트폴리오의 리스크 관리에 포함시킬 수 있다고 생각된다. 이렇게 보면 대응은 크게 3가지 어프로치를 필요로 하게 되지만, 그 순서와 관련해서는 금융리스크 관리부문에서 발전되어 온 프로세스를 활용할 수 있다.

사업활동 자체에서 발생하는 온실가스의 억제

 기후변화 리스크 관리의 첫 번째 루트, 사업활동 자체에서 배출되는 온실가스 억제에의 대응으로는 사업활동에서 발생하는 Scope1에서 Scope3까지의 탄소배출량을 산출하여 모니터링하는 것이 기본이다. 탄소배출량에 대해서는 이미 CDP의 질문표에도 포함되어 있고, 이미 Scope별 탄소배출량을 공개하고 있는 금융기관도 많다(도표 7-9 참조).

도표 7-9 Scope별 탄소배출량

Scope	내용
Scope1	자사 공장, 오피스, 차량 등 기업 스스로에 의한 온실가스 직접 배출
Scope2	타사에서 공급된 전기, 열, 증기 등의 에너지 사용에 동반된 간접 배출 (에너지 기원 간접배출량)

Scope3	공급망 전체에서 차지하는 Scioe1, Scope2에 포함되지 않은 배출. 이하의 15개 카테고리로 분류. ① 구입한 제품, 서비스, ② 자본재, ③ Scope1, Scope2에 포함되지 않은 연료 및 에너지 관련 활동, ④ 운송, 배송, ⑤ 사업에서 나오는 폐기물, ⑥ 출장, ⑦ 고용자의 통근, ⑧ 리스 자산, ⑨ 수송 및 배송, ⑩ 판매한 제품의 가공, ⑪ 판매한 제품의 사용, ⑫ 판매한 제품의 폐기, ⑬ 리스 자산, ⑭ 프랜차이즈, ⑮ 투자

자사 사업의 수행에서 발생하는 탄소배출량 관리를 위해서는 전기의 절약 및 종이 자원의 절약 및 비행기를 이용한 출장의 억제 등의 대응을 생각할 수 있다. 관리 부서는 이것을 모니터링함과 동시에 어떠한 Scope에서 어느 정도의 탄소 배출 삭감을 목표로 할 것인가에 대한 계획과 실적 관리를 하는 것이 필요하다.

보유하는 자산부채 포트폴리오의 기후변화리스크 관리

금융기관이 보유하는 자산부채 포트폴리오의 기후변화 리스크 관리는 기후변화 리스크 관리체제 정비의 핵심이 되는 부분이다.

① 기후변화 리스크의 특성에 대한 고려

기후변화 리스크 관리를 위한 체제정비에 있어서는 제1절에서 다룬 기후변화 리스크의 특성을 인식한 후에 실무 대응의 방향성을 결정해 갈 필요가 있다.

(a) 분석기간

금융기관의 (리스크 관리를 포함) 사업 주기가 통상적으로 1년에서 3년 정도 인데 비해, 기후변화 리스크는 10년 단위로 생각하기 때문에 양자의 시간 축 차이는 메우기가 어렵다. 금융기관에게 예를 들어 10년 후 대출 및 유가증권, 예금 채무 등의 자산부채 포트폴리오가 어떠한 상황에 되어 있을지를 정확하게 예측하는 것은 불가능에 가깝다. 한편으로 기후변화 리스크를 1년에서 3년이라는 짧은 기간을 단위로 검토하는 것은 큰 의미가 없다. 양자의 시간 축 차이에 대해서는 특히 금융기관의 포트폴리오측면에서 일정 가정을 두는 방식으로 대응할 수 밖에 없다고 생각한다. 예를 들어 현 시점의 자산부채 포트폴리오를 10년간 일정하다고 가정한다든지 장래의 대출 및 유가증권 포트폴리오 그리고 대출처의 구성 변화에 대해 일정의 가정을 두는 등의 방법으로 대응하는 것이 현실적이다.

(b) 모델과 데이터

기후변화 리스크에서의 모델과 데이터의 부족에 대해서는 시간이 지남에 따라 해소되어 갈 것으로 기대되고 있지만, 현 시점의 분석에 충분한 모델 및 데이터가 결여되어 있는 상황 감안 시, 당분간은 주목할만한 변화를 기대하기는 어렵다고 생각된다. 그렇다면 당면한 실무적 차원의 대응은 이용가능한 모델 및 데이터의 한계점을 잘 이해한 후에 사용할 것인지, 아니면 모델에 의존하지 않고 장래 동향에 대해 가정 시나리오를 설정하여 분석할 것인지에 대해 판단하는 것이다. 경제학 및 재무 이론에서 보여지는 균형 해를 얻을 수 있는 모델을 기대해서는 안되고, 금융리스크 관리실무에서 제시한 시나리오 분석 및 민감도분석에 가까운 접근법이 현실적인 대안이 된다.

(c) 리스크 현재화, 파급 경로 및 영향 범위 등에서의 불확실성

기후변화 리스크가 언제 어떻게 어느 정도 현재화 될 것인지, 또한 그것이 금융기관의 밸류체인에서 어디까지 파급되어 갈 것인지에 대한 분석은 아직 개선의 여지가 크다. 특히 물리적 리스크에 대해서는 장래의 어느 시점부터 비선형 또한 불가역하게 손실이 확대된다고 볼 수 있는지, 또한 시기 및 규모뿐만 아니라 지구상 어느 지역에 집중적으로 발생할지에 대한 예측은 현 시점에서는 불

가능하다. 그렇다면 앞선 모델에 대한 것과 동일하게, 생각될 수 있는 파급 경로 및 영향 범위에 대해 일정한 가정을 두고 분석하지 않을 수 없다. 동일본지역에 대규모 하천제방 파괴와 침수피해를 가져온 태풍 19호에는 방제 파괴에 의한 수해발생 지역과 지방자치단체가 공표한 홍수 해저드 지도의 요주의지역이 상당히 부합한 사실이 주목을 끌었다. 이처럼 현 시점에서 얻을 수 있는 정보원 및 데이터에 기초하여 예를 들어 물리적 리스크 현상의 가설로 태풍 19호급 태풍이 수도권을 직격한 경우라는 가정에 기초한 시나리오 설정을 생각할 수 있다.

이상과 같이 기후변화 리스크와 관련된 실무상 이슈의 대부분은 어떠한 형태로든 가정 및 시나리오를 염두에 두고 대응하게 된다. 금융리스크 관리에서의 시나리오 분석은 과거 데이터에 의존하는 정량 모델의 약점을 보완하는 것이 최대의 목적이었다. 이에 비해 기후변화 리스크 관리의 시나리오 분석은 보완적인 의미가 아니라 오히려 핵심적인 분석 기법 내지 기후변화 리스크 관리 모델 그 자체라고 생각할 수 있다.

② 기후변화 리스크 인식과 관리 어프로치

기후변화 리스크 관리체제 정비의 첫 걸음은 해당 금융기관이 기후변화 리스크가 어떻게 발생하는지에 대한 리스크인식이다. 제1절에서 기후변화 리스크와 관련된 전형적인 리스크 요인으로 신용리스크, 시장리스크, 보험인수리스크, 법적 리스크, 유형자산리스크, 평판리스크가 있다는 점은 확인했지만, 금융기관의 리스크 프로파일은 해당 금융기관별로 상이하다. 자사의 비즈니스와 리스크 프로파일링에 비추어 보면 기후변화 리스크는 자사가 보유한 자산부채 포트폴리오에 어떻게 영향을 미치는가에 대해 물리적 리스크(급성 리스크와 만성리스크) 및 이행리스크 각각에 대해 인식할 필요가 있다(도표 7-10 참조).

도표 7-10 기후변화 리스크의 인식

	리스크 현상	기후변화 리스크
신용	· 이상 기후현상으로 인한 손해로 모기지론 및 부동산 론의 담보가치 및 신용력 악화	물리적 (급성)
	· 해면 상승에 의한 해안지역 모기지론의 담보가치 및 신용력 악화	물리적 (만성)
	· 온실가스 규제 관련 세도입으로 인한 거래처의 신용력 악화	이행
	· 화석연료 회피에 의한 석탄화력 발전소의 좌초자산화	이행
시장	· 이상 기상현상 발생에 의한 금융시장, 상품시장 가격의 급변으로 손실 발생	물리적 (급성)
	· 배출권거래의 신규 도입에 의한 배출권거래의 의의 축소	이행
보험 인수	· 이상 기상현상에 의한 손해는 계측할 수 없고 상당한 보험 지불이 발생	물리적 (급성)
	· 보험신상품 도입에서 녹색기술 진전에 대한 고려부족으로 가격 설정에 실패할 리스크	이행
법적	· 화석연료 관련업종에의 투융자에 대해 선량한 관리자로서의 주의 의무를 태만하여 집단소송을 받을 리스크	물리적 이행
유형자산	· 이상 기상현상에 의한 점포 및 영업소 등이 손해를 입을 리스크	물리적 (급성)
평판	· 지구온난화 대응 및 화석연료관련 업종에의 투융자와 관련 구설수에 올라 브랜드 가치가 훼손될 리스크	물리적 이행

예를 들어 결제 업무에 특화한 은행 중 자산운용을 위해 자국 국채만 보유하고 있는 경우라면, 물리적 리스크의 급성리스크로 대규모 태풍 및 홍수가 발생해도 신용리스크 면의 영향은 거의 없을 수도 있다. 혹은 많은 직원이 해안가 해발 제로미터 지역에 살고 있는 지역금융기관이 있다고 가정하면, 급성리스크로

서의 대규모 태풍과 만성리스크로서의 해면 상승으로 인한 통근 및 거주곤란, 인적리스크로서의 직원 확보 등의 문제가 현재화 될 수도 있다. 기후변화 리스크가 각 금융기관에 미치는 영향은 일률적이지 않고 비즈니스 모델 및 리스크 프로파일링에 비추어 자사의 어떤 리스크 요인에 대해 기후변화 리스크가 리스크 드라이버가 될 것인가에 대해서도 파악할 필요가 있다.

이하에서는 기후변화 리스크의 영향이 큰 리스크 요인인 신용리스크, 시장리스크, 보험인수리스크, 유형자산리스크, 법적리스크, 법규제변동리스크, 평판리스크의 카테고리별로 기후변화 리스크의 인식과 관리 어프로치를 살펴보기로 한다.

(a) 신용리스크

기후변화 리스크가 신용리스크 관리에 미치는 영향은 크다. 전형적인 예로는 태풍 및 홍수 등의 기상현상에 의한 거래처 및 대출 담보물건의 손상과 동반되는 신용력 악화(물리적 리스크/급성리스크), 해면 상승 및 해수기온 상승에 의한 거래처의 연안지역 거점의 자산가치 감가에 의한 신용력 악하(이행리스크/만성리스크), 저탄소사회로 이행하는 과정에서의 법규제 및 세제도입에 의한 좌초자산의 발생과 거래처의 신용력 저하(이행리스크) 등을 생각할 수 있다. 이것들은 금융기관의 신용 포트폴리오에 균등하게 영향을 미치는 것이 아니라, 개별 기업 및 지역, 산업부문별 영향의 정도가 상이하다. 예를 들어 동일한 철강업이라고 해도 해면 상승의 영향을 받기 쉬운 위치에 제철소를 지은 A사와 영향이 적은 장소에 제철소를 보유한 B사의 물리적 리스크에 대한 취약도는 상이하다. 혹은 자동차 제조업체도 전기자동차화 및 수소자동차화를 추진한 C사와 전환에 뒤쳐진 D사는 이행리스크에 대한 취약도가 상이하다. 또한 일본의 광범한 지역에 분산한 모기지론 대출채권을 가지고 있는 E은행과 특정 지역에 편중된 모기지론 대출을 가진 F지역 금융기관은 특정 하천의 홍수 및 범람에 대한 모기지론 자산의 취약도는 상이하다.

따라서 기후변화 리스크가 신용리스크에 미치는 영향을 인식하고 관리하기 위해서는 여신거래처 거점의 지역적 분산 및 자산 내용, 나아가 공급망 등의 수준까지 세밀하게 취약성을 파악할 필요가 있다. 그 때 예를 들어 기후변화 리스크에 대해 취약한 대출자산을 산업 부분별, 개별 기업별, 지역별로 도면화(Mapping)하고 이른바 「대출자산의 기후변화 리스크 해저드 맵」이라고 할 수 있는 취약도 분석을 할 수도 있다(도표 7-11 참조). 실무적으로는 전 산업을 살펴보는 것이 아니라 기후변화 리스크의 영향을 받기 쉬운 산업 부분 및 기업부터 실시하고 점진적으로 대상 기업 및 부문을 확대해 가는 것도 생각할 수 있다. 이러한 대출 자산의 기후변화 리스크 해저드 맵을 시작으로 장래의 기후변화 리스크에 대한 일정 시나리오도 함께 검토하는 것이 신용리스크의 기후변화 리스크 관리 접근법이다.

도표 7-11 기업별 대출 자산 기후변화 리스크 해저드 맵

기업명	탄소배출량(톤/년)	총스코어	태풍/고조	홍수/집중호우	해면상승	열파	수자원
제철	××	60	70	45	40	45	50
화학	××	70	70	60	20	60	50
전력	××	60	65	50	20	40	40
전기	××	45	60	30	15	40	35
식품	××	50	50	40	30	50	70

① 탄소배출량은 각 사가 공표하고 있는 Scope 1에서 Scope3의 배출량을 기제
② 각 항목의 스코어는 각 사의 생산거점 및 공급망 및 그 취약성을 고려하여 평가

(b) 시장리스크

제6장에서 제시한 것처럼 일반적으로 시장리스크 관리를 위한 대상 기간은 수 일에서 수 주간정도로 비교적 짧고, 기후변화 리스크의 수 십년이라는 대상 기간과는 차이가 매우 크다. 또한 일반적으로 시장리스크 관리 대상인 자산부채 포트폴리오는 단기간에 교체가 가능하고 기후변화 리스크가 현재화할 징조가 보이는 경우도 포트폴리오 내용을 변경하여 대응하는 것이 가능하다. 또한 기후 변화 관련 시장리스크의 영향을 직접적으로 받는 것은 상품거래 및 배출권거래에 대한 익스포저라고 생각되지만, 이들 시장리스크 요인의 가격변동은 여타 시장리스크 요인과 같이 밸류업·리스크 계측 중에 포함되어 있다.

시장리스크 관리에서의 기후변화 리스크 인식은 상품거래 및 배출권거래 등 기후변화 리스크의 영향을 받기 쉬운 시장리스크 익스포저를 규명하는 것에서 시작한다. 이렇게 해서 인식된 시장리스크 익스포저에 대해 시장리스크 관리의 계측 기법 가운데 반영된 것을 확인하고 이들 시장가격이 (기후변화 리스크의 현재화에 의해) 과거 움직임을 넘어 크게 변동한 경우의 영향에 대해 스트레스

테스트 및 시나리오 분석 기법을 활용하여 대응하는 것이 기후변화 리스크의 시장리스크 영향에 대한 관리 방법이다.

한편으로 상품가격의 변동이 도화선이 되어 금리 및 주가 등 여타 시장리스크 요인에 연쇄적으로 영향을 미쳐 금융시장 전체가 크게 변동하는 것도 있을 수 있다. 이러한 현상은 시장리스크 전반의 스트레스 테스트를 통해 검토되어야 하며 시장리스크의 스트레스 테스트를 검토할 때에 특히 기후변화 리스크를 계기로 한 상품가격을 포함한 금융시장 전체 변동을 시나리오에 포함시키는 것도 시장리스크 관련의 기후변화 리스크 관리법의 하나로 생각할 수 있다.

(c) 보험인수 리스크

보험사에게 기후변화 리스크에 의한 보험인수리스크는 중요한 요소이다. 물리적 리스크 및 이행리스크 동향을 정확하게 예측할 수 없기 때문에 기후변화 리스크에 의한 보험인수리스크 예측은 간단하지 않다.

기후변화 리스크가 보험인수리스크에 미치는 영향을 인식하는 작업은 신용리스크의 영향도 분석에 가깝다고 할 수 있다. 예를 들어 보험인수채무의 내용에 대해 기업 대상 및 개인의 주택 대상 등 그 내용을 확인한 후에 기후변화 리스크에 대한 담보 물건의 취약성을 평가하고 조업보증인 경우에는 특정 거점의 취약성뿐만 아니라 전후 공급망의 취약성까지 평가한다. 이러한 작업을 주요 거래처 및 대형 거래에 대한 적용을 통해 기후변화 리스크가 인수보험 채무에 미치는 영향 및 취약성을 인식하게 된다. 신용리스크와 동일하게 이러한 리스크 인식 작업 결과에 대해 기후변화 리스크가 현재화한 경우의 시나리오를 함께 검토하는 것이 보험인수리스크와 관련한 기후변화 리스크 관리의 접근법이 된다. 보험사는 과거의 보험지불 및 기상현상과 관련한 정보를 풍부하게 보유하고 있다. 그러한 과거 현상이 여타 지역에서 발생한 경우를 시나리오 수립 시 활용하는 방안도 고려해야 한다. 또한 보험사는 업종별로 장기에 걸친 기상예측기관과의 관계도 밀접하다. 이러한 장기 기상예측을 시나리오 분석에 활용하는 것도 검토해야 한다.

(d) 법적 리스크

법적 리스크의 기본은 다양한 금융거래에 있어 계약상 하자를 없애는 것에 있다. 기후변화 관련 법제도는 국가 및 지역에 따라 편차가 심하다. 국가간 계약이 각국의 기후변화 관련 법제도를 준수한 계약인지를 확인하는 것은 법적 리스크 관리를 위한 출발점이다.

한편으로 기후변화 리스크를 둘러싼 상황은 현행 법률을 준수하는 것 만으로는 충분하지 않다. 미국 캘리포니아주 산림화재의 PG&E사의 예와 같이 집단소송으로 기후변화 리스크 관련 하자를 다투는 경우가 늘고 있고, 이러한 경향은 앞으로도 이어질 것으로 생각된다. 기후변화 리스크가 법적 리스크에 미치는 영향 정도를 인식할 때에는 이러한 동향을 최대한 고려한 리스크 인식이 필요하다. 예를 들어 타국의 최근 기후변화 리스크 관련 소송 사례를 검증하고 동향을 분석하는 것은 법적 리스크 관리와 관련된 기후변화 리스크 관리 방법으로 의미가 있다. 그 결과, 필요에 따라 계약서상 조치도 고려한 대응도 생각할 수 있다.

(e) 규제·제도변경 리스크

규제·제도변경 리스크는 주로 이행리스크와 관련된다. 특히 유럽에서 탄소세를 비롯해서 기후변화 관련 및 탄소 배출과 관련된 새로운 규제 도입이 이어지고 있고, 장래 기후변화 리스크 관련 새로운 법규제가 도입될 가능성도 높다. 실제로 도입된 법규제에 대한 대응은 주로 법적 리스크 관리의 소관이었지만 해외를 중심으로 한 이러한 새로운 규제가 국내 및 자사의 핵심 시장에 도입된 경우의 영향에 대한 검증은 규제·제도변경 리스크 관리에서의 기후변화 리스크 영향도 분석할 필요가 있다.

(f) 유형자산 리스크

유형자산 리스크의 기후변화 리스크 인식의 출발점은 자사 사업소 및 IT시스템센터의 물리적 리스크 특히 급성리스크에 대한 취약성 조사(리스크 인식)와 대응책의 실시이다. 일본에서는 지진 및 태풍 등 자연재해가 많기 때문에 금융기관도 일반적으로 이러한 검증 절차를 가지고 있지만, 장래를 염두에 둔 물리적 리스크의 증가를 상정한 (예를 들어 태풍 15호 및 19호와 같은 강력한 태풍이 거점 및 근교 지역을 직격한 경우의 홍수 피해) 시나리오에 대한 검토와 대응책 마련이 필요하다. 현 상황에 대한 취약성검사에 장래의 급성리스크 증가를 감안한 시나리오를 활용하는 방안이 유형자산 리스크의 기후변화 리스크 관리법이다.

금융기관의 거점은 제조업과 달리 IT시스템센터를 제외하면 거점의 이전은 비교적 용이하다. 그런 의미에서 장기적인 영향이 점차적으로 현재화하는 물리적 리스크(만성리스크)에 대한 취약성은 높지 않다고 생각할 수 있지만, 기후변화 리스크 전체를 파악한다는 의미에서 급성리스크를 중심으로 하면서도 만성리스크까지 감안한 검토와 대응책 실시가 필요하다.

(g) 평판리스크

기후변화에 대한 외부 이해관계자의 관심이 높아지는 가운데 평판리스크 관리 관점의 기후변화 리스크 대응 중요성이 점차 높아지고 있다. 평판리스크 관리에서 우선 요구되는 것은 시장 및 외부 이해관계자와의 시기적절하고 적절한 커뮤니케이션의 실시이다. 거기에는 전 항에서 제시한 자사 사업활동에서 발생하는 Scope1에서 Scope3까지의 탄소배출량 공표 및 외부 이해관계자로부터의 질의에 대한 대답, 국제연합의 책임원칙에 대한 찬성 표명, 투융자활동을 통한 거버넌스의 발휘 등이 해당된다. 필요에 따라 외부 이해관계자와의 적극적인 커뮤니케이션을 통해 기후변화 리스크 및 환경문제에 대한 자사의 대응 내용 및 대응태세를 적극적으로 주장할 필요가 있다.

그 후, 미디어 및 SNS의 기후변화 관련 보도 동향을 타사 사례도 포함하여 모니터링하고 자사에게 참고가 되는 시사점이 있는 경우, 그것에 대한 대응책을 검토하는 것이 평판리스크 관리 관점에서 기후변화 리스크에 대한 관리 방법이 될 수 있다. 이른바 외부 이해관계자와의 평상시 커뮤니케이션에서 확인된 자사의 공개 태도의 취약성에 대해 타사 사례에 기초한 시나리오를 분석하는 것은 평판리스크 관리를 위한 방법이다.

만일 자사의 대응이 사회적으로 주목받는 상황이 벌어진 경우에는 제6장에서 제시한 평판리스크 관리 기법을 통해 사태 수습에 나설 필요가 있다.

이상 리스크 카테고리별로 기후변화 리스크 인식과 관리 방법을 검토했지만, 이러한 예를 정리하면 도표 7-12처럼 된다. 공통적인 점은 각 리스크 카테고리에 대해 기후변화 리스크의 영향을 인식하고 이에 대해 장래의 기후변화 리스크의 시나리오를 적용시키는 것이다. 기후변화 리스크 시나리오에 대해서는 제8장에서 다루겠지만 그 전 단계로서 리스크 인식이 기후변화 리스크 관리체제 정비 상 필요하고 중요한 요소가 된다. 각 리스크 카테고리에 대한 기후변화 리스크의 영향은 개별 금융기관의 비즈니스 및 리스크 프로파일에 따라 상이하다. 그렇기 때문에 리스크 인식 및 관리 어프로치도 금융기관별로 다양한 차이를 보이고 있다는 점에는 유의할 필요가 있다.

도표 7-12 리스크 카테고리별 기후변화 리스크 관리 방법

리스크 요인	고려할 점
신용	· 대형 기상현상에 의한 급성리스크 손해 및 이행리스크에 의한 좌초자산의 발생에 대한 모니터링 · 산업부문별, 개별 기업별, 지역별로 물리적 리스크, 이행리스크에 대해 취약한 대출자산을 추출하고「대출자산의 기후변화리스크 해저드 맵」을 작성한다.
시장	· 기후변화리스크 요인에 의한 상품가격 변동을 모니터링한다.
	· 기후변화리스크 요인에 의한 상품가격 변동을 시장스트레스 테스트에 반영한다.
보험 인수	· 장래 기후변화리스크 추계의 장기 기상예측모델 및 재해발생모델의 활용
	· 기후변화리스크 현상의 모니터링과 보험요율에의 반영
법적	· 기후변화리스크 관련 소송 안건의 사례동향 분석과 각종 계약체결시에의 반영
규제 · 제도 변경	· 해외의 기후변화리스크 관련 법규제 도입 사례 동향 조사와 국내 도입 가능성, 도입 시 영향분석 실시
유형자산	· 지점 및 IT시스템 센터를 포함한 사업소의 물리적 리스크에 대한 취약성 조사와 취약성 해소 내지 완화를 위한 대응책 실시
평판	· 적극적인 디스클로저와 외부 이해관계자와의 대화 실시
	· 기후변화리스크 관련 보도 및 외부 단체의 활동상황 모니터링과 자사 상황에 비추어 대응책의 검토 및 실시

③ 기후변화 리스크 지표와 모니터링

기후변화 리스크의 인식과 관리 방법이 확정되면 다음에 기후변화 리스크를 측정하고 모니터링할 내용 및 프로세스를 결정하게 된다.

리스크 모니터링을 수행할 경우, 모니터링 지표를 설정하는 것이 일반적이다. 지표는 객관성을 확보한다는 의미에서 최대한 수치화해야 하고 지표 수치가 일정 기준을 넘어서는 경우에는 경고를 울려야 한다는 것도 일반적인 실무로서 이루어진다. 이러한 지표는 주요 리스크 지표(KPI)로서 설정된다. 기후변화 리스

크 관리에서도 이러한 KPI를 설정할 수 있지만, 기후변화 리스크의 모델 및 데이터 문제를 고려하면 정치한 수치 지표를 설정하는 것은 용이하지 않다. 유사하게 기후변화 리스크의 KRI를 가지고 경고를 울린다든지 한계 설정을 하는 것도 실제로 용이한 작업은 아니다. 적어도 당분간은 직감적으로 알기 쉬운 지표와 시나리오 분석을 조합하여 기후변화 리스크에 대한 이해와 인식을 높이는 것을 KRI의 목적으로 삼아야 할 것이다. 예를 들어 물리적 리스크라면 최근에 발생한 기상현상을 거론한 위에 같은 현상이 자사의 취약 지역에서 발생한 경우의 영향을 시나리오 분석으로 제공한다. 이행리스크인 경우에는 유럽의 탄소세 규제와 같은 새로운 규제가 자사의 주력 시장에서 도입되었을 경우의 신용리스크에 대한 영향 및 좌초 자산의 동향을 시나리오 분석을 통해 제시하는 것을 생각할 수 있다. 물리적 리스크 및 이행리스크의 KRI의 경고가 울렸을 때에 자산부채 포트폴리오를 조정하는 것이 아니라, 관련한 시나리오 분석이 기동하는 방식으로 대응한다는 것이다(도표 7-13 참조).

도표 7-13 기후변화 리스크 관리 KPI와 모니터링

카테고리	KRI예	연동한 시나리오 분석
물리적 리스크(급성리스크)	내외 중대 태풍사건의 발생	동등의 태풍 수도권 직격 시나리오 분석의 실시
물리적 리스크(만성리스크)	내외 중대 고조현상의 발생	동등의 고조의 해안지점 피해시나리오 분석의 실시
이행리스크	해외의 탄소배출 규제의 도입	동등의 법규제 도입의 대출자산·보유주식에의 영향에 대한 시나리오 분석

설정된 KRI 및 시나리오 분석 결과는 앞 절에서 제시한 회의체에서 정기적으로 모니터링된다. 또한 경영진 및 이사회에 정기적으로 보고하는 것도 필요하고 그 상황을 평가할 필요가 있다.

이사회에서는 이러한 보고를 전략상 의제로 연결시켜 생각해야 할 것이다. 예를 들어 기후변화리스크가 높은 부문에 대한 여신 집중 상황이 변화한 경우에 특정 부문에 집중되는 상황을 완화할 필요가 있을지 아니면 특정 부문에 영향이 큰 기후변화 관련 법규제 변경이 이루어진 경우에 신용리스크에의 영향도를 평가하고 해당 부문의 거래처 신용상황에 대한 영향을 검증하며, 필요에 따라 여신 증감을 검토하는 등의 논의를 생각해 볼 수 있다.

또한 설정된 KRI지표가 타당한 것이었는지, 개선 및 변경할 필요는 없는지 등에 대한 부분도 정기적인 검토가 필요하다.

투융자활동을 통한 거버넌스의 발휘

세 번째 루트인 투융자활동을 통한 거버넌스의 발휘는 「『책임있는 기관투자자』 원칙」, 이른바 「일본판 스튜어드십 코드」에서도 중시되고 있다. 같은 코드는 2020년 3월에 개정되었지만, SDGs를 포함한 지속가능을 고려한 후에 기관투자자가 스튜어드십 책임을 수행하는 것이 주요한 개정 사항이다(도표 7-14 참조).

도표 7-14 일본판 스튜어드 십 코드에서의 지속가능 관련 변경 사항

원칙 지침	내용
원칙 1	기관투자자는 스튜워드십 책임을 수행하기 위한 명확한 방침을 정하고 이것을 공표해야 한다.
지침 1-1	기관투자자는 투자처 기업 및 그 사업환경 등에 관한 깊은 이해 외 운용전략에 따른 지속가능(ESG 요소를 포함한 중장기적 지속가능성) 고려에 기초한 건설적인 「목적을 가진 대화」(인게이지먼트) 등을 통해 해당 기업의 기업가치 향상 및 그 지속적인 성장을 촉진하는 것을 통해 고객 및 수익자의 중장기적 투자 수익의 확대를 도모해야 한다.
지침 1-2	기관투자자는 이러한 인식 하에 스튜워드십 책임을 수행하기 위한 방침…을 수립하고 이것을 공표해야 한다. 이 때, 운용전략에 따라 지속가능과 관련한 과제 등을 어떻게 고려할 것인가에 대해 검토한 후 해당 방침에서 명확히 해야 한다.
원칙 4	기관투자자는 투자처기업과의 건설적인 「목적을 가진 대화」를 통해 투자처 기업과 인식 공유를 도모함과 동시에 문제 개선에 노력해야 한다.
지침 4-2	기관투자자는 지속가능을 둘러싼 과제에 관한 대화에 있어서는 운용전략과 정합적이고 중장기적인 기업가치 향상 및 기업의 지속적 성장과 연결될 수 있도록 인식해야 한다.

출처: 「『책임있는 기관투자자』의 원칙」

　투융자활동을 통한 거버넌스 기능의 발휘는 금융기관 중에서도 특히 자산소유자 및 자산운용사에게는 필수적인 요소로 받아들여지고 있으며, 이는 투융자를 결정하는 은행 및 보험사에게도 예외는 아니다.

　지속가능성을 고려한 투융자처와의 「목적을 가진 대화」, 인게이지먼트를 수행할 때에 중요한 것은 인게이지먼트를 수행하는 기준을 수립하는 것이다. 다수의 투자자처를 가진 금융기관에게 투융자처 기업에 대해 어떠한 인게이지먼트를 행할 것인가를 개별 기업별로 검토하는 것은 불가능하다. 관리 부서는 공개

지면 및 지속가능보고서에서의 공개 내용, 외부기관에 의한 ESG스코어링데이터 등에 기초한 관리기준을 설정하고 이에 근거하여 스크리닝모니터링을 실시하고 필요성이 높은 기업에 집중하여 인게이지먼트의 실무 내용을 검토하는 것이 바람직하다.

인게이지먼트는 투융자처 기업에서도 중요한 대화의 기회가 된다. 그렇기 때문에 금융기관이 설정한 관리 기준도 충분히 객관적이고 투명성이 높아야 한다.

금융기관의 인게이지먼트의 실시 상황은 환경보호 단체 등의 외부 이해관계자로부터 감시 대상이 된다. ESG관련 회사 제안 및 주주 제안에 대해서 기관투자자가 어떠한 태도를 표명했는지는 외부단체에 의해 체크되고 그것 자체가 금융기관의 ESG에 대한 태도로 평가받는다. 그렇기 때문에 금융기관으로서도 만일의 경우에 설명 책임을 수행할 수 있는 객관적인 관리기준을 정비해 둘 필요가 있다.

사내 문화의 조성과 공개

① **사내 문화의 조성**

기후변화 리스크 관리에 있어서는 금융기관내 모든 부서 및 임직원이 각각의 역할을 충실히 수행할 필요가 있다. 그렇지만, 여기에서도 주도적인 역할을 하는 것은 이사회이다. 이사회가 발신하는 「최고경영자의 메시지」에 기초하여 금융기관의 임직원은 폭넓게 SDGs 및 이를 기반으로 한 기후변화 리스크 관리의 중요성, 나아가 이러한 과정에서의 자신의 역할을 적절히 이해하는 것이 필요하다. 그러한 「기후변화 리스크 문화」 조성으로 조직 전체에 의한 SDGs의 달성 및 기후변화리스크 관리가 촉진되는 것이다.

② 대외 커뮤니케이션/공개

이러한 사내 커뮤니케이션에 대해 사외 이해관계자와의 커뮤니케이션은 대외 광고활동을 통해 이루어지지만 이를 위한 중요한 수단이 공개이다.

기후변화 리스크에 관한 공개에 대해서는 이미 제1편에서 살펴보았지만, 각 금융기관은 TCFD제언을 중심으로 한 공개 요건을 충족하면서, 재무보고 내지 종합보고서 및 지속가능보고서의 형태로 기후변화 리스크에 대한 대응 상황을 공개하고 외부 이해관계자와의 대화를 진행해 나가야 한다.

도표 7-15 기후변화 리스크의 대외 공개 기준

공개 기준	개요	게재 장
TCFD	기후변화에 관한 사업리스크와 기회 평가, 공개를 요구한다. 「거버넌스」, 「전략」, 「리스크 관리」, 「지표와 목표」의 4가지를 기준으로, 모든 기업이 재무보고상 기재할 것을 제언	제3장
GRI	지속가능보고서의 가이드라인으로서 발표. 경제, 환경, 사회에의 임팩트가 큰 비재무정보에 대해 전 업종에 공통적인 기준을 발표	제2장
SASB	투자자를 포함한 시장관계자 니즈에 합치해야 하고 재무적 임팩트가 큰 비재무정보에 관해 77개 업종별로 기준을 공표	제2장

이상 금융리스크 관리체제와 정합성이 있는 기후변화 리스크 관리체제의 정비 어프로치를 정리했다. 기후변화 리스크 관리체제 정비에는 기후변화리스크 관리와 금융리스크 관리의 상이점과 공통점의 이해 위에 기후변화 리스크가 금융기관에 미치는 영향을 고려하고 기후변화 리스크의 특징 및 자사의 비즈니스 및 리스크 프로파일링에 상응한 프로세스를 채택하는 것이 중요하다.

제8장

기후변화 리스크 시나리오 분석

제1절 TCFD의 기후변화 관련 시나리오 분석

제2절 UNEP FI의 분석 어프로치

제3절 잉글랜드 은행의 기후변화 시나리오

제4절 유럽의 각국 주도 스트레스 테스트

제5절 NGFS의 기후변화 리스크 시나리오

제6절 민간 금융기관의 대응과 기후변화 리스크 시나리오 분석

제2편 금융기관의 기후변화 리스크 관리

제8장 기후변화 리스크 시나리오 분석

　기후변화 리스크 관리체제를 구축하려는 금융기관에게 가장 고민스러운 과제는 시나리오 분석이다. 기후변화 리스크는 장래의 어느 시점에서 어떠한 기후변화 리스크가 현재화될 지 예단할 수 없기 때문이다. 그런 가운데 금융기관의 기후변화 리스크 관리는 장기에 걸쳐 기후변화 리스크가 조직에 미치는 영향을 예측해야 하며, 그러기 위해서는 시나리오 분석이 큰 관문이 된다. 그러나, 기후변화 리스크에 대해 어떠한 시나리오 분석이 효과적일지 그리고 어느 수준까지 분석해야 하는지 등 백지에 그림을 그리는 듯한 작업이 요구되기 때문에 담당자의 고민은 깊어진다.

　본 장에서는 먼저 기후변화 리스크 시나리오 분석에 대해 TCFD제언에서 제시된 시나리오 분석의 실시 프로세스를 정리한다. 이를 기반으로 NGFS 및 금융감독 당국에 의한 시나리오 분석안 및 스트레스 테스트 관련 주요 경향과 함께 민간금융기관의 대응을 살펴본후, 기후변화 리스크 시나리오 분석 추진 시 도움이 되는 가이던스를 제공하고자 한다.

제1절 TCFD의 기후변화 관련 시나리오 분석

　기후변화 관련 재무정보공개협의체(TCFD)는 TCFD 제언에서 기후변화 관련 리스크와 기회가 기업의 전략에 어떠한 의미를 갖는지를 이해하기 위해서는 시나리오 분석이 유익하다고 밝히고 있다.

　본래 시나리오 분석은 장래의 상이한 상황(시나리오)에 대해 비즈니스 및 리스크가 어떠한 실태를 보일지를 보다 잘 이해하기 위한 목적으로 작성된다. 장래 상황을 정확히 예측하는 것은 불가능하기 때문에 시나리오라는 가설을 세우고 그 가설 하에서 분석을 실시하는 것이다.

　시나리오 분석에는 보다 설명 및 기술을 중시한 정성적인 분석과 객관적인 데이터 및 계량 모델에 기초한 정량적 분석 혹은 그 조합의 패턴이 가능하지만, 무엇보다도 가설 및 전제조건을 명확히 한 다음 일관적이고 논리적인 시나리오를 수립하는 것이 중요하다. TCFD는 기후변화 관련 시나리오 분석은 조직의 전략기획과 리스크 관리기획의 프로세스에 충실히 반영되어야 한다고 주장하고 있다(도표 8-1 참조).

도표 8-1 기후변화에서 시나리오 분석을 검토해야 하는 이유

	시나리오 분석을 검토하는 이유
1	시나리오 분석은 결과의 불확실성이 높은 현상 및 장기에 걸친 현상, 잠재적 영향이 큰 현상 등의 특징을 가진 상황 대처에 도움이 된다.
2	시나리오 분석은 통상적인 문제와 상이한 성격을 명확히 한 위에 장래를 향한 전략적인 논의를 촉진시키는 효과를 갖는다.
3	시나리오 분석은 있을 수 있는 비즈니스의 전략 혹은 재무에 대한 영향 범위를 평가할 때 도움이 된다. 장래의 다양한 불확실한 결과의 가능성에 대해 보다 견실한 전략을 검토하는 데 도움이 된다.
4	시나리오 분석은 외부환경을 모니터링하는 지표를 특정하고 상황이 변하는 것을 조기에 이해하는 데 도움이 된다. 그럼으로써 업무 전략 및 재무전략을 재검토하는 기회를 얻을 수 있다.
5	시나리오 분석은 투자가가 해당 조직이 장래의 리스크 및 기회에 대해 업무전략 및 재무전략을 어떻게 검토하고 있는지를 이해하는 데 도움이 된다.

출처: TCFD, "Recommendation of the Task Force on Climate-related Financial Disclosure"

각 조직의 비즈니스는 다양하고 기후변화 리스크가 각 조직에 미치는 영향도 상이하다. 그런 의미에서 시나리오 분석은 아래 거론한 것처럼 각 조직별 고유의 과제를 드러내기 위해서도 효과적인 수단이다.

조직의 밸류체인 상/하류의 지리적 위치
- 조직의 자산과 업무운영 상황
- 조직의 수요와 공급 구성 및 변화
- 고객의 구성
- 조직의 주요 이해관계자

기후변화 리스크와 관련한 시나리오 분석은 도표 8-2의 프로세스를 거치면서 진행된다. 이하 프로세스를 단계별로 살펴본다.

도표 8-2 기후변화 시나리오 분석의 프로세스(TCFD 제언)

① **거버넌스 프로세스의 확보**
시나리오 분석결과의 전략 기획/리스크관리 프로세스에의 통합. 이사회의 관여

② **기후변화리스크의 인식 및 평가**
현재 및 미래의 기후변화 리스크에의 익스포저 평가

③ **시나리오 인식과 설정**
조직과 관련한 이행리스크 및 물리적 리스크의 특정. 파라미터, 가설, 분석 툴의 결정

④ **비즈니스에의 영향 평가와 대응책 검토**
비용, 수입, 공급망, 업무 지속, 시기 등에 대한 영향 평가
비즈니스모델의 변경, 포트폴리오 교체, 신기술의 투자 등의 대응책 검토

⑤ **보고의 작성과 디스클로저**
문서화, 관계자에 대한 보고, 파라미터 등 가설 등의 디스클로저의 검토

출처: TCFD, "The Use of Scenario Analysis in Disclosure of Climate-related Risks and Opportunities"에서 필자 작성

거버넌스 프로세스의 확보

기후변화 관련 시나리오 분석 및 시행에 있어서 전략상 혹은 리스크 관리상 포지션을 명확히 하는 것이 출발점이다. 이것은 기후변화 리스크 시나리오 분석을 기후변화 리스크 거버넌스 체제 안에 명확히 위치시키는 것이다.

기후변화 리스크의 인식 및 평가

다음으로 기후변화 리스크 상 물리적 리스크와 이행리스크에 대한 익스포저를 인식할 필요가 있다. 이것은 앞 절에서 제시한 리스크 인식 프로세스를 개별 거래처 및 업계 수준까지 파고들어 실행하는 것이다. 예를 들어 이행리스크의 경우, 설비투자가 큰 업계 및 비즈니스 밸류체인상 온실가스 배출이 많은 업계가 이행리스크 측면에서 정책 도입의 영향을 보다 크게 받게 된다. 이에 대해 물

리적 리스크의 익스포저는 예를 들어 연안지역에 주력 생산설비를 보유한 회사 및 수자원에 의존하는 회사가 보다 크다. 각 금융기관은 거래처의 밸류체인분석을 중심으로 한 정량적인 분석에 더해 정성적인 평가를 더하여 자사 고유의 기후변화 익스포저를 평가하게 되는 것이다.

기후변화 리스크 시나리오의 설정

다음의 프로세스는 기후변화 리스크 시나리오의 설정이다.

기후변화 리스크 시나리오는 크게 2종류가 있다. 첫 번째는 장래의 기온 상승(예를 들어 2도)을 설정하고 그를 위해 필요한 정책 도입을 전제로 한 시나리오이고, 또 다른 하나는 다양한 온실가스 배출 각각의 경우에서 기온 상승 범위를 구하는 시나리오이다. 산업혁명 이전에 비해 지구의 평균기온 상승을 2도 미만으로 억제한다는 이른바 2도 시나리오를 포함한 IEA의 접근법은 전자, 제1장에서 제시한 IPCC의 접근법은 후자에 해당한다(도표 8-3 참조).

도표 8-3 IEA 시나리오와 IPCC 시나리오

시나리오 타입	개요
IEA 시나리오	· IEA가 설정한 시나리오는 이른바 「2도 시나리오」를 포함 · 복수의 기후변화 / 에너지 정책별로 장래 저탄소사회로의 이행을 표현 · 저탄소사회로의 이행을 추진 방법이 사업에 미치는 영향이 큰 조직에 보다 적합하다.
IPCC 시나리오	· IPCC의 RCP 시나리오가 대표적 · RCP8.5, RCP6.0, RCP4.5, RCP2.6 의 4가지 시나리오가 있고 RCP2.6 시나리오가 기온상승 2도 미만의 시나리오 · 장래 대기중의 온실가스 농도 및 홍수 발생 리스크 등 기후변화 리스크가 유발하는 「결과」를 나타낸다 · 기후변화에 의한 물리적 리스크가 사업에 미치는 영향이 큰 조직에 보다 적합하다.

출처: TCFD 및 미즈호총합연구자료에서 필자 작성

이행리스크는 예를 들어 2도 시나리오를 향해 추가적인 정책이 취해질 것을 상정하고 있다는 점에서 제1의 시나리오가 보다 적합하다. 한편으로 물리적 리스크는 다양한 온실가스 배출 상황 및 파급 경로의 결과로 지구온난화가 어떻게 진행될 지에 주목하기 때문에 제2의 시나리오가 보다 적합하다.

TCFD는 기후변화 리스크의 불확실성을 감안하여 물리적 리스크 및 이행리스크와 관련한 2도 시나리오를 중심으로 복수의 시나리오를 상정하는 것이 바람직하다고 보고 있다. 또한 시나리오의 선정에 있어서는 자사 조직에 영향이 큰 시나리오를 상정하는 것이 전략의 회복력을 평가하기 위해서 필요하고, 2도 시나리오와 같은 중심 시나리오에 더해 자사에 영향이 큰 시나리오를 추가하는 것이 바람직하다.

제7장에서 제시했듯이, 이행리스크와 물리적 리스크는 상충 관계에 있기 때문에 이행리스크와 물리적 리스크에 개별적인 시나리오를 적용하여 분석을 하는 것은 기후변화 리스크 전체를 관리한다는 관점에서 보면 큰 의미가 없다. 리스크별로 상이한 시나리오를 적용하는 것이 아니라 기본 시나리오로 2도 시나리오를 설정한 다음 정책적 협조 움직임이 지연된 시나리오를 보조 시나리오로 삼고, 추가적인 정책 도입이 전혀 이루어지지 않는 극단적 시나리오를 이른바 스트레스 케이스로 추가하는 접근법이 합리적이다.

시나리오가 선정되면 시나리오와 관련한 파라미터 및 가정, 분석 툴을 확정한다. TCFD가 예시한 파라미타 및 분석 기법은 도표 8-4와 같다.

도표 8-4 파라미터 / 가정 / 분석 기법 / 영향 범위 지표

파라미터 / 가정의 지표	분석 기법의 지표	비즈니스 영향의 지표
할인율	시나리오	수입
탄소가격	정량 정성 어프로치의 조합	비용
에너지수요와 구성	시나리오 기간	자산
주요 코모더티 가격	분석대상(부문 등)	자본배분 투자
거시경제 변수	기후변화 모델	대상기간
인구구성 변화	데이터 셋	대응
에너지 효율 변화	물리적 리스크의 감응도	업무 지속
이행리스크의 지리적 분포	밸류체인의 범위	
기술		
정책 변화		
온실가스 증가에 대한 기온 변화율		

출처: TCFD, "The Use of Scenario Analysis in Disclosure of Climate-related Risks and Opportunities"에서 필자 작성

비즈니스 영향 평가와 대응책 검토

시나리오와 파라미터가 확정되면 그것에 기초한 비즈니스영향을 평가하게 된다. 수입 및 비용, 자산부채 등에 미치는 영향이 계측되고 이에 기초하여 자본배분 및 투자에의 영향이 평가된다(도표 8-5 참조). 영향을 측정하는 기법으로는 정량적 어프로치에 더해 정성적인 어프로치를 병용하는 것도 생각할 수 있다. 외부에서 얻어지는 시나리오 및 제3자가 제공하는 모델을 활용하는 등 리스크 익스포저 및 자원 상황, 능력에 따라 대응하는 방안도 바람직하다.

도표 8-5 기후관련 리스크와 기회, 재무적 영향 (그림없음)

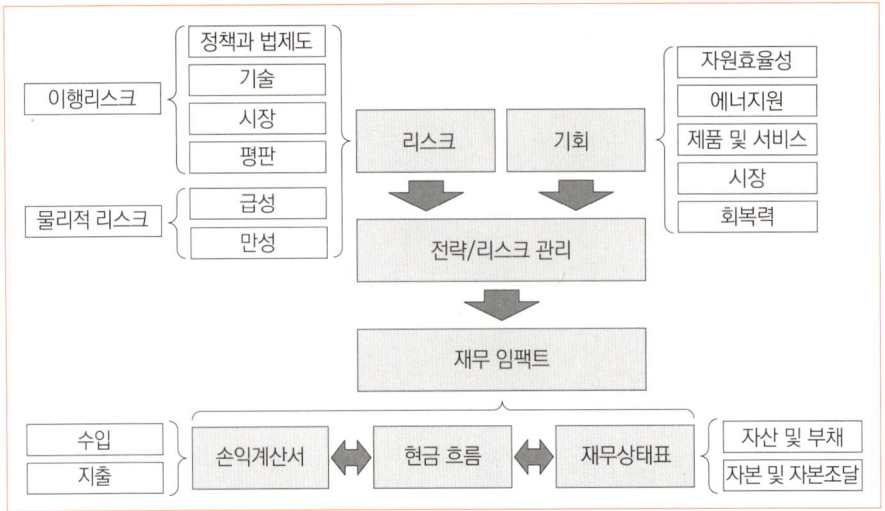

출처: TCFD, "Recommendation of the Task Force on Climate-related Financial Disclosures"

분석결과 보고와 디스클로저

비즈니스 및 재무에 미치는 영향이 확인되면, 시나리오 분석 결과는 다양하게 활용될 수 있다. 우선 기후변화 리스크가 사업전략, 자본배분, 재무전략 등에 미치는 영향을 금융기관 전체뿐만 아니라 특정 산업 부문 및 지역의 자산 및 투융자, 혹은 보험인수 활동에 대한 전략 수립의 재료로 삼을 수 있다. 그 결과, 비즈니스모델의 변경 및 자산부채 포트폴리오의 교체 혹은 자원배분 및 투자방침 변경 등 대응책의 검토가 이루어지게 된다.

시나리오 분석결과는 거버넌스 프로세스에 따라 보고된다. 이 때, 분석 결과와 함께 전 항에서 논의한 전략 상 및 리스크 관리 상 대응책에 대해서도 함께 보고하는 것이 바람직하며, 분석의 기본이 되는 주요한 파라미터 및 가정, 채택한 기후변화 모델 등에 대해서도 충분히 문서화할 필요가 있다. 기후변화 시나리오 분석은 외부 투자자에게도 다음의 장점이 있다.

- 상이한 장래 시나리오에 대한 조직의 사업전략 및 재무전략의 회복력 평가
- 조직이 기후변화 리스크에 의한 리스크와 기회를 어떻게 파악하려 하는지에 대한 이해
- 조직이 장기적인 기후변화 리스크에 어떻게 전략적으로 대응하고 있는 지에 관한 가이던스

시나리오 분석결과에 대해서는 파라미터 및 가정도 포함하여 외부 관계자에 대해서도 적절하게 디스클로저를 추진해야 한다.

제2절 UNEP FI의 분석 어프로치

시나리오 분석에서는 시나리오와 관련한 파라미터의 설정과 이에 기초한 거래처 별 영향도 분석이 프로세스의 핵심을 구성하고 있다. 이 프로세스에 대해 국제연합의 UNEP FI는 2019년 5월에 보고서 「Changing course」를 공표하고 몇 개의 기업에 의한 사례연구와 함께 분석 프로세스를 제시하고 있다.

분석 프로세스

UNEP FI가 정리한 분석 프로세스는 도표 8-6과 같이 정리할 수 있다. ①설정한 기온상승 시나리오에 대해, ②물리적 리스크·이행리스크 양측면에서의 기후변화 리스크를 인식하고, ③영향도분석을 실시, ④그 평가결과를, ⑤기업별 및 부문별 혹은 국가별로 정리하는 흐름은 TCFD제언에서 제시된 것과 같고, 이 중에서 핵심적인 부분은 ③영향도 분석이다.

도표 8-6 기후변화 시나리오 분석 프로세스 (UNEP FI)

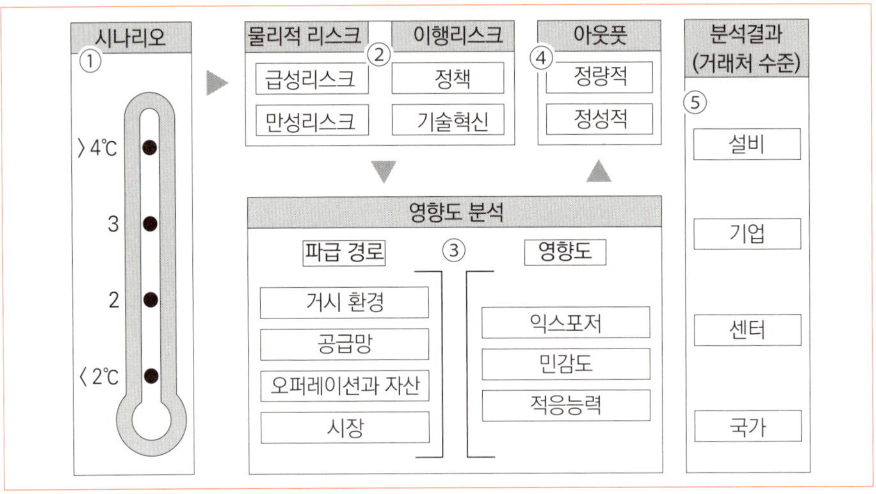

출처: UNEP FI, "Changing Course"에서 필자 작성

UNEP FI의 분석 프로세스는 물리적 리스크와 이행리스크의 각각에 대해 거래처별 파급 경로로서 「거시환경」, 「공급망」, 「오퍼레이션과 자산」, 「시장」의 4가지 범주로, 영향도에 대해서는 「익스포저」, 「민감도」 및 「적응 능력」의 3가지 범주를 설정하고 있다.

우선 파급 경로는 기후변화 리스크가 어떠한 경로로 거래처에 영향을 미칠 것인가에 대한 것으로 정책적 대응 과정에서 변화하는 거시경제 요인, 거래처의 공급망 요인, 거래처의 업무 운영과 자산에의 영향, 거래처가 소구하는 시장의 변화의 4가지 경로에서의 영향을 각각 분석한다.

이에 대해 영향도는 기후변화 리스크에 대한 거래처의 취약성을 보여주는 것이다. 기후변화 리스크에 대한 거래처의 현재 「익스포저」, 그것이 리스크의 변화에 의해 어떻게 변동할 것인가라는 「민감도」, 그러한 변화에 대한 거래처의 「적응 능력」의 3가지 범주로 기후변화 리스크에 대한 거래처의 취약성 및 회복력을 평가하는 것이다.

물리적 리스크 분석

물리적 리스크의 파급 경로로는 「운영과 자산」 및 「공급망」에의 영향이 가장 크다. 이상 기상현상과 같은 급성리스크 발생에 의한 자산 손상 및 공급망의 단절 등의 영향뿐만 아니라 본래 해면 상승 및 해수온도 상승 등 만성리스크가 발생한 경우에도 연안에 입지한 공장 및 사업소 같은 경우는 좌초자산화 및 종업원 확보가 곤란해질 수 있다.

물리적 리스크와 관련한 영향도에 대해서는 「익스포저」의 지리적 요인 및 수자원 등 자연 자원에 대한 민감도의 영향이 가장 커진다(도표 8-7 참조).

도표 8-7 물리적 리스크의 검증 프로세스(UNEP FI)

	익스포저	민감도	적응능력
거시 환경	경제적분산도 로케이션	기후리스크에 노출된 부문에의 경제적 의존도	재무면 및 자금면의 유연성, 전개 수준
서플라이 체인	서플라이어의 로케이션	공급업체의 천연자원에의 의존도와 쇼크 내성	공급망에 대한 생산자의 허용도
오퍼레이션과 자산	퍼실러티 로케이션	부문/퍼실러티 관련 자원과 자본집중도	개별 퍼실러티의 회복성
시장	판매처의 로케이션	기후 현상과 가격 쇼크에 대한 시장의 감응도	고객 기반 전환 내지 가격 전가 여지

평가: 영향도 / 평가: 파급 경로

출처: UNEP FI, "Changing Course"에서 필자 작성

이행리스크 분석

이행리스크의 파급 경로로는 거래처 밸류체인의 온실가스 배출 경로가 가장 크다. 구체적으로는 거래처의 이산화탄소 배출상황으로서의 「오퍼레이션과 자산」과 조달처의 이산화탄소 배출상황으로서의 「공급망」이다. 또한, 고객의 선호가 변화함에 따른 「시장」요인도 파급 경로로서 중요한 요인이다.

이행리스크와 관련된 영향도에 대해서는 거래처가 이산화탄소 배출이 많은 조달처 및 고객에서 보다 에너지효율이 높은 방향으로 전환할 수 있을지 여부를 나타내는 「적응 능력」에 대한 평가가 가장 중요한 요인이 된다(도표 8-8 참조).

도표 8-8 이행리스크의 검증 프로세스 (UNEP FI)

	익스포저	감응도	적응능력
거시 환경	경제적 분산도, 정치 환경	탄소배출집중 부분에의 의존도	재무면 및 자금면 정치면의 유연성, 전개 수준
서플라이 체인	공급업체의 입지 (탄소 프라이싱)	공급업체의 탄소배출집중도와 가격전이력	저탄소 공급업체/원료 전환에 대한 생산자 허용도
오퍼레이션과 자산	퍼실러티의 로케이션(탄소 프라이싱)	생산자의 탄소배출집중도	생산자의 탄소저감 여력
시장	판매처의 로케이션 (탄소 프라이싱)	선호 전환, 가격 민감도, 소비의 탄소배출집중도	고객 기반 전환 내지 가격 전가 여지

평가: 영향도 / 평가: 파급 경로

출처: UNEP FI, "Changing Course"에서 필자 작성

  분석평가 프로세스는 기본적으로는 거래처별로 이들 매트릭스에 의한 평가를 실시하고 이를 집계한다.

  이러한 분석은 데이터 및 모델에 기초한 정량적 평가에 더해 거래처와 조달처 간 거래에 대한 정성적 평가에 의한 부분도 크다. 기후변화 리스크는 불확실성이 높고 특히 「적응 능력」은 정성적인 평가에 의지할 수 밖에 없는 부분이 많다. 또한 이러한 프로세스를 거래처별로 실행하는 것은 상당한 노력을 필요로 한다. 분석평가 프로세스에서는 정량적 평가와 정성적 평가 양쪽을 적절하게 종합한 판단이 필요하다. 제7장에서 제시한 GARP 보고서에서도 금융기관이 거래처의 기후변화 리스크를 평가하는 기법으로는 80% 가까이가 정성적 기법을 채택하고 있고, 정량적 기법에 의지하고 있다고 답변한 금융기관은 20%에 그치고 있다.

제3절 잉글랜드 은행의 기후변화 시나리오

영국의 잉글랜드 은행은 영국 내 금융기관에 대해 격년으로 실시하고 있는 시나리오 분석과 관련하여, 2019년 12월에 2021년 이후 시나리오 분석(이하, 「2021년 시나리오 분석」으로 지칭)에 사용될 기후변화 시나리오안을 제시했다. 2021년 시나리오 분석은 영국내 주요 은행과 보험사를 대상으로 동일한 기후변화 시나리오를 전제한 후 분석을 요구한 것으로, 개별 금융기관의 특성뿐만 아니라 금융시스템 전체 관점에서의 회복력 검증도 기획했다. 또한 동일 시나리오에 기초한 분석이기 때문에 기후변화 관련 시나리오 분석의 「선구자」적인 시도라고 할 수 있다.

이후 2020년 신형 코로나 바이러스문제로 2021년 시나리오 분석의 실시 연기가 결정되었지만, 본 시나리오안은 당국이 주도하는 기후변화 시나리오 분석의 표준 모델로 자리잡을 가능성이 있기 때문에 주요 내용을 확인해 둘 필요가 있다.

기본적 분석 조건
2021년 시나리오 분석의 기본 조건은 다음과 같다.
- 분석 기간은 30년으로 설정하고 참가 금융기관은 2020년 6월말 재무상태표에 기초하여 30년간 변하지 않는다고 가정한다.
- 참가 금융기관은 2025년 이후 5년 마다 예상 중기결과와 최종 결과(2050년)를 제출한다
- 시나리오와 관련된 파라미터는 당국이 제시한 파라미터를 채택한다(후술 참고).
- 참가 금융기관은 각 기후변화 시나리오의 개별 거래처 비즈니스모델의 취약성을 검증한다.

위 내용에서 주목할 만한 점은 분석 기간을 30년으로 하고 있다는 점과 분석 대상이 되는 금융기관의 재무상태표를 고정한다는 점이다. 30년이라는 장기간에 대해 정량적 분석을 정밀하게 진행하는 것은 현재의 모델 및 데이터로는 용이하지 않고 그런 의미에서도 본 분석은 「선구자」적 의미를 가진다. 더 주목할 사항은 30년에 걸쳐 재무상태표를 고정한다는 전제이다. 기후변화 문제가 없어도 금융기관의 재무상태표를 30년간 고정하는 것은 생각하기 어렵다. 이 점에 대해 잉글랜드 은행은 본 시나리오 분석은 금융기관의 리스크 대응력을 보는 것을 목적으로 하고 있지 않으며, 현 시점의 자산이 기후변화 리스크에 대해 어느 정도 영향을 받을 가능성이 있는 지를 측정하는 것을 목적으로 하고 있기 때문이라고 밝히고 있다.

채택 시나리오와 파라미터

잉글랜드 은행은 시나리오의 채택에 대해서도 다음의 3가지 시나리오를 사전에 제시하고 있다(도표 8-9 참조).

도표 8-9 2021년 시나리오 분석 제시 시나리오

	시나리오명	개요
1	조기정책 실행 시나리오	파리협정에 기초한 정책 대응이 조기에 이루어지고 기온 상승이 2도 이하로 억제된다
2	정책실행 지연 시나리오	최종목표는 달성하지만 정책대응이 지연되기 때문에 시나리오 기간의 후반에 급격한 변화가 발생한다
3	추가정책 미실행 시나리오	현상 이상의 정책 액션은 취해지지 않고 파리협정의 목표는 달성할 수 없다

출처: "The 2021 biennial exploratory scenario on the financial risks from climate change -Discussion Paper"

도표 8-10 제시 시나리오안의 온실가스 배출 및 기온상승 변화

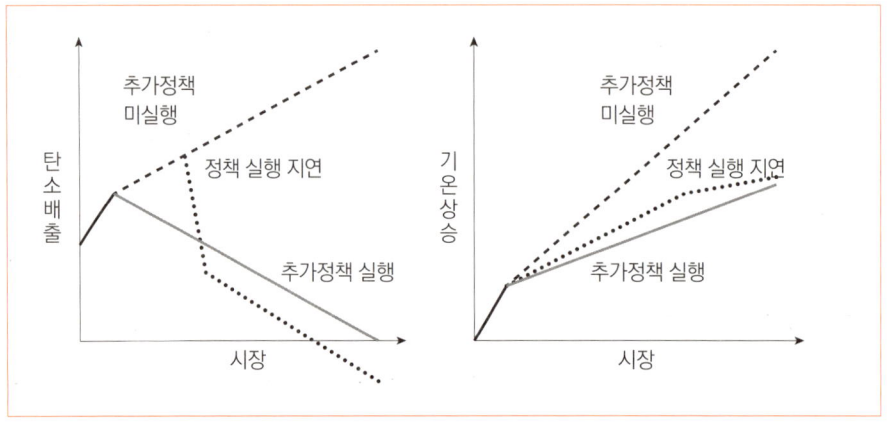

출처: "The 2021 biennial exploratory scenario on the financial risks from climate change - Discussion Paper"에서 필자 작성

① 조기정책 실행 시나리오: 파리 협정에 기초한 정책대응이 조기에 실현되고 기온 상승이 2도 이하로 억제된다. 이 시나리오에서는 정책 도입이 체계적으로 이루어지기 때문에 급격한 이행쇼크는 없고 저탄소경제로 점차적으로 이행하는 한편, 물리적 리스크는 2도 시나리오에 기초하여 점차 증가한다.

② 정책실행 지연 시나리오: 2도 시나리오의 최종 목표는 달성할 수 있지만 정책 대응이 당초 10년간(2020년에서 2030년)은 시행되지 않고 나머지 20년간(2030~2050년)에 지연된 틈을 메우는 급격한 정책대응이 이루어진다. 당초의 10년간의 정책 지연으로 인해 물리적 리스크는 커지고 또한 그 후의 급격한 정책전환으로 자산가치의 격변에 의한 경제 쇼크 등 이행리스크도 증대된다.

③ 추가정책 미실행 시나리오: 현재 상태 이상의 정책적 시행은 취해지지 않고 파리 협정의 목표는 달성할 수 없다. 정책 실행이 취해지지 않기 때문에 이행리스크는 발생하지 않지만 지구온난화가 방치되기 때문에 물리적 리스크는 매우 커진다.

제시된 시나리오별로 온실가스 배출과 기온 상승이 어떻게 변화할 것인가에 대해 이미지화 한 것이 도표 8-10이다.

2021년 시나리오 분석에서 사용된 주요 파라미터 및 변수는 도표 8-11와 같다. 구체적인 수치는 NGFS에서 검토 중인 내용과 정합성을 확보하고 있다.

도표 8-11 2021 영국 격년 시나리오 분석의 파라미터

변수 타입	변수 분류	변수 (안)
기후변화 리스크 변수	물리적 리스크 변수	글로벌 및 지역 기온 경로 지역별 특정 재해의 빈도와 중대성 평균수명 변화 농업생산성
	이행리스크 변수	탄소가격 경로 온실가스 배출 경로 코모더티 및 에너지 가격 에너지구성
거시금융 변수	거시경제변수	실질 GDP 실업률 인플레이션 지급준비율 기업실적 가계수입 주택 및 상업용 부동산 가격
	금융시장변수	주요국 국채 금리 주가지수 환율 은행대출 금리

출처: "The 2021 biennial exploratory scenario on the financial risks from climate change – Discussion Paper"

모델 내용

　시나리오와 파라미터가 확정되면 다음 단계는 이들 모델을 적용하여 시나리오의 영향도를 검증하는 것이다(도표 8-12 참조). 2021년 시나리오 분석에서는 사업법인부문 대상, 가계부문대상, 정부부문 대상으로 각각의 익스포저별, 거래처별 수준으로 각 참가금융기관이 기후변화 시나리오 모델을 적용하여 영향도를 분석하고 개별적으로 진행된 부문별 총체로서의 모델 적용 결과를 비교검증하도록 하고 있다.

　예를 들어, 사업법인의 경우, 시나리오가 주는 재무 및 현금 흐름, 담보가치에의 영향을 고려하여, 큰 거래처부터 시작하여 전체 익스포저액의 상위 80%까지는 개별적으로 분석하고, 나머지 20%의 거래처를 대상으로는 간단한 기법을 적용하는 것도 가능하다. 가계부문에 대해서는 시나리오가 가계의 수입 및 자산가치에 미치는 영향을 고려하여 이행리스크 및 물리적 리스크에 대한 취약성을 고려해야 한다. 마지막으로 정부부문에 대해서는 신흥국을 포함한 국가별 취약성을 고려해야 한다.

　또한 모델 적용 시 유의점으로는 지역성 및 지리적 요인의 고려, 기술혁신의 속도에 대한 가정과 고려 및 거래처가 기후변화에 대해 이미 무언가의 대응을 하고 있는 경우에는 그들을 고려해야 하다는 점이 거론되고 있다.

도표 8-12 2021 영국 격년 시나리오 분석 단계

1단계
거래처별 시나리오 맵핑
- 거래처의 산업적 지리적 취약성의 파악
- 시나리오변수의 적용과 필요에 따른 확장

2단계
개별 거래처 수준에서의 재무영향 평가
- 현재 거래처의 취약성 평가
- 거래처에 의한 저감 및 적응 활동의 고려

3단계
시나리오와의 정합성 체크
- 부문 및 지리적으로 통합한 포트폴리오 전체에의 영향 평가
- 시나리오의 평균영향과의 괴리 체크

출처: "The 2021 biennial exploratory scenario on the financial risks from climate change – Discussion Paper"에서 필자 작성

시나리오 분석 실시와 보고 내용

시나리오 분석은 은행에 대해서는 은행 계정과 트레이딩계정에 대해, 보험사에 대해서는 자산과 부채의 양쪽에 대해 이루어진다. 분석 결과는 지역, 부문, 상위 50개사의 익스포저 상황 등으로 구분할 수 있도록 보고되며, 결과적인 기후변화 리스크에 대해 생각할 수 있는 대응이 있다면 그것도 함께 보고하도록 하고 있다.

2021 스트레스 테스트에서는 익스포저 상위 80%에 대해 개별 거래처 수준에서의 분석을 요구하는 등 실시에는 상당한 부담이 동반될 것이 예상되는 한편, 작업기간은 3개월로 한정되어 있어 금융기관의 작업 부담은 크다. 또한, 포트폴리오를 30년 고정한다는 전제를 감안 시, 분석 결과의 유용성 등에 대해 의문이 생기는 부분도 많다. 이와 관련, 업계 단체 등은 잉글랜드 은행의 제안에 대해 상기 사항들에 대해 보다 현실적인 완화를 요구하는 한편, 분석결과의 공표를

둘러싸고 오해를 사지 않는 조치를 원한다라는 취지의 코멘트를 발표했다. 잉글랜드 은행은 향후 이러한 코멘트들도 고려하여 시나리오 분석 내용을 확정하게 된다.

2021년 시나리오 분석에서는 3가지 정책 시나리오라는 구체적인 당국 시나리오가 제시되었다. 또한 은행 및 보험의 양업계에 걸친 통일적인 시나리오 분석의 실시라는 점에서 기후변화 리스크 시나리오 분석 실무에 미치는 영향은 크다고 생각된다. 신형 코로나 바이러스 문제로 인해 실시는 지연되었지만, 당국에 의한 기후변화 리스크 시나리오 분석에 대한 의미있는 방향성을 제시한 것으로 평가된다.

제4절 유럽의 각국 주도 스트레스 테스트

잉글랜드 은행에 의한 2021년 시나리오 분석은 당국 주도에 의한 시나리오 분석이라고 할 수 있으며, 유사하게 당국 주도로 기후변화 스트레스 테스트를 실시하려는 움직임도 진행되고 있다.

네덜란드 중앙은행에 의한 스트레스 테스트

네덜란드 중앙은행은 2018년에 톱다운형태의 스트레스 테스트를 실시했다. 정책변경 시나리오로 100 달러의 탄소세가 돌연 도입되었고, 이에 더해 재생에너지이행을 위한 획기적 기술혁신이 이루어지고 화석연료 기술에 의존한 자본설비가 좌초자산화되어 상각을 요구받는 상황을 감안하여 2가지 주요 시나리오를 상정했다. 이러한 시나리오과 함께 GDP 및 소비자물가, 나아가 금융시장의 움직임을 이끌고 다국간 거시경제모델을 활용하여 네덜란드 중앙은행 자신이 영향을 계산했다. 테스트 결과는 보험사의 경우는 대출자산의 11%, 은행의 경우에는 3%의 손실이 발생하고 은행의 보통주식 등 1그룹(tier)의 자기자본비율은 4% 저하된다는 결과를 얻었다.

EBA 스트레스 테스트

제6장에서 살펴본 바와 같이, 유럽에서는 2010년 이후 역내 은행에 대해 유럽은행감독원(EBA)이 EBA 스트레스 테스트를 실시하고 있다. 이 EBA 스트레스 테스트에 기후변화 리스크 요인을 반영하는 방안이 검토되고 있다. 즉 EBA 규칙의 시스템적 리스크 인식과 계측 항목에 기초하여 진행되는 스트레스 테스트 가운데 환경문제 및 환경관련 정책변경에서 생기는 리스크를 반영하는 것에 대한 가부 검토가 이루어지고 있다.

EBA 스트레스 테스트에 기후변화 리스크를 어떻게 반영할 것인가는 아직 초기 검토단계이지만 아래사항에 유의한 검토가 진행되고 있다.

- 리스크관리에 그치지않고 비즈니스모델 전체를 대상 범위로 할 것
- 기후변화 스트레스 테스트는 5년 이상의 기간을 포함할 것
- 재무상태표를 고정하는 것이 바람직한 방향성은 아니다
- 기후변화 리스크의 불확실성을 고려하면 복수의 시나리오 채택이 바람직하다
- 녹색자산과 브라운자산의 택소노미가 필요하다

영국 PRA에 의한 보험 스트레스 테스트

영국 PRA는 2019년에 보험사를 대상으로 ①갑작스럽고 무질서한 정책의 도입, ②점진적이고 질서정연한 정책 도입, ③추가정책 도입 없음의 3가지 시나리오에 기초하여 당국이 파라미터의 움직임을 설정하는(도표 8-13 참조) 형식으로 스트레스 테스트를 실시했다.

도표 8-13 2019 영국 PRA에 의한 보험 스트레스 테스트

부문	(가정)부문의 주식가치 저하	이행리스크			물리적 리스크		
		시나리오 1	시나리오 2	시나리오 3	시나리오 1	시나리오 2	시나리오 3
연료	석탄	−45%	−40%				
	석유	−42%	−38%				
	가스	−25%	−15%				
						−5%	−20%
발전	석탄	−65%	−55%				
	석유	−35%	−30%				
	가스	−20%	−15%				
	재생에너지	+10%	+20%				
						−5%	−20%

출처: "The Green Swan- Central banking and financial stability in the age of climate change"

  영국 PRA는 2020년 6월 스트레스 테스트 결과에서 얻어진 피드백 공표를 통해, 기후변화 리스크 시나리오 분석 대상인 보험사의 대응 수준이 불충분하다고 결론지었다. 특히, 기후변화 리스크 시나리오를 평가하는 능력, 데이터, 모델에 대해 만족할 수 있는 수준이 아니고, (예를 들어 정부에 의한 법규제 움직임의 영향을 포함할 때 필요한) 기후변화 시나리오로부터의 파급 영향의 복잡성까지도 고려할 수 있도록 해야 한다고 밝히고 있다. 또한 많은 조사 대상 보험사의 분석이 리스크 관리부서를 중심으로 한 사내 일 부분의 작업에 그치고 있어 보다 전사적인 협력이 필요하다고 지적했다.

제5절 NGFS의 기후변화 리스크 시나리오

NGFS는 2020년 6월에 보고서 「중앙은행 및 감독당국 대상 기후시나리오 분석 안내서」 및 「중앙은행 및 감독당국 대상 NGFS 기후시나리오」를 공표했다. 관계자들이 학수고대하던 NGFS에 의한 기후변화 시나리오의 제시였다. 전자가 중앙은행 및 금융당국이 기후변화 리스크 시나리오 도입 시 검토해야 할 프로세스를 해설한 것이라면, 후자는 NGFS가 제창하는 기후변화 리스크 시나리오를 보다 상세하고 구체적으로 해설한 내용으로 구성되어 있어 양자는 상호 보완적인 성격의 문서라 할 수 있다.

기후변화 리스크 시나리오 도입 프로세스

NGFS는 기후변화 리스크 시나리오 분석에 대해 ①분석의 목적과, 대상으로 하는 익스포저의 특정, ②기후변화 시나리오의 선택, ③거시경제 및 재무임팩트의 평가, ④분석 결과의 커뮤니케이션과 활용이라는 4가지 프로세스를 따라야 한다고 하고 있다(도표 8-14 참조).

도표 8-14 NGFS에 의한 기후변화 리스크 시나리오 분석 단계

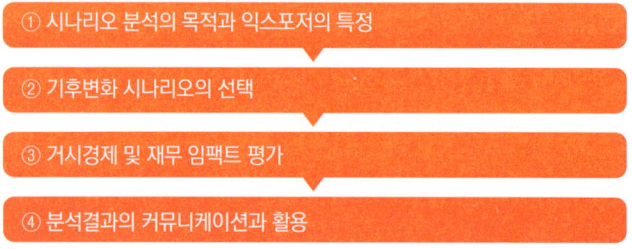

출처: NGFS, "Guide to climate scenario analysis for central banks and supervisors"에서 필자 작성

① 분석의 목적과 대상 익스포저 특정

제일 먼저 필요한 프로세스는 기후변화 리스크 시나리오 분석의 목적을 설정하는 것이다. 시나리오 분석을 실행하는 금융감독 당국(내지 중앙은행)은 예를 들어 개개의 금융기관을 대상으로 하는 것인지, 거시경제 영향을 대상으로 하는 것인지 등 실행하는 시나리오 분석의 대상이나, 익스포저를 특정할 필요가 있다(도표 8-15 참조). 이 경우, 분석을 실행하는 금융감독 당국의 목적과 함께 가장 주시하는 리스크(도표 8-16 참조)와 보고 대상인 주요 관계자를 고려할 필요가 있다.

도표 8-15 기후변화 리스크 시나리오 분석의 목적 검토 시 내용

	목적	리스크 평가의 종류	용도
A	개별 금융기관의 리스크 평가	스트레스 테스트, 자본충실도 검증을 통한 금융기관과의 대화	미시 건전성 정책 금융기관의 건전성 관련 리스크 인식
B	금융시스템 전체의 리스크 평가	스트레스 테스트, 파급 경로의 조사	거시 건전성 정책 시스템적 리스크와 거시경제에의 영향 인식
C	거시경제에의 영향 평가	거시경제 예측, 경제구조변화의 조사	거시경제에의 영향 이해 금융정책
D	중앙은행 자신의 재무상태표에의 영향 평가	신용 리스크, 시장리스크 분석, 스트레스 테스트	중앙은행 자신의 오퍼레이션 TCFD 디스클로저

출처: NGFS, "Guide to climate scenario analysis for central banks and supervisors"

도표 8-16 기후변화 시나리오 분석 실시 시 중시하는 리스크

대분류	리스크의 종류	분석 실시 시 고려해야할 리스크 요인
기후변화 리스크	물리적 리스크	이상기상현상에 의한 물리적 손해 만성리스크에 의한 물리적 손해 부동산/인프라/비즈니스/사람들/식료시스템에의 영향 글로벌 파급 경로(공급망 등)

기후변화 리스크	이행리스크	검토 및 도입이 예상되는 정책 장래 중요한 역할을 수행할 기술 트랜드 소비자 선호에 있어 중요 변화 기술혁신의 영향력이 가장 큰 산업 부분
거시금융 리스크	재무리스크	은행에서 가장 큰 익스포저의 부분 (리테일, 기업, 트레이딩 등) 가장 큰 보험인수 익스포저 자본시장에서의 가장 큰 익스포저 익스포저의 지리적 분산 및 집중
	거시경제 리스크	거시경제 변화에 가장 영향을 미치는 요인 경제에서의 부문 구성과 그 변화 트랜드

출처: NGFS, "Guide to climate scenario analysis for central banks and supervisors"에서 필자 작성

기후변화 리스크 시나리오 분석의 목적 및 검증하고 싶은 리스크가 특정되면 거기에 따라 시나리오 분석을 위한 시간 축을 결정할 필요가 있다. 이것은 절대적인 것은 아니고 전체의 밸런스를 고려하여 결정해야 할 내용이다(도표 8-17 참조).

도표 8-17 기후변화 리스크 시나리오 분석 시 시간 축의 결정

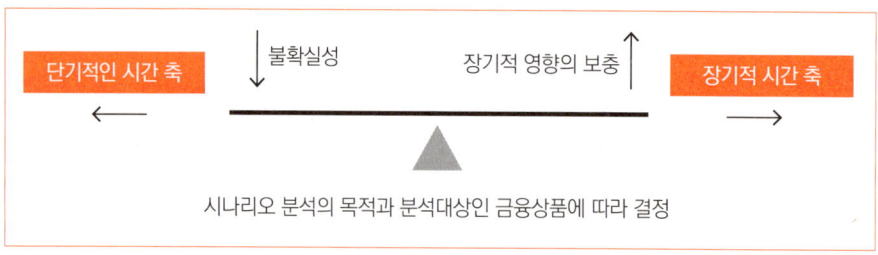

출처: NGFS, "Guide to climate scenario analysis for central banks and supervisors"에서 필자 작성

② **기후변화 시나리오의 선택**

기후변화 리스크 시나리오 분석의 목적 및 시간 축이 결정되면 다음으로 기후변화 시나리오를 우선 결정하게 된다. NGFS 기후변화 리스크 시나리오의 상세한 사항에 대해서는 다음 항에서 논의하기로 하고, 시나리오 선택에 있어서 전제가 되는 가정을 결정한 다음 시나리오의 기본조건을 정할 필요가 있다.

전제가 되는 가정으로는 대상이 되는(물리적 이행 등의) 기후변화 리스크, 시나리오의 수와 내용, 시나리오의 정밀도(도표 8-18 참조), 시간 축, 시간 축에서의 중간보고 구분 등이 있다. 이들 요소도 절대적인 것이 아니라 시나리오의 목적 및 실무적 부담 등 전체의 밸런스를 감안하여 결정해야 한다(도표 8-19 참조).

도표 8-18 기후변화 리스크 시나리오의 정밀도

	대상이 되는 경제 단위	지리적 확산
대략적인	거시경제	글로벌
중간	부문 레벨	국가 레벨에서 지역 레벨
세세한	기업/가계 레벨	우편번호별에서 개별 건물 레벨

출처: NGFS, "Guide to climate scenario analysis for central banks and supervisors"

도표 8-19 기후변화 리스크 시나리오 분석의 기본 조건의 결정

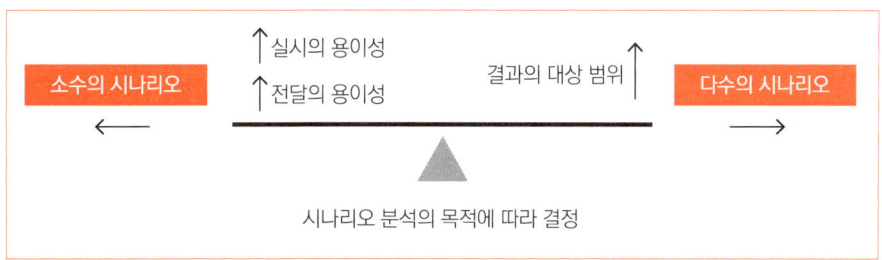

출처: NGFS, "Guide to climate scenario analysis for central banks and supervisors"에서 필자 작성

③ 거시경제 및 재무 임팩트의 평가

시나리오의 조건이 결정되면 시나리오가 현재화된 경우의 거시경제 및 금융시스템에 대한 리스크 영향을 측정하게 된다. 이 때, 중앙은행이 통상 사용하고 있는 거시경제 예측 모델은 시간 축 및 균형 모델상 문제로 인해 기후변화 리스크 시나리오 분석에는 적합하지 않아 종합평가모델을 채택하는 방안이 제안되고 있다.

금융시스템에 대한 재무리스크 영향을 측정할 때, NGFS는 적어도 이하의 3개 사항에 대해 검토해야 한다.

- 대상 금융 업태: 은행, 보험사, 자산소유자, 자산운용사 및 여타 금융시장 인프라 기관
- 대상 금융리스크: 신용, 시장, 오퍼레이셔널, 유동성, 보험 인수
- 대상 금융상품: 신용(모기지론, 소비자신용, 기업신용, 채권 등) 에쿼티 파생상품, 보험 채무

NGFS는 시나리오 분석 방법을 상향식과 하향식의 2가지 기법으로 분류하고 있다. 하향식 기법은 금융기관에서 제공된 데이터에 기초하여 금융감독 당국 자신이 분석하는 것이고, 금융기관이 자신의 재무상태표에 미치는 영향에 대해 정량적 및 정성적 분석을 실시하는 것이다. 전자의 경우는, 보다 균질하고 비교가능한 분석이 가능하고 실시 기간도 짧다는 장점이 있다. 또한 금융기관 측면에서는 데이터의 제출 이외는 작업이 필요하지 않아 작업 부담이 가볍다는 장점이 있다. 한편 리스크 시나리오가 발생한 경우에 어떠한 행동에 착수할 것인지 및 그 파급 경로에 대한 상세한 분석은 어렵다는 단점이 있다. 이에 비해 상향식 기법은 금융기관의 작업 부담은 크지만 파급 경로 등에 대한 분석이 가능하다. 또

한 시나리오 분석에 기초하여 포트폴리오를 변경하거나 기후변화 리스크 관리체제를 고도화한다는 금융기관의 전략 및 기후변화 리스크 관리실무에는 보다 장점이 있다(도표 8-20 참조). NGFS는 실제로 상향식 기법과 하향식 기법의 양자를 조합한 하이브리드기법도 실시 가능하다고 보고 있다.

도표 8-20 시나리오 분석의 하향식 및 상향식 기법의 결정

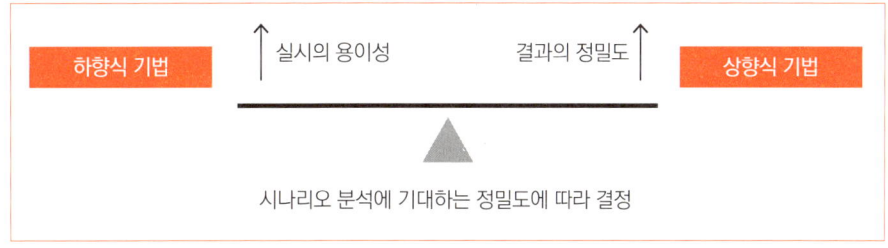

출처: NGFS, "Guide to climate scenario analysis for central banks and supervisors"에서 필자 작성

또한 분석의 정밀도에 대해서는 거시경제 수준에서 개별 기업 수준에 이르기까지 다양한 정밀도를 설정하는 것이 가능하다. NGFS는 정밀도를 세밀하게 하기 위해서는 예를 들어 부문 수준의 변경 등 추가 정보가 필요하게 되어 작업 부담은 늘어나지만 정밀성을 갖춘 세밀한 분석을 하는 것이 분석 결과의 의미를 크게 할 수 있다.

기후변화 리스크 시나리오 분석에 있어 중요한 전제는 금융기관의 재무상태표를 고정화시킨 정태적 분석으로 할 지, 분석 기간 중의 재무상태표의 조정을 전제로 동태적 분석을 실시할지에 대한 결정이다(도표 8-21 참조). 기후변화 리스크의 시간 축이 장기에 걸쳐 있다는 점을 감안하면, 수십년에 걸쳐 금융기관의 재무상태표가 변하지 않는다는 것은 현실적이지 않은 한편 재무상태표의 변경을 전제로 하면 그것이 어떻게 변화할 것인가에 따라 분석 결과는 크게 달라

진다. 2021년 스트레스 테스트에서는 제1단계는 정태적 어프로치로 시나리오 분석을 한 번 실시하고, 제2단계에서는 금융기관에 의한 리스크 저감 행동을 반영하는 2단계 어프로치를 검토하고 있으며, NGFS는 이러한 어프로치도 검토의 여지가 있다는 입장을 보이고 있다.

도표 8-21 기후변화 리스크 시나리오 정밀도

타입	포커스	시간 축
정태적	현재의 재무상태표 리스크	현재의 익스포저의 이해 가정에 대한 의존은 적음
동태적	행동변화에 동반한 재무상태표 조정을 포함한 리스크	집행되는 행동에 대한 가정에 크게 의존

NGFS, "Guide to climate scenario analysis for central banks and supervisors"에서 필자 작성

④ **분석결과의 커뮤니케이션과 활용**

마지막으로 NGFS는 기후변화 리스크 관리가 아직 발전단계에 있다는 점, 특히 데이터 부족이 큰 장애가 되고 있다는 점을 생각하면 금융감독 당국이 실시한 기후변화 리스크 시나리오 분석 결과는 최대한 공표해야 한다고 밝히고 있다. 그 때 도표 8-22 에서 제시된 것처럼 공표의 형태와 내용에 대해서는 다양한 형태가 가능하다.

도표 8-22 기후변화 리스크 시나리오 분석결과 공표

전달 수단	상정되는 청중	공표의 목적
디스클로져	공공 정부	기후변화 리스크 관련 인식의 향상 상세 정보의 공유 (TCFD 등) 여타 이니셔티브 서포트

컨퍼런스	외부전문가 관계자	기후변화 리스크 관련 인식의 향상 효과적 또한 적시적인 커뮤니케이션 쌍방향 커뮤니케이션
1대1 미팅	정부 금융기관	기후변화 리스크 관련 인식의 향상 쌍방향 커뮤니케이션 업계 대비 및 업계 실무 공유 금융기관의 리스크 관리 실무의 촉진
당국간 공유	금융감독 당국 중앙은행	기후변화 리스크 관련 인식의 향상 금융규제의 검토 내부 연수

출처: NGFS, "Guide to climate scenario analysis for central banks and supervisors"

NGFS의 기후변화 리스크 주요 시나리오

NGFS는 기후변화 리스크 시나리오로 이하의 3개 주요 시나리오를 제시했다 (도표 8-23 참조).

도표 8-23 NGFS기후변화 리스크 주요 시나리오

	시나리오명	시나리오 개요
①	질서있는 이행시나리오	기후관련 정책이 조기에 도입되고 2도 이하 시나리오가 달성할 수 있다. 물리적 리스크 이행리스크 모두 작다.
②	무질서한 이행시나리오	2030년까지 기후 관련 정책이 도입되지 않고 그 후 급격한 정책이 도입된다. 이행리스크가 크고 물리적 리스크도 상당히 크다.
③	혹서의 세계	현재 이상의 정책은 도입되지 않고 2080년에는 기온 상승이 3도를 상회한다. 물리적 시나리오가 막대

출처: NGFS, "Guide to climate scenario analysis for central banks and supervisions"에서 필자 작성

도표 8-24 NGFS 주요 시나리오에서의 탄소배출 및 탄소가격 추이

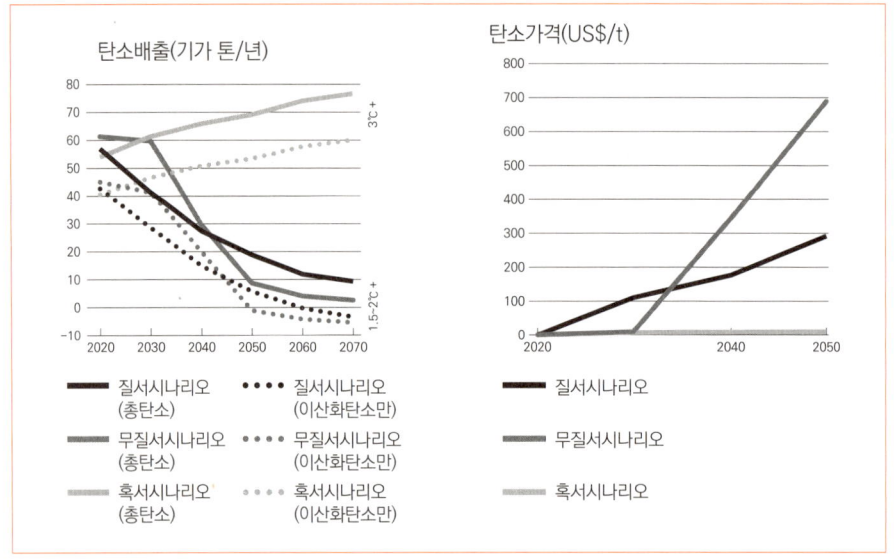

출처: NGFS, "Guide to climate scenario analysis for central banks and supervisions"에서 필자 작성

각각의 시나리오에서의 탄소배출 및 탄소가격 추이는 도표 8-24와 같다.

물리적 리스크와 이행리스크는 상충 관계에 있고, NGFS는 2019년 종합보고서에 정책 실행과 향후 물리적 리스크 및 이행리스크와 의존관계를 도표 8-25와 같이 정리했다.

이 그림에서 상기 3가지 주요 시나리오는 대략 도표 8-26과 같이 표현할 수 있다.

상기에서 알 수 있듯이 3개 주요 시나리오는 2021년 시나리오 분석에서 제시된 시나리오와 기본적으로 동일하며, NGFS 논의의 집약 정도를 알 수 있다.

도표 8-25 정책 행동과 기상변화 리스크의 의존관계

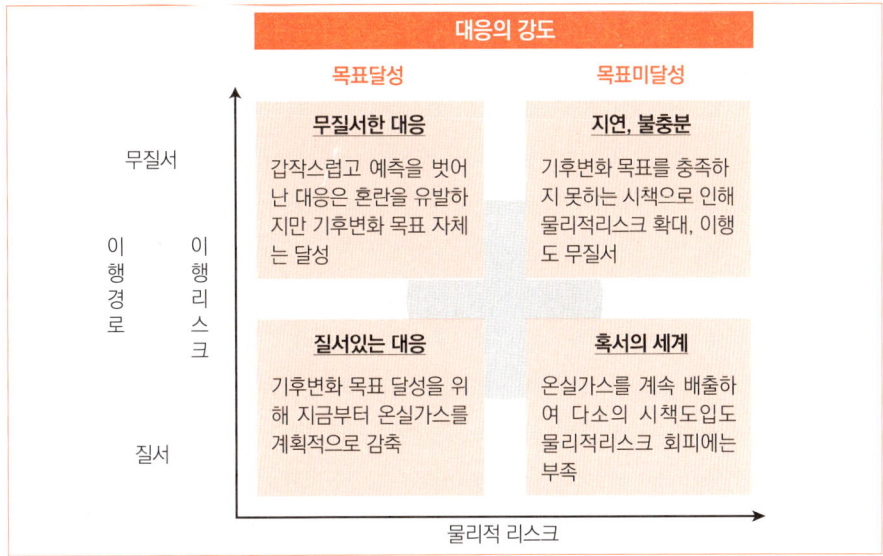

출처: NGFS, "A call for action: Climate change as a source of financial risk"

도표 8-26 NGFS의 3가지 주요 시나리오

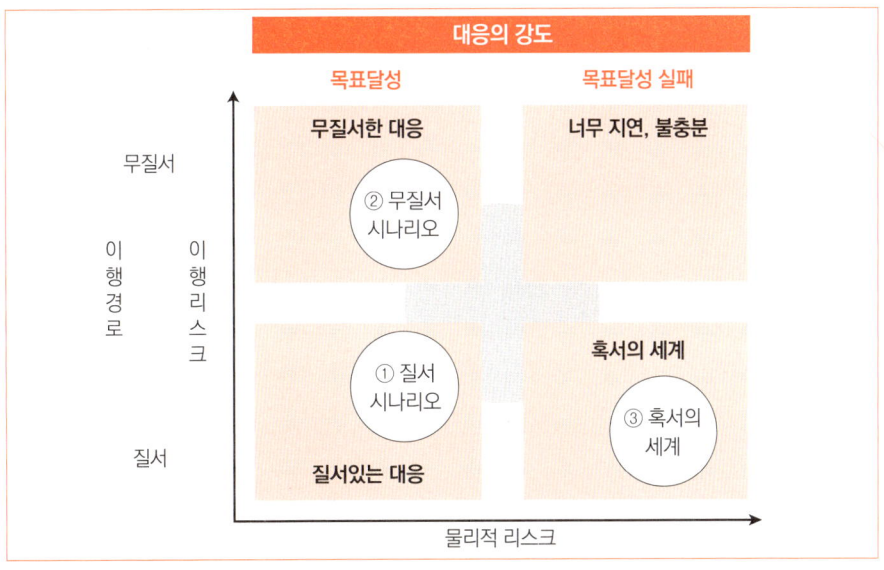

출처: "NGFS Climate Scenarios for central banks and supervisions"에서 필자 작성

NGFS의 대체 시나리오

   NGFS는 상기 3개 주요 시나리오에 더해 대체적인 시나리오를 5개를 추가하고 있다.

   이 중 4개의 추가 시나리오는 질서시나리오, 무질서시나리오의 2개 시나리오에 각각 2개 요소를 더한 것이다. 첫 번째 요소는 향후의 탄소제거기술(CDR)에 관한 기술혁신이 주요 시나리오보다도 획기적으로 진화한 패턴(「CDR기술혁신」)과 주요 시나리오의 전제보다 부분적에 그치는 패턴(「한정 CDR」)이다. 두 번째 요소는 주요 시나리오가 설정한 2도 시나리오보다도 더욱 의욕적인 1.5도 시나리오를 목표로 하는 패턴(「1.5도 시나리오」)이다. 이것들 2가지 요소를 질서 시나리오, 무질서 시나리오와 조합하면 다음의 4가지 대체 시나리오가 새롭게 구성 된다.

   4. 질서+한정 CDR: 질서 시나리오의 전제(2도 이하 시나리오) 하에서 CDR 기술혁신이 한정적인 것에 그치는 경우를 의미. CDR이 예상에 미치지 못한 만큼, 당초의 질서 시나리오보다도 허들은 높아진다.

   5. 질서+CDR기술혁신+1.5도 시나리오: 혁신적인 CDR기술이 도입되었기 때문에 2도 이하 시나리오를 넘어서 1.5도 시나리오를 목표로 하는 경우. 의욕적인 목표 설정으로 당초의 질서 시나리오를 뛰어넘는 1.5도 시나리오를 목표로 하는 시나리오.

   6. 무질서+CDR 기술혁신: 정책 도입이 지연되는 무질서 시나리오를 전제로 혁신적인 CDR기술이 도입되기 때문에 2도 이하 시나리오 달성은 당초의 무질서 시나리오보다도 가능성이 높은 경우.

   7. 무질서 + 한정CDR +1.5도 시나리오: 정책 도입이 지연되는 무질서 시나리오에 더해 CDR기술혁신이 한정적인 것에 그침에도 불구하고 1.5도 시나리오를 목표로 하는 경우. 가장 심각한 상황이 발생하는 시나리오

마지막으로 5번째 추가 시나리오는 3번째 주요 시나리오인 혹서 시나리오에 2020년 각국이 공표한 국가별 자발적인 탄소의 추가적인 삭감이 이루어지는 경우를 고려한 것이다.

8. 혹서+각국 탄소의 추가 감축: 당초의 혹서시나리오대로 국제적인 추가 정책은 취해지지 않지만 국가별로 발표한 탄소의 추가적인 감축이 실시됨으로 인해 당초의 혹서시나리오보다는 상황이 개선되는 경우. 다만 2도 이하 시나리오에는 크게 뒤쳐지고 2050년에는 평균기온 상승이 2도를 넘고 2100년에는 3도 상승하게 된다. 이행리스크는 한정적이다.

이하의 5개 대체 시나리오를 도표 8-26의 형식에 표현하면 도표 8-27처럼 된다.

이처럼 NGFS가 공표한 기후변화 리스크 시나리오 분석은 2019년의 종합보고서에 제시된 방향성에 기초한 작업을 집대성한 것이다. 2021년 스트레스 테스트의 시나리오와도 정합성을 확보하고 있는 점을 고려하면, 금융감독 당국간 논의가 무르익었다고 이해된다. NGFS의 시나리오 분석은 금융감독 당국 및 중앙은행이 주도하는 기후변화 시나리오 분석과 관련된 가이던스이지만, 금융감독 당국발의 시나리오 분석에 그치지 않고 민간금융기관측의 기후변화 리스크 시나리오 분석에서도 벤치마크가 될 가능성이 높다. 금융기관에서는 NGFS의 기후변화 리스크 시나리오의 내용을 고려하여 기후변화 리스크 시나리오 분석을 향한 체제정비를 검토해야 할 것이다.

도표 8-27 NGFS 기후변화 리스크 대체 시나리오

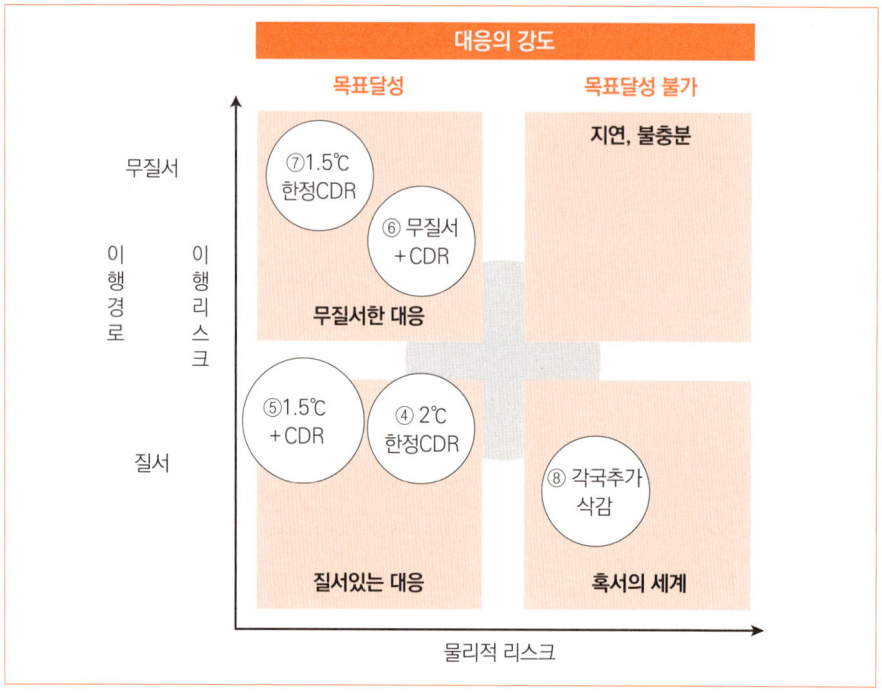

출처: "NGFS Climate Scenarios for central banks and supervisions"에서 필자 작성

제6절 민간 금융기관의 대응과 기후변화 리스크 시나리오 분석

민간금융기관에 의한 대응

이상과 같은 기후변화 리스크 시나리오 분석에 민간 금융기관은 어떻게 대응하고 있을까.

유럽 및 미국의 주요 금융기관은 자체적으로 가장 중요하다고 생각하는 리스크 및 향후 중요시될 리스크를 각각 「톱 리스크」, 「이머징 리스크」로서 디스클로저 잡지에 제시하는 경우가 많은데, 특히 유럽의 금융기관은 기후변화 리스크를 「톱 리스크」 혹은 「이머징 리스크」로 거론하는 사례가 증가하고 있다. ESG 대응 및 SDGs 대응을 배경으로 기후변화 리스크에 대한 인식이 높아지고 있는 것의 발현이라고 생각된다.

유럽 및 미국의 대형 은행을 중심으로 구성된 업계 단체인 GFMA가 2019년에 실시한 설문조사에 의하면, 회답한 22개 은행 중 4분의 3에 해당하는 16개 은행이 여러가지 형태의 기후변화 리스크 시나리오 분석을 실시하고 있으며, 은행의 절반 정도는 계량 모델을 사용하여 분석하고 있다고 응답했다. 한편 제7장에서 소개한 바젤은행감독위원회의 보고서에서는 감독하에 있는 은행이 시나리오 분석을 하고 있다고 대답한 감독당국은 소수였다. 바젤위원회 설문조사에 참가한 감독 당국의 확대에 대해 GFMA의 설문조사 참가 은행의 대부분이 유럽 및 미국의 선진국에 속해있다는 점을 감안하면, 은행에 의한 시나리오 분석은 현재 선진국의 대형 은행을 중심으로 한 대응에 머물고 있다고 판단할 수 있을 것이다. 또한 GFMA보다도 많은 은행기관을 대상으로 한 GARP의 설문조사에서는 기후변화 리스크 시나리오 분석을 하고 있다고 대답한 금융기관은 60%대에 머물고 있고, 보다 규모가 작은 은행은 아직 초보단계에 있다는 것을 알 수 있다. 또한 시나리오 분석을 하고 있다고 대답한 금융기관 중에도 정기적으로 시나리오 분석을 하고 있다고 대답한 금융기관은 전체의 30%에 불과하다.

이러한 상황에서 이른바 「선구자」적으로 시나리오 분석 및 스트레스 테스트 결과를 공표하는 금융기관도 늘고 있다. 제2절에서 다룬 UNEP FI의 보고서는 보험사 및 연금기금, 자산운용사를 중심으로 기후변화 리스크 분석 예를 사례 연구 형태로 소개하고 있다. 각 금융기관은 주로 민간업자에 의한 기후변화 VaR모델에 기초해 있지만 이하와 같은 분석 결과를 공표하고 있다.

① TD자산 매지니먼트

TD자산 매니지먼트는 캐나다의 토론토 도미니온은행을 중심으로 한 금융 그룹의 자산운용자회사로 2018년 말 시점에서 2,688억 달러의 운용자산액을 가지고 있다.

TD자산 매니지먼트는 카본 델타사의 「기후변화 VaR」모델을 채택했지만 합계 VaR은 글로벌 주식으로 마이너스 5.2%을 차지했으며, 대부분은 이행리스크 중 정책리스크가 차지했다(도표 8-28 참조).

도표 8-28 TD 자산 매니지먼트사의 2도 시나리오하 기후변화 VaR

시나리오	글로벌 주식	캐나다 주식
이행리스크 시나리오 VaR	-4.4%	-3.1%
중 정책 리스크	-5.5%	-3.2%
중 기술혁신 기회	+1.5%	+0.1%
물리적 리스크 시나리오 VaR	-0.9%	-0.1%
함계 VaR	-5.2%	-3.2%

출처: UNEP FI, "Changing Course"에서 필자 작성

② 매뉴라이프 인베스트먼트 매니지먼트

매뉴라이프 인베스트먼트 매니지먼트는 캐나다에 본사를 두고 글로벌하게 사업을 추진 중인 대규모 보험사그룹 산하 자산운용부문이다.

카본 델타 사의 기후변화 VaR을 사용한 매뉴라이프 인베스트먼트 매니지먼트의 캐나다 주식 VaR값은 기온 상승을 보다 낮게 억제하는 시나리오에 있어 이행리스크의 VaR값이 급상승하고 있는 점이 주목받았다(도표 8-29 참조).

도표 8-29 매뉴라이프 인베스트먼트 매니지먼트의 캐나다 주식 VaR

시나리오	3도 시나리오	2도 시나리오	1.5도 시나리오
이행리스크 VaR (캐나다주식만) (%)	−12.65%	−48.78%	−99.77%
기술혁신기회 VaR(캐나다주식만) (%)	+0.77%	+2.87%	+6.91%
합계 VaR (전포트폴리오대비) (%)	−0.32%	−1.06%	−2.00%

출처: UNEP FI, "Changing Course"에서 필자 작성

③ 일본 금융기관의 대응

일본의 금융기관도 기후변화 리스크 시나리오 분석에 대한 대응을 시작했다. 그 중에서도 미츠이스미토모파이낸셜 그룹은 기후변화 리스크를 「톱 리스크」의 하나로 설정하고, 2019년 4월에 TCFD제언에 기초한 시나리오 분석으로 2050년까지의 물리적 리스크(국내 수재리스크)에 대해 여신비용이 300억 엔에서 400억 엔 정도 증가할 것이라는 시나리오 분석 결과를 공표했다. 2020년 1월에는 2도 시나리오 하에서 에너지 및 전력 부문의 탄소 관련 자산에 대한 이행리스크에 대해, 2050년까지 여신관련 비용이 매년 20억 엔에서 100억 엔, 누적으로 600억 엔에서 3,000억 엔의 범위에서 증가할 것이라는 시나리오 분석 결과를 공표했다(도표 8-30 참조). 기후변화 리스크 시나리오 분석 결과를 상세하

게 공개하는 예는 유럽 및 미국 금융기관에서도 드물고 미츠이스미토모 파이낸셜 그룹은 글로벌적으로도 선구적인 사례로 평가된다. 향후 대규모 은행을 중심으로 일본 금융기관의 기후변화 리스크 시나리오 분석은 가속화될 것으로 생각된다.

도표 8-30 미츠이스미토모 파이낸셜 그룹의 시나리오 분석 프로세스

```
┌─────────────────────────────────────────────────────────────┐
│  자원가격    자원수요량    연료별 발전 비용    에너지믹스    │
│                                              (전원구성 비율) │
│                      IEA 시나리오 사용                        │
└─────────────────────────────────────────────────────────────┘
        ↓                              ↓
  에너지부문의 매출 변화        전력 부문의 발전 비용 변화

        분석 대상은 TCFD가 정의한
            「탄소 관련 자산」
            (에너지 유틸리티)

     스트레스 테스트 모델(신용 리스크 영향의 추정)
                        ↓
  여신관련 비용(2050년에 걸쳐 단년도로 20~100억엔 정도 증가 예상)
```

출처: 미츠이스미토모 파이낸셜 그룹 홈페이지

기후변화 리스크 시나리오 분석에의 대응 방향성

민간 금융기관에 의한 기후변화 리스크 시나리오 분석은 시행착오를 거치면서도 가속화되고 있다. 향후 2021년 시나리오 분석 실행 및 NGFS에 의한 기후변화 리스크 시나리오의 표준화 등을 통해, 기후변화 리스크 시나리오 분석 흐름은 더욱 가속화할 것이다. 데이터 및 모델 측면에서 과제는 많이 남아있지만, 우선은 정성적인 평가 및 민감도 분석에 의한 특정 부분에의 영향 분석 등 가능

한 부분부터 대응을 시작하는 것이 필요하다고 생각된다.

　기후변화 리스크 시나리오 분석을 추진할 때에 지침이 되는 것은 TCFD와 NGFS가 제시한 시나리오 분석 프로세스일 것이다. 거기서 제시된 프로세스를 하나씩 하나씩 꼼꼼히 밟아나가는 것이 기후변화 리스크 시나리오 분석의 지름길이다. 기후변화 시나리오에 대해서는 2021년 시나리오 분석 및 NGFS가 제시한 3개의 시나리오, 즉 조기 정책 실행 시나리오, 정책 실행 지연 시나리오, 추가 정책 실행없는 시나리오가 장래 벤치마크 시나리오가 될 것이 예상된다. 이들 시나리오에 대한 각종 파라미터의 설정에 대해서는 향후 잉글랜드 은행 및 NGFS 등의 금융감독 당국으로부터 제언될 것으로 예상되고, 그런 의미에서 감독 당국과의 대화도 유용하다고 생각된다. 마지막으로 파라미터의 변화를 특정한 실제 분석에 대해서는 최종적으로는 정량 모델의 채택을 시야에 넣으면서 대응 당초는 정성적인 분석을 중심으로 추진할 것도 생각된다.

　또한, 모든 거래처를 대상으로 분석하는 것이 아니라 당초 기후변화 리스크의 영향을 받기 쉬운 산업 부문 및 개별 주요 거래처에 한정하여 분석하는 방법도 생각해 볼 수 있다. 이러한 시나리오 분석 은 범용성을 확보하기 어려운 결과를 가져올 수도 있다는 한계가 있다. 현 시점에서 금융기관의 기후변화 리스크 시나리오 분석에 요구되는 것은 결과의 엄밀성이 아니라 장래에 걸쳐 데이터 및 모델 문제가 해소되어 가는 과정에서 새로운 데이터 및 모델이 나왔을 때에 그것들을 신속하게 채택할 수 있도록 준비 단계를 정비해 두는 것이다. 이 때에 중요한 것은 금융기관 내 예를 들어 리스크 관리 부서와 같은 특정 부서의 작업에 그치는 것이 아니라 일선 부서도 포함한 관계자의 지혜를 넓게 모으는 것일 것이다. 특히 시나리오 가정의 타당성에 대해서는 보다 많은 사내 관계자의 의견을 수렴해야 한다고 생각한다. 금융기관에게 기후변화 리스크는 리스크 관리뿐만 아니라 비즈니스 기회 확보에도 큰 영향을 미친다는 점을 고려하면 이러한 사내 관계자의 의견을 어디까지 집약할 수 있는지가 장래의 준비단계로서 가장 중요한 요소가 될 것 이다.

또한, 기후변화 리스크 시나리오 분석 최종 목표는 시나리오 분석 숫자를 만드는 것이 아니라는 점은 정확히 이해할 필요가 있다. 숫자를 만들어내는 것 이상으로 중요한 것은 기후변화 리스크 시나리오 분석 결과를 금융기관의 전략 수립에 활용하는 것이다. 기후변화 리스크의 결과로서 에너지부문에 대한 여신관련 비용이 장기에 걸쳐 증가할 전망이라는 기후변화 리스크 시나리오 분석 결과에 대해 금융기관은 어떠한 경영 판단을 내리고 어떠한 전략을 수립할 것인가라는 것이 시나리오 분석 결과보다 중요하다. 거기에서는 이사회를 정점으로 한 리스크 거버넌스의 방향성도 검토될 것이다.

기후변화 리스크는 대상 기간이 길지만, 리스크의 현재화 시기 및 영향 정도는 불투명하다. 한편으로「그린스완 보고서」가 보여주듯이 리스크는 거의 확실히 실현되고, 오늘 실천된 행동이 장래 기후변화 리스크에 영향을 미친다. 통상적인 의사결정 사이클과는 서로 융화되기 어려운 새로운 위협에 대해, 가정 및 전제에 크게 의존한 기후변화 리스크 시나리오 분석 결과에 기초하여 전략을 수립하는 것은 금융기관 자신뿐만 아니라 그들을 감독하는 금융감독 당국에 있어서도 매우 도전적인 과제. 현시점에서 이런 수준에 도달한 금융기관 및 금융감독 당국은 존재하지 않지만 금융기관은 이러한 새로운 도전이 기후변화 리스크 시나리오 분석의 미래를 좌우한다는 것을 인식하고, 시나리오 분석 숫자를 출발점으로 생각하여 이를 전략 수립에 활용하는 방법 검토도 시작할 필요가 있다. 더불어 그러기 위해서는 금융기관과 금융감독 당국간의 미래 지향적인 대화도 필요할 것이다.

기후변화 리스크 시나리오 분석의 과제

　기후변화 리스크와 관련한 시나리오 분석 및 스트레스 테스트에 대한 대응이 진행됨에 따라 기후변화 리스크 시나리오 분석과 관련한 향후 과제도 분명해지고 있다. 제7장에서는 기후변화 리스크 관리상의 과제로 「분석 기간」, 「모델과 데이터」, 「리스크의 파급 경로 및 영향 범위의 불확실성」을 거론했다. 이들 과제는 기후변화 리스크 시나리오 분석에도 그대로 적용된다.

　그런 가운데 금융기관이 특히 중요 과제로 보는 부분이 비교가능한 데이터 및 데이터 분석 모델이 없다는 것이다. GARP의 보고서에서는 설문조사에 참가한 71개 금융기관 거의 대부분이 데이터와 모델을 향후 5년 이내의 긴급 과제로 거론하고 있고, 반수 이상이 중대한 우려사항으로 생각하고 있다. 바젤은행감독위원회 보고서도 은행의 스트레스 테스트 모델은 아직 충분히 성숙되지 않았고, 특히 데이터가 충분하지 않다고 보고 있다. 리스크의 파급 경로 및 영향 범위의 불확실성은 데이터와 모델이 확보되면 어느 정도 해소될 수 있다고 한다면, 기후변화 리스크 시나리오 분석의 향후 전개는 데이터와 모델의 발전에 좌우된다고 할 수 있다.

　현재 기후변화 리스크 시나리오 분석에 대한 대응은 아직 초보적 단계에 있다고 할 수 있다. 그러나, 기후변화 리스크에 대한 관심 고조를 배경으로 금융기관에 의한 기후변화 리스크 시나리오 분석에 기초한 대응은 향후 더욱 가속화될 것으로 예상된다. 국제결제은행의 「그린 스완」보고서가 제시하듯이 기후변화 리스크에 동반되는 보유자산의 좌초자산화는 불가역할뿐만 아니라고 일제히 대규모적으로 발생할 가능성이 있다. 그러한 사태에 대비하기 위해서라도 우선 기후변화리스크 시나리오 분석에 착수하는 것이 중요하다.

제9장

기후변화 리스크 관리 총괄과 업태별 대응 방향성

제1절 기후변화 리스크 관리법

제2절 발행자의 시점

제3절 대출업의 시점

제4절 보험업의 시점

제5절 자산소유자의 시점

제6절 자산운용사의 시점

제2편 금융기관의 기후변화 리스크 관리

제9장 기후변화 리스크 관리 총괄과 업태별 대응 방향성

　제1편에서는 기후변화 리스크를 둘러싼 최근 동향에 대해서 정리하고 제2편에서는 기후변화 리스크 관리 체제 및 기후변화 리스크 시나리오 분석에 대한 실무에 대해 해설했다. 본 장에서는 제1절에서 전체를 총괄하고 제2절 이후부터는 금융업태별로 요구되는 대응상 유의점을 살펴보는 것으로 이제까지의 논의를 정리하고자 한다.

　금융기관의 비지니스는 많은 세부 업무로 구성되어 있고 그 구성은 금융기관별로 상이하다. TCFD제언은 금융 부문을 대출업, 보험사, 자산소유자, 자산운용사의 4종류로 분류하고 있다. 예를 들어 은행은 대출을 하는 것뿐만 아니라 거래처의 주식도 보유하고 있다. 또한, 자회사를 통해 자산운용업무를 수행하는 경우도 있다. 보험사가 보험인수뿐만 아니라 투융자업무 및 자산운용업무를 수행하는 경우가 많다. 이하에서는 금융업을 「발행업자」, 「대출업」, 「보험업」, 「자산소유자」, 「자산운용사」로 분류하고 업태별 유의점을 정리하고자 한다. 앞서 언급한 예로 말하면 은행은 「발행자」, 「대출업」, 「자산소유자」, 「자산운용사」에 해당되고, 보험사는 「발행업자」, 「보험업」, 「대출업」, 「자산소유자」, 「자산운용사」에 해당된다.

제1절 기후변화 리스크 관리법

본서에서 살펴 본 기후변화 리스크 관리에 관한 논의는 크게 ①거버넌스를 포함한 체제정비, ②조직이 업무활동을 수행하는 과정상의 책임과 규범, ③리스크 관리, ④디스클로저를 포함한 외부 이해관계자와의 커뮤니케이션의 4가지 방법으로 정리할 수 있다. 예를 들어 제2장의 국제연합 책임원칙은 ②, ESG 평가 및 스코어링은 ④로 이해할 수 있다(도표 9-1 참조).

도표 9-1 기후변화 리스크 관리법과 논점 정리

논점 정리		대응 항목	해당 부분
①	체제 정비/ 거버넌스	TCFD 제언	제3장
		리스크 거버넌스	제6장 제7장
②	책임과 규범	국제연합의 책임원칙	제2장
		ESG 투자 기법	제2장
		일본판 스튜어드십 코드	제7장
		ESG채권/ 녹색채권 요건 준수	제2장 제4장
③	리스크 관리	리스크 관리체제 정비	제7장
		금융시스템적 리스크	제5장
		기후변화 리스크 시나리오 분석	제8장
		EU 택소노미	제4장
④	디스클로저 / 외부 커뮤니케이션	TCFD 제언	제3장
		ESG 스코어링	제2장
		ESG 평가	제2장

체제 정비 · 거버넌스

　기후변화 리스크 관리체제의 출발점은 이사회를 정점으로 한 거버넌스체제의 구축이다. TCFD제언(제3장)에서도 「거버넌스」가 가장 중요한 항목으로 제시되고 있다. 금융리스크 관리체제(제6장) 및 기후변화 리스크 관리체제(제7장)에서 제시한 「리스크 거버넌스」 개념은 거버넌스의 개념을 리스크 관리체제 정비에 적용한 것이다. 이처럼 거버넌스를 확보하면서 기후변화 리스크 관리체제 정비를 아우르는 것이 첫번째 논점이다.

책임과 규범

　두 번째 논점은 「책임과 규범」이다. 금융업을 수행하는데 있어 행동규범 및 사회책임은 가장 중요한 행동기준이다. 국제연합이 제시한 일련의 책임원칙(제2장)은 지속가능관점에 입각해서 금융기관으로서의 행동규범을 제시한 것으로 생각된다.

　TCFD제언 4개 항목중 「전략」은 기업의 비즈니스 및 전략에의 영향을 공개하도록 요구한 것이지만, 「책임과 규범」에서 거론된 항목은 TCFD제언의 「전략」의 구성요소라고 생각할 수 있다.

　「책임과 규범」 시점을 기관투자자에게 적용해서 문서화한 것이 일본판 스튜어드십 코드(제7장)이다. 거기에서는 기관투자자가 스튜어드십 책임을 수행하는 과정에서 고려해야 할 지속가능성 관점과 투자처와의 건설적인 대화를 이끌어가는 방향성이 제시되어 있다. 업계 기준인 GSIA에 의한 ESG 투자기법(제2장)도 이러한 사고에 기초하고 있다고 할 수 있다.

　기준의 준수라는 의미에서 ESG채권 및 녹색채권 발행 시, 각종 요건(제2장, 제4장)도 발행자로서의 책임과 규범에 기초한 것이라고 할 수 있다.

리스크 관리

　기후변화 리스크에 대한 관심이 확대되고 있는 상황을 고려할 때, 리스크 관리가 차지하는 부분은 상당하다고 할 수 있다. 제2편에서 제시한 리스크 거버넌스체제(제6장) 및 기후변화 리스크 관리체제 정비(제7장), 기후변화 리스크 시나리오 분석(제8장)은 기후변화 리스크 관리의 중요한 구성 요소이다. 금융시스템적 관점(제5장)도 금융기관의 기후변화 리스크 관리체제 정비를 위해 반드시 필요하다.

　TCFD제언도 기후변화 리스크를 인식, 평가, 관리하는 프로세스가 기업의 리스크 관리 프로세스 전체와 어떻게 통합되어 있는지를 구체화하도록 요구하고 있으며, 리스크 관리를 4 항목의 하나로 다루고 있다.

　금융기관의 기후변화 리스크 익스포저를 정확하게 이해한다는 의미는 EU 택소노미(제4장)에 기초하여 자신이 보유하는 익스포저를 평가하는 것으로, 이 역시 리스크 관리의 일환으로 필요하게 될 것이다.

　기후변화 리스크 시나리오 분석을 위한 실무적인 내용은 아직 체계화되어 있지 못하다. 선진 금융기관의 의욕적인 대응을 통해 향후 추가적인 개선이 예상된다. 기후변화 리스크 관리체제 정비도 이러한 흐름을 주시하면서 추진해 갈 필요가 있다.

디스클로저와 외부와의 커뮤니케이션

　금융기관의 대응에 대해서는 그 책임 및 역할과 함께 기대도 큰 만큼, 외부의 시선은 엄격하다. 외부 이해관계자로부터의 지속가능 보고에 대한 요청 및 감시에 대해 적절히 대응하는 것은 평판리스크 관리를 위해서도 중요한 요소이다. 디스클로저를 포함한 외부 이해관계자와의 적절한 커뮤니케이션은 기후변화 리스크 관리에 대한 대응으로 매우 중요하다.

그런 의미에서 TCFD제언은 기후변화 관련 공개를 위한 가장 유효한 로드맵으로, 우선은 TCFD 제언에 기초한 디스클로저의 실시를 추진해야 할 것이다.

외부 이해관계자로부터는 ESG 스코어링(제2장) 및 ESG 평가 등의 움직임이 있다. 설문조사 대답 및 평가와 관련, 금융기관 자체가 평가 점수를 좌우하는 것은 불가능하지만 적정한 평가를 위해서는 올바른 평가를 얻기 위한 정보를 공개하고 관계자와 적극적으로 대화해야 할 것이다.

이상의 4가지 방법을 통해 기후변화 리스크 관리를 정리하면 각 금융업태 및 금융기관이 어느 부분부터 손을 댈 것인가를 비롯해 어느 부분을 중요시할 것인가가 드러난다. 금융기관별로 상이한 업무내용 및 리스크 프로파일에 기초하여 각각의 금융기관 고유의 기후변화 리스크 관리 과제와 우선사항을 규명하는 것이 필요하다.

제2절 발행자의 시점

　많은 금융기관은 사채시장 및 주식시장의 주요한 발행자이고 스스로 녹색채권 및 ESG채권을 발행하는 경우도 있다. 녹색채권 및 ESG채권을 발행하는 경우에는 각각 채권 발행 요건을 충족할 필요가 있고, 요건에 대한 준수 체제가 필요하다. 또한 최근 일부 증권거래소에서는 거래소에 상장한 기업에 대해 ESG관련 정보 공개를 의무화하는 움직임도 나타나고 있어 이들 시장에서는 상장 지속 요건으로서 대응이 필요하다.

　발행자로서 가장 중요한 것은 디스클로저를 포함한 외부 이해관계자와의 커뮤니케이션을 유지 향상시키는 것일 것이다. 제2장에서 제시한 것처럼 ESG 및 SDGs 과제에 대한 기업 대응이 외부 이해관계자의 높은 요구 수준을 충족시키기 위해서는 TCFD제언뿐만 아니라 GRI스탠다드 및 SASB 기준 채택을 위한 노력도 필요하다. 이를 위해서라도 우선은 TCFD제언에 기초한 디스클로저의 추진이 출발점이 될 것이다.

　기후변화 리스크에 대한 대응 태세를 보여주는 하나의 예로 「톱 리스크」가 있다. 제8장에서 살펴보았듯이 주요 금융기관에서 자체적으로 가장 중요하다고 생각하는 리스크를 「톱 리스크」, 향후 중대한 경영과제가 될 것으로 생각되는 리스크를 「이머징 리스크」로서, 디스클로저 지면으로 공개하는 예가 증가하고 있으며, 기후변화 리스크를 「톱 리스크」 내지 「이머징리스크」로 설정하는 금융기관이 증가하고 있다(도표 9-2 참조). 금융기관이 디스클로저지 등에서 기후변화 리스크를 「톱 리스크」로 다루는 것은 외부 이해관계자와의 커뮤니케이션 차원에서는 지극히 명확한 메세지가 될 것이다. 일본 금융기관에서도 미츠이스미토모파이낸셜 그룹은 2020년 1월에 기후변화 리스크를 톱 리스크로 설정한다고 공표한 바 있다.

도표 9-2 미국 및 유럽 금융기관의 디스클로저 지상 기재 예

은행명	디스클로저지 기제
HSBC	기후 관련 리스크 【외적 리스크】
	HSBC는 저탄소배출사회로의 이행을 돕고, 이 분야의 지속적 전진에 공헌한다. HSBC는 우리들의 목적에 부합하는 지속가능 리스크 기본방침을 확보하고 우리들의 거래처를 지속 지원할 수 있도록 정기적으로 재검토한다.
BNP파리바	기후 관련 리스크 【이머징 리스크】
	기후변화는 BNP파리바 그룹에서의 금융리스크이다. 기후 관련 리스크는 주로 자신의 업무운영에의 직접적인 영향 또는 우리들의 자금조달 및 투자활동에의 간접적인 영향을 통해 그룹에 영향을 미친다
캐나다 로열 은행	기후변화 리스크 【이머징 마켓】
	이상기후 현상 및 저탄소사회로의 이행은 잠재적으로 전략, 평판, 구조, 그리고 신용리스크 등에서 우리들 및 거래처에게 폭넓은 영향을 미칠 수 있다.
ING은행	기후변화 리스크 【톱 및 이머징 리스크】
	기후는 변화하고 있으며 이것은 우리들의 세계에 대해 불가역한 도전을 초래하고 있다. 기후변화의 요인은 복잡하지만 ING는 직접 간접적으로 인위적인 것으로 생각하고 있다. 금융기관으로서 ING도 ING자신 및 우리들의 거래처에 영향을 미칠 수 있는 기후변화 리스크에 대처할 책임을 지고 있다.
미츠이스미토모 파이낸셜그룹	기후변화 리스크 관리의 강화 【톱 리스크】
	SMBC 그룹은 이상기후에 동반한 대규모 재해의 발생 및 저탄소사회로의 이행에 의한 탄소 관련 자산의 좌초화 등 기후변화에 관한 현상을 새롭게 톱 리스크로 선정하고, 시나리오 분석의 강화 및 대응책을 경영 수준에서 검토할 대응을 개시했다(2020년 1월 보도자료)

출처: 디스클로저誌, 보도자료

외부 이해관계자와의 커뮤니케이션으로는 각 단체로부터의 질의 및 질문표에 대해 적절히 회답하는 것도 필요하다. 제2장에서 소개한 CDP 및 AODP의 ESG 스코어링은 발행자인 기업 및 금융기관에 대해 질문표를 송부하고 그 회답 내용

을 기초로 최종적인 스코어링을 결정한다. 질문 중에는 Scope1에서 Scope3에 이르는 탄소배출량이라는 기술적인 내용을 포함하고 있어 회답하는 금융기관의 측에서도 대응할 수 있는 체제가 필요하다. 이들에 대해 적절히 대응하는 것이 자사의 ESG 대응을 정확하게 이해시키는 방법이 된다.

도표 9-1에 의거해 발행자에 관한 이러한 상황을 고려해 대응 필요가 있는 항목의 우선순위를 정리한 것이 도표 9-3이다.

도표 9-3 발행자의 중점 대응 항목

논점 정리		대응 항목	중점 항목
①	체제 정비/ 거버넌스	TCFD 제언	◎
		리스크 거버넌스	○
②	책임과 규범	국제연합의 책임원칙	
		ESG 투자 기법	○
		일본판 스튜어드십 코드	○
		ESG채권 / 녹색채권 요건 준수	◎
③	리스크 관리	리스크 관리체제 정비	○
		금융시스템적 리스크	
		기후변화 리스크 시나리오 분석	
		EU 택소노미	○
④	디스클로저 / 외부 커뮤니케이션	TCFD 제언	◎
		ESG 스코어링	◎
		ESG 평가	◎

제3절 대출업의 시점

대출업은 금융중개기능의 중심적인 위치에 있다. 특히 대규모의 설비투자를 필요로 하는 기업 및 프로젝트는 대출업체로부터 차입하는 것이 일반적이다. 또한 대출업은 단순한 융자에 더해 거래처의 주식을 취득해서 주주가 되는 경우도 많고 거래처와의 종합거래에 있어 핵심적인 기능을 수행하는 경우도 많다.

거버넌스 · 책임은행원칙

대출업에 우선 요구되는 것은 대출업 자신에 의한 거버넌스 체제 확보에 더해 국제연합의 책임은행원칙을 준수한 대출업무를 수행하는 것이다. 수행과정에서 거래처에 대해 지속가능한 행동을 촉진하는 것도 포함해서 대출업이 가진 영향력을 고려할 필요가 있다.

대출자산 관리 · 리스크관리 체제

대출자산의 회수를 확실하게 하는 것은 대출업에서 가장 중요한 리스크관리 업무이다. 특히 프로젝트 융자에서는 장기에 걸친 프로젝트의 채산성에 더해 대상 자산 자체가 좌초자산화될 지 여부를 판단할 수 있는 심사력이 요구된다. 석탄화력 발전시설과 같이 저탄소사회로의 이행과정에서 이행리스크가 현재화하여 좌초자산이 될 가능성이 있는 대출자산의 평가 및 관리는 신용리스크 관리상 특별한 고려가 필요하다. 태풍 및 고조, 홍수 등의 물리적 리스크가 증가하여 주택대출 및 연안지역의 공장 등이 손상을 입을 가능성도 있다. 기후변화 리스크의 이행리스크와 물리적 리스크의 쌍방이 대출자산에 미치는 영향은 크다. 대출업의 대출자산 관리상 기후변화 리스크 관리는 중요한 요소가 된다.

또한, 기후변화 리스크가 당국의 스트레스 테스트 및 자기자본비율규제를 통해 금융감독 규제에 반영될 가능성도 고려할 필요가 있다. 장래를 대비한 체제정비에 있어 NGFS 및 각국 금융감독 당국 등의 동향도 주시할 필요가 있다.

그런 의미에서 대출업에서는 기후변화 리스크 시나리오 분석이 특히 중요하다. 장래의 이행리스크와 물리적 리스크의 동향에 따라 대출자산의 가치 및 신용리스크의 발생가능성이 크게 변하기 때문이다. 기후변화 리스크 관리체제를 정비할 때에는 기후변화 리스크 시나리오 분석을 중심으로 접근하는 것이 매우 중요하다.

디스클로저와 외부 커뮤니케이션

금융중개기능의 중요성과 영향력 측면에서 대출업에 대한 외부 이해관계자의 시각은 엄격하다. 도표 9-4는 전세계 대규모 은행이 화석연료 관련 융자를 어떻게 실행하고 있는지를 보여주는 사례다. 이러한 보도는 매년 반복해서 이루어지고 있고 이러한 외부 이해관계자와의 커뮤니케이션을 소홀히 하는 것은 평판리스크상 피해로 이어질 가능성이 있다. 대출업은 외부 이해관계자와의 적절한 커뮤니케이션에 노력해야 한다.

외부 커뮤니케이션의 출발점은 TCFD제언에 기초한 디스클로저의 실행이다. TCFD는 대출업에 대해 「전략」, 「리스크 관리」, 「지표와 목표」와 관련한 보조가이던스를 공표하고 있다. TCFD제언과 함께 보조가이던스 내용을 외부 이해관계자와의 커뮤니케이션에 활용할 것이 요구되고 있다.

도표 9-4 대규모 은행에 의한 화석연료 관련 실시 상황(2016~2019)

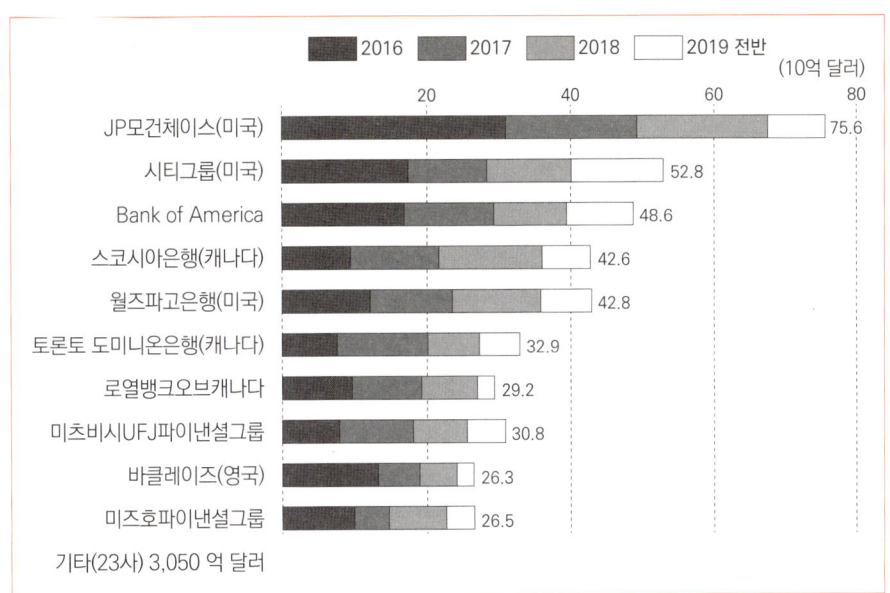

출처: "Top investment banks provide billions to expand fossil fuel industry", The Guardian, 2019년 10월 13일

금융시스템적 리스크

금융중개기능의 핵심을 구성하는 대출업은 금융시스템 안정을 위한 중핵적 존재이고, 제5장에서 살펴본 그린 스완 보고서는 기후변화 리스크가 금융시스템적 리스크를 유발할 리스크가 있다고 지적하고 있다.

금융시스템적 리스크 자체는 금융시스템 전체와 관련된 리스크이지만, 각각의 대출업자는 자신의 대출 행위가 금융시스템적 리스크를 일으키지 않도록 하기 위해 기후변화 리스크 관리체제를 정비할 필요가 있다.

이처럼 대출업의 기후변화 리스크 대응은 말 그대로「핵심」이고 본서에서 제시한 논점에 대해 빈틈없는 대응을 하는 것이 필요하다. 대출업에서 대응이 필요하다고 생각되는 항목의 우선도는 도표 9-5에 정리했다.

도표 9-5 대출업의 중점 대응 항목

논점 정리		대응 항목	중점 항목
①	체제 정비 / 거버넌스	TCFD 제언	◎
		리스크 거버넌스	◎
②	책임과 규범	국제연합의 책임원칙	◎
		ESG 투자 기법	○
		일본판 스튜어드십 코드	○
		ESG채권 / 녹색채권 요건 준수	○
③	리스크 관리	리스크 관리체제 정비	◎
		금융시스템적 리스크	◎
		기후변화 리스크 시나리오 분석	◎
		EU 택소노미	○
④	디스클로저 / 외부 커뮤니케이션	TCFD 제언	◎
		ESG 스코어링	○
		ESG 평가	○

제4절 보험업의 시점

보험인수 리스크와 기회

보험업에서는 기후변화 리스크가 직접적으로 영향을 미친다. 보험업자는 건축물에서 주택에 이르기까지 폭넓은 보험인수 리스크를 지고 있다. 태풍 및 홍수, 화재로 물리적 리스크가 발생하면 보험인수 리스크가 현재화되고 보험사의 손익 및 재무상태에 직접적으로 영향을 미치게 된다. 도표 9-6은 과거 자연재해에 의한 손해액 추이를 나타내고 있다. 이를 통해 이상 기후현상의 증가와 함께 보험사가 손해를 부담하는 「보험 커버」금액이 증가 경향에 있다는 것을 알 수 있다. 향후 기후변화 리스크가 더욱 증가하면, 보험사에게는 지역별로 보험요율을 변경하거나 특정 지역의 보험 인수를 거부하는 등의 리스크 관리가 요구될 가능성이 있다.

도표 9-6 자연재해에 의한 손실 추이와 보험 커버률 추이

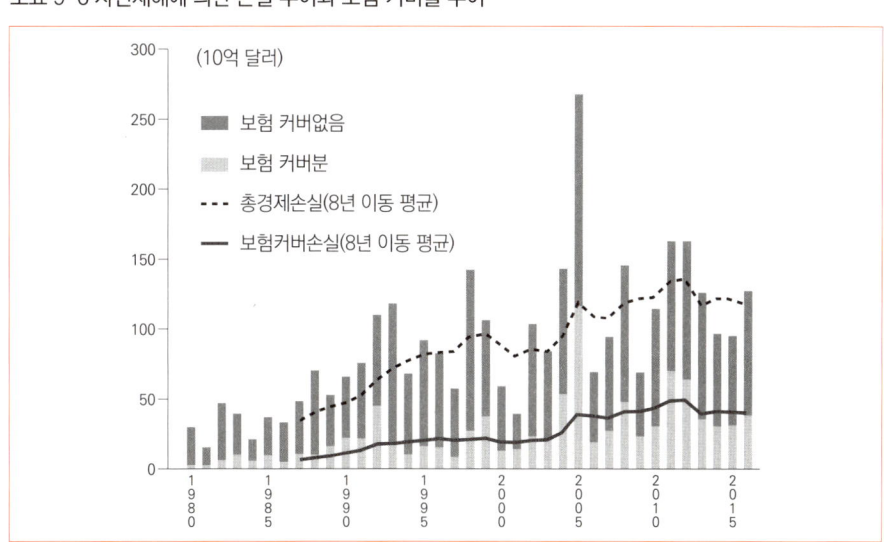

출처: 잉글랜드 은행, Bank of England Quarterly Bulletin 2017 2Q

한편으로 기후변화 리스크는 보험사에게 비즈니스 기회도 가져다 준다. 저탄소사회로 이행하는 과정에서 보험 니즈를 적확하게 파악하여 보험상품의 개발 및 도입으로 연결시킬 수 있다면 보험사의 큰 수익 기회로 이어질 수 있다. 또한 보험사는 기상 재해 데이터를 대량 보유하고 있고 태풍 및 홍수의 예측 등에 대한 노하우도 축적하고 있다. 향후, 기후변화 리스크 예측에 있어 여타 관계자에 비해 우위에 설 가능성이 있어, 기후변화 리스크를 비즈니스 기회로 삼을 수 있는 혜택을 받고 있다고 생각할 수 있다.

거버넌스와 지속적인 보험 원칙

그러한 보험업의 리스크와 기회를 적절하게 관리해 나가기 위해서는 금융기관으로서 불가결한 거버넌스를 발휘하고 기후변화 리스크 관리체제 정비에 임할 필요가 있다. 또한 국제연합의 지속가능한 보험원칙에 기초한 운영도 필요하다.

디스클로저와 외부 커뮤니케이션

보험사에 대한 외부 이해관계자의 관심은 높다. 이행리스크 및 만성리스크의 현재화에 의해 보험인수에 대한 판단 및 요율의 탄력적인 개정이 이루어진 경우, 외부로부터의 감시는 더욱 엄격해질 것으로 생각되고 외부 이해관계자와의 커뮤니케이션 필요성은 높아지지 않을 수 없다.

보험사의 경우도 외부 커뮤니케이션의 출발점이 되는 것이 TCFD제언에 기초한 디스클로저의 실시이다. 대출업과 동일하게 TCFD제언은 보험업에 대해서도 「전략」, 「리스크 관리」, 「지표와 목표」의 3개 항목에 대해 보조 가이던스를 공표하고 있으며, 이에 기초한 체제 정비가 요구된다.

보험업에서 대응이 필요하게 된 항목의 우선도를 정리한 것이 도표 9-7이다.

도표 9-7 보험업의 중점 대응 항목

논점 정리		대응 항목	중점 항목
①	체제 정비 / 거버넌스	TCFD 제언	◎
		리스크 거버넌스	◎
②	책임과 규범	국제연합의 책임원칙	◎
		ESG 투자 기법	○
		일본판 스튜어드십 코드	○
		ESG채권 / 녹색채권 요건 준수	◎
③	리스크 관리	리스크 관리체제 정비	◎
		금융시스템적 리스크	◎
		기후변화 리스크 시나리오 분석	○
		EU 택소노미	◎
④	디스클로저 / 외부 커뮤니케이션	TCFD 제언	○
		ESG 스코어링	○
		ESG 평가	○

제5절 자산소유자의 시점

자산소유자는 자기자신 내지 수익자를 위해 투자를 하는 공적/민간 기관이고, 연금기금, 보험사 및 투자기관 등이 포함된다. 투자 자체는 투자위원회 및 수익자가 설정하는 일정한 투자 방침에 기초하여 이루어진다. 사회의 성숙화와 함께 자산소유자에 의한 투자는 확대되고 있고 그 중요성은 증대되고 있다.

책임투자원칙

자산소유자에게 우선 요구되는 것은 국제연합에 의한 책임투자원칙의 준수이다. 책임투자원칙은 장기적인 지속가능성의 관점을 중시한 투자 행동을 자산소유자에게 요구하고 있다. 실제 과정에서는 네거티브 스크리닝, ESG 인테그레이션 및 인게이지먼트 등 ESG 투자기법 채택이 요구되어 실제 행동으로 옮기기 위한 사내 기준도 명확히 할 필요가 있다. 또한 어떠한 판단기준에 기초하여 투자판단을 했는가에 대해 외부 이해관계자를 대상으로 설명책임을 수행할 것도 요구된다. 그런 의미에서 자산소유자 자신의 거버넌스의 체제 확립도 불가피하다.

이러한 방향성은 2020년에 개정된 일본판 스튜워드십 코드와 궤를 같이한다. 동 개정은 특히 기관투자자가 SDGs를 포함하는 지속가능성을 고려하고, 투자처와의 사이에서 건설적인 인게이지먼트를 거쳐 투자처의 지속적 성장을 촉진시킬 것을 요구하고 있다.

디스클로저와 외부 커뮤니케이션

은행업 및 보험업과 같은 규제 업태와 비교하면 자산소유자의 디스클로저 내용은 어느 정도 자산소유자 자신에게 위임되어 있는 부분이 많다. 하지만, 이 경우도 구체적인 디스클로저 내용의 검토에는 TCFD제언이 벤치마크가 될 것이다. TCFD제언은 자산소유자에 대해서도 「전략」, 「리스크 관리」, 「지표와 목표」의 3개 항목에 대해 보조 가이던스를 공표하고 있고 거기에 제시된 제언은 디스클로저 방침에 반영될 것이 기대된다. 또한 지속가능보고서를 작성할 때에는 ISO26000 가이드라인 및 SASB 등의 스탠다드를 채택할지 말지 여부에 대해서도 검토할 필요가 있다.

자산소유자에 대해서도 외부 이해관계자의 시각은 엄중하다. 기후변화 리스크에 대한 자산소유자의 자세에 따라서는 평판리스크 악화로 이어질 우려도 있다. 외부 이해관계자에 의한 ESG스코어링 및 ESG평가의 많은 부분은 사전 질문표에 대한 회답으로 진행되고, 이들에 대해서는 적절하게 대응해야 한다.

자산소유자가 대응할 필요가 있는 항목의 우선순위를 정리하면 도표 9-8과 같다.

도표 9-8 자산소유자의 중점 대응 항목

	논점 정리	대응 항목	중점 항목
①	체제 정비 / 거버넌스	TCFD 제언	◎
		리스크 거버넌스	◎
②	책임과 규범	국제연합의 책임원칙	◎
		ESG 투자 기법	◎
		일본판 스튜어드십 코드	◎
		ESG채권 / 녹색채권 요건 준수	
③	리스크 관리	리스크 관리체제 정비	○
		금융시스템적 리스크	
		기후변화 리스크 시나리오 분석	○
		EU 택소노미	◎
④	디스클로저 / 외부 커뮤니케이션	TCFD 제언	◎
		ESG 스코어링	○
		ESG 평가	○

제6절 자산운용사의 시점

자산운용사는 고객에 의해 자산운용을 위탁받은 업자를 지칭하고 고객과의 사이에서 성립된 투자위탁운용계약 및 투자신탁 등 투자상품의 투자 약관에 기초하여 투자를 하고 그 투자 결과는 고객에게 귀속된다. 자산소유자에 가깝지만 고객을 위해 투자한다는 점에서는 자산소유자와 상이하다. 한편 기후변화 리스크 관리에 관한 자산운용사에게 요구되는 대응도 자산소유자에 대한 요구 사항과 유사한 측면이 있다.

책임투자원칙

우선 요구되는 것은 국제연합의 책임투자원칙의 준수이다. 또한, 자산소유자와 같이 ESG투자기법에 기초하여 운용투자처에 대해 ESG 인테그레이션 및 인게이지먼트 등의 구체적 행동을 취할 필요가 있고 행동으로 옮길 수 있는 사내 기준도 명확히 할 필요가 있다.

또한 자산소유자와 같이 일본판 스튜어드십 코드에 기초한 투자처와의 대화도 필요하다.

디스클로저와 외부 커뮤니케이션

자산운용사의 디스클로저도 자산운용사 자신에게 위임된 부분이 크지만 여기에서도 TCFD제언에 기초한 디스클로저를 수행하는 것이 바람직하다. TCFD제언은 자산운용사를 대상으로 「전략」, 「리스크 관리」, 「지표와 목표」의 3개 항목에 대해 보조 가이던스를 공표하고 있다. 고객의 경제적 이익을 위해 투자를 수탁한 자산운용사가 TCFD제언을 충족시키기에는 부담이 큰 측면이 있지만, 수탁업자로서의 피신탁인 의무(Fiduciary duty)를 수행하는 의미에서라도 TCFD

제언을 실행하는 것이 기대되고 있다.

자산운용사를 포함한 기관투자자에 대한 외부 이해관계자의 시각은 비판적이다. 제2장에서 제시한 블랙록의 방침 전환도 외부 이해관계자의 강한 요청에 영향받은 측면도 없지 않다. 도표 9-9는 기후변화 관련 주주 제안에 대해 각 기관투자자의 찬반 여부에 대한 보도 사례이다. 이와 같이 자산운용사의 행동은 외부 이해관계자에게 지속적으로 관찰되고 있다고 생각해야 하고 기후변화 리스크에 대한 자산운용사의 자세를 보여주는 것으로서 평판리스크 악화로 이어질 우려도 있다.

자산운용사의 입장에서 대응이 필요한 항목의 우선도를 정리하면 도표 9-10과 같다.

도표 9-9 기후변화 관련 주주 제안에 대한 찬반 표명 상황(2015~2019)

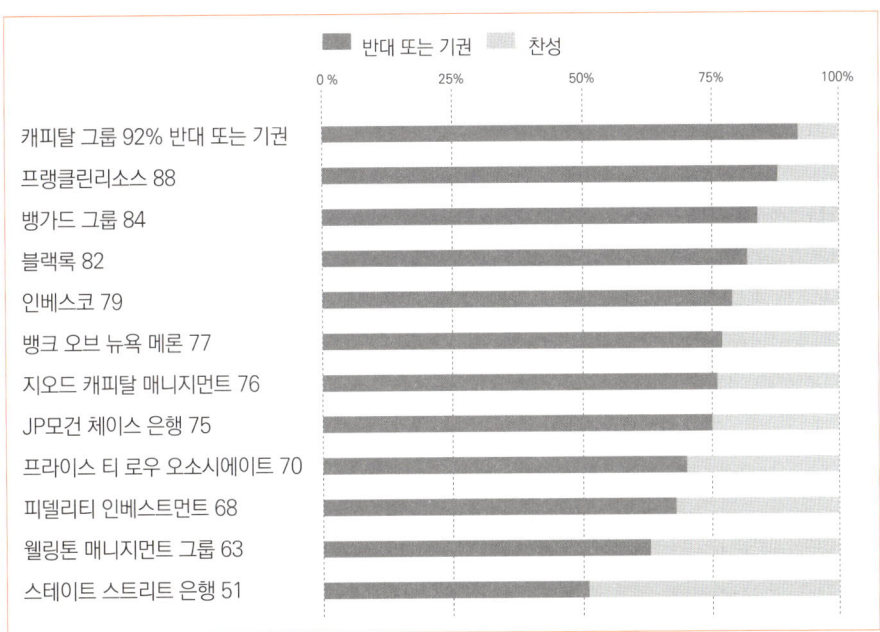

출처: "World's top three asset managers oversea 300bn fossil fuel investment". The Guardian, 2019년 10월 12일

도표 9-10 자산운용사의 중점 대응 항목

논점 정리		대응 항목	중점 항목
①	체제 정비/ 거버넌스	TCFD 제언	◎
		리스크 거버넌스	◎
②	책임과 규범	국제연합의 책임원칙	◎
		ESG 투자 기법	◎
		일본판 스튜어드십 코드	◎
		ESG채권 / 녹색채권 요건 준수	
③	리스크 관리	리스크 관리체제 정비	○
		금융시스템적 리스크	
		기후변화 리스크 시나리오 분석	○
		EU 택소노미	◎
④	디스클로저 / 외부 커뮤니케이션	TCFD 제언	◎
		ESG 스코어링	○
		ESG 평가	○

이상 금융업태별로 요구되는 기후변화 리스크 관리 대응 시 유의점을 살펴보았다. 업태에 따른 차이는 있지만 기후변화 리스크 관리체제의 고도화가 요구되는 상황이라는 점에서는 차이가 없다. 각 금융기관은 각각의 업태 및 자사의 상황을 이해한 뒤에 우선순위를 정해서 대응해야 한다. 책의 내용에 기초하여 가능한 곳부터 체제 정비를 향해 구체적인 행동을 착수하기를 기대해 본다.

기후변화 리스크 관련 용어집

2도 상승 시나리오
지구온난화 시나리오 중에서 장래의 기온 상승 폭을 2도로 설정하고 이를 달성하기 위해 필요한 정책의 도입을 가정한 시나리오. 2015년 파리협정에서는 전세계 평균기온 상승을 산업혁명 이전 대비 2도 보다 충분히 낮은 수준으로 유지해야 한다는 주장이 제창되어 2도 시나리오가 목표로 설정되었다.

ESG 위원회
기업의 지속가능 관련 사항을 전담하고 논의하는 사내위원회. 지속가능위원회와 동일 의미

ESG 인테그레이션 (Integration)
ESG 투자 기법의 일종. 투자판단 시 재무분석뿐만 아니라, 비재무정보(특히 ESG 정보)를 감안하여 판단하는 투자 기법

ESG 평가
ESG 리스크의 크기와 사내 관리 상황을 기준으로 내린 평가

ESG 채권
환경개선 및 사회개발 등에 투자하는 사업 등 ESG 관련 문제 해결을 자금의 용도로 삼는 채권으로 녹색채권, 소셜채 및 지속가능채로 분류된다.

ESG 투자
전통적인 매출 및 이익 등 재무측면 분석에 더해 환경(E), 사회(S), 거버넌스(G)에 대한 대응까지를 감안하여 판단하는 투자 기법

EU 택소노미 (Taxonomy)
EU의 지속가능방침에 기여하는 경제활동을 분류한 것

IPCC (Intergovernmental Panel on Climate Change)
국제연합의 「기후변화에 관한 정부간 패널(Intergovernmental Panel on Climate Change)」로 1988년에 세계기상기관(WMO) 및 국제환경계획(UNEP)에 의해 설립. 각국이 추천한 과학자들이 참가하는 형태로 구성되어 있으며, 지구온난화에 관한 과학적, 사회적 평가를 진행

IPCC 보고
국제연합의 「기후변화에 관한 정부간 패널(Intergovernmental Panel on Climate Change)」이 공표한 보고서. 현재 제6차 보고서(2020년)까지 공표되었다.

NGFS (Network for Greening the Financial System)
금융 당국간 네트워크. 기후변화 리스크에 대한 금융감독기관의 대응 상황을 검토하기 위해 중앙은행 및 금융감독 당국을 중심으로 결성된 조직

RCP (Representative Concentration Pathways) 시나리오
기후변화와 관련된 대표농도경로 시나리오

SDGs (Strategic Development Goals)
2015년 9월 국제연합이 채택한 「지속가능한 개발목표」로 「장래 세대의 필요를 충족할 수 있는 능력을 저해하지 않으면서, 현재 세대의 니즈를 충족시키는 개발을 위한 목표」로 정의되며, 전부 17개 항목으로 구성된다.

이행리스크 (Transition risk)
기후변화 리스크 중, 저탄소경제로 이행해 가는 과정에서 발생하는 정책/법규제, 기술혁신 및 시장의 변화 등에 기인하여 발생하는 리스크

임팩트 투자
ESG 투자 기법의 일종으로 사회문제 및 환경문제 해결을 목표로 투자 대상을 선정하는 기법

인게이지먼트 (Engagement)
ESG 투자 기법의 일종으로 투자처 기업과의 대화, 주주제안의 제출 및 의결권 행사 등을 통해 기업의 행동에 영향을 미치는 기법

오퍼레이션(운영) 리스크
내부 프로세스, 인적 요인, 부적절한 시스템(혹은 시스템의 미작동) 및 외생적 사건에서 손실을 입을 리스크

탄소 발자국 (Carbon Footprint)
사람의 활동이나 상품을 생산 및 소비하는 전과정을 통해 배출되는 온실가스 배출량을 이산화탄소로 환산한 총량을 의미

환경채권
환경개선을 위한 프로젝트에 필요한 자금을 조달하기 위해 발행되는 채권으로, 녹색채권이라고도 불린다.

민감도 분석
리스크 요인이 미세하게 변동할 때 포트폴리오의 가치 변화 등을 통해 손익에 미치는 영향을 파악하는 기법

TCFD (Task Force on Climate-related Financial Disclosure)
기업의 재무보고 시, 기후변화 관련 정보를 공개하기 위해 금융안정이사회(FSB) 산하에 설치된 재무정보공개 협의체

기후변화 VaR(Value at Risk)
장래의 기후변화 리스크를 VaR적 사고에 기초하여 정량적 기법으로 산출한 기후변화 리스크량

기후변화 리스크 시나리오 분석
장래 기후변화 리스크와 관련된 시나리오를 상정하고 시나리오가 현재화한 경우의 영향을 분석하는 기후변화 리스크 관리 기법

기후변화협약 당사국총회 (Conference of Parties: COP)
지구서밋에서 채택된 국제연합 기후변화조약에 찬성한 조약 체결국이 참가하는 회의

급성 리스크 (Acute risk)
기후변화 리스크의 물리적 리스크 중에 태풍 및 홍수 등의 직접적인 기상 현상에 기인한 리스크

교토의정서
1997년에 교토에서 개최된 제3차 국제연합 기후변화협약 당사국회의에서 채택된 의정서. 온실가스를 2008년에서 2012년 사이에 1990년 대비 약 5% 감축할 것을 결정

그린 워싱 (Green Washing)
실제로는 친환경적이지 않지만 환경에 배려("green")하는 것처럼 위장하는 것. 그린 세정과 동의어

국제규범 스크리닝
ESG 투자 기법의 일종으로 환경파괴 및 인권침해 등 국제적인 규범을 기초로 기준에 미달하는 부문 및 기업을 투자 대상에서 제외하는 기법

국제연합 환경계획 금융이니셔티브 (UNEP FI)
1992년에 국제연합 환경계획(UNEP)과 전세계 금융업계간 파트너십을 기초로 민간자금이 지속가능한 성장 분야로 투자되는 것을 목적으로 설립된 기관

좌초자산 (Stranded Assets)
저탄소경제로 이행하는 과정에서 선호 및 수요 변화로 인한 자산가치 하락으로 손실이 발생하는 자산

자기자본비율규제
은행의 재무건전성 확보를 목적으로 보유하는 리스크 자산에 대해, 최소 수준 이상의 자기자본 보유를 의무화하는 금융부문 규제

시장리스크
금리, 환율 및 주가 등의 시장요인이 변동하여 보유중인 금융자산 및 부채 포지션의 가치가 변동하여 손실을 입을 리스크

지속가능 보험원칙 (Principles for sustainable insurance)
보험사의 운영 전략, 리스크 관리, 상품 및 서비스 개발 등에 지속가능 시점을 접목시키는 내용을 담은 국제연합의 원칙

시나리오 분석
특정 시나리오를 상정하고 그 시나리오가 발생한 경우의 영향을 분석 및 평가하는 리스크 관리 기법

신용리스크
대출 등의 여신 거래의 여신처, 채권 및 어음 등의 금융상품 발행체가 도산하거나 신용 상태가 악화되는 등의 사유로 당해 여신 거래의 가치가 소실 혹은 감소하여 손실을 입을 리스크

사업장 내 직접배출 (Scope 1)
자사의 공장, 사무실 및 차량 등 기업 스스로에 의한 온실가스의 직접 배출

사업장 내 전력 사용에 의한 간접배출 (Scope 2)
타사에서 공급받은 전기, 열 및 증기 등의 에너지 사용에 의한 온실가스 배출량

(Scope 1과 2 제외) 전 공급망에서의 간접배출 (Scope 3)
기업 활동의 상류에서 하류에 걸쳐 관련된 서플라이 체인 전체에서 스코프1 탄소배출량과 스코프2 탄소배출량 이외의 간접 배출량

스트레스 테스트
예외적이지만 개연성이 있는 큰 변화가 발생했을 때의 영향을 분석 및 평가하는 리스크 관리 기법

책임은행원칙 (Principles for responsible banking)
은행이 지속가능한 경제발전에 기여하는 은행업무를 수행할 것 등을 요구하는 국제연합의 원칙

책임투자원칙 (Principles for responsible investment)
기관투자자가 투자를 결정할 때, 장기적인 지속가능의 시점을 중시하고 ESG 정보를 고려한 투자행위를 이행할 것 등을 요구한 국제연합의 원칙

다이베스트먼트 (Divestment)
ESG 투자 기법의 일종으로 특정 기업 및 부문 등에서 기존 투자를 철회하거나 자산을 처분하는 것

이산화탄소 포집 및 저장 (Carbon Capture and Storage)
대기중에 방출된 이산화탄소를 인위적으로 모아서 지중 및 수중 등에 가두는 것

이산화탄소 제거기술 (Carbon Dioxide Removal)
대기에서 인공적으로 이산화탄소를 회수하여 대기중 이산화탄소 농도를 낮추는 기술

네거티브 스크리닝 (Negative screening)
ESG 투자 기법의 일종으로 특정 부문, 기업 또는 조직이 발행하는 주식 및 채권 등을 투자대상에서 제외하는 투자 기법

바젤III
국제결제은행(BIS)의 바젤은행감독위원회가 정한 것으로, 국제적인 활동을 하는 은행이 충족해야 할 자기자본 및 유동성 등에 대한 규제

밸류엣리스크 (Value at Risk)
현재 포트폴리오에서 리스크 요인이 변화함에 따라 어느 정도 손실을 입을 가능성이 있는가에 대해 일정 기간 및 일정 확률로 입을 최대 손실액

신의성실 의무 (Fiduciary Duty)
신탁을 받은 자가 수행해야 할 의무. 수탁자책임

베스트인클래스 스크리닝 (Best-in-class screening)
ESG 투자 기법의 일종으로 동종업계 및 같은 자산 클래스 중에서 ESG 측면에서 우수한 종목을 선정하여 투자하는 기법

포지티브 스크리닝(Positive Screening)
ESG 투자 기법의 일종으로 ESG에 뛰어난 종목만을 선정하여 투자하는 기법

만성 리스크 (Chronic risk)
기후변화 리스크의 물리적 리스크 중에 해면 상승 및 해수온도 상승 등 기후의 장기적 변화에 기인하는 리스크

리스크 수용 범위 (Risk appetite)
조직의 목적 및 사업계획을 달성하기 위해 받아들이는 리스크의 종류 및 양을 명시한 것

리스크 거버넌스
이사회가 기본적인 리스크 및 운영 방침을 승인하는 등 이사회를 정점으로 조직의 리스크 관리체제의 정비 및 운영을 감독하는 거버넌스체제

평판리스크 (Reputational risk)
고객 및 시장 등에서 평판 악화로 인해 손실을 입을 리스크